Jack Deere

Überrascht von der Kraft des Heiligen Geistes

Ein Theologieprofessor gerät in das Spannungsfeld von Theologie und Erfahrung

Projektion J Buch- und Musikverlag GmbH, Wiesbaden

Titel der Originalausgabe:
Surprised by the Power of the Spirit

Published by Zondervan Publishing House,
Grand Rapids, Michigan 49530, USA

by Projektion J Buch- und Musikverlag GmbH,
Rheingaustraße 132, D-65203 Wiesbaden

ISBN 3-89490-053-9

Die Bibelstellen wurden, soweit nicht anders angegeben,
der Einheitsübersetzung entnommen.

Übersetzung: Ulrike Becker
Umschlaggestaltung: Thomas Georg, Illustration & Design, Berlin
Satz: Projektion J Buch- und Musikverlag GmbH
Druck: Schönbach Druck GmbH, Erzhausen

1 2 3 4 98 97 96 95

Für Leesa

»Wer ist, die da erscheint wie das Morgenrot,
wie der Mond so schön,
strahlend rein wie die Sonne,
prächtig wie Himmelsbilder?«

(Das Hohelied Salomos, Kapitel 6, Vers 10)

Inhalt

VORWORT

Als ich angefragt wurde, ein Vorwort für dieses Buch zu schreiben, sagte ich gerne zu. Zum einen wußte ich um den Hintergrund bzw. die theologische Herkunft des Autors, zum anderen sprach mich der Titel des Buches spontan an. In den letzten Jahren wurde ich selber immer wieder überrascht von der Kraft des Heiligen Geistes. So hätte ich nie geglaubt, einmal miterleben zu dürfen, wie als Resultat der »Aktion Neues Leben« in der Schweiz in den achtziger Jahren über 4 000 missionarische Bibel-Gesprächskreise entstanden. Noch mehr »unkontrollierbaren« Segen erlebten wir als indirekte Folge der Schulungskonferenz »Explo 91«. Wir kamen in Kontakt mit zahlreichen Fernsehanstalten im ehemaligen Ostblock und christlichen Fernsehproduzenten im Westen und konnten in den letzten vier Jahren über 3 000 christliche Sendungen vermitteln. Täglich werden so Millionen von Menschen in Osteuropa und der ehemaligen Sowjetunion mit dem Evangelium erreicht. Wenn das kein Eingreifen Gottes ist!

Als ich das Manuskript las, wurde mir jedoch bewußt, daß ich mit dem wunderbaren Wirken Gottes vor allem in solchen Lebens- und Dienstbereichen rechnete, in anderen Bereichen sein Wirken jedoch bisher viel zu wenig beanspruchte. Das Buch hat mir die Augen geöffnet für meine Defizite, mir aber gleichzeitig auch Mut gemacht, praktische Schritte zu unternehmen, um Gottes Kraft auch in diesen vernachlässigten Bereichen zu erfahren. Unsere Mitbürger sind nicht so sehr interessiert an theoretischen Wahrheiten über Gott, sie wollen Gottes Wirklichkeit erfahren. Sie haben ein Recht darauf. Denn wenn unser Gott wirklich so lebendig ist, wie wir sagen, und sich um unser Wohlergehen kümmert, dann sollten wir doch seine Stimme hören und seine Gegenwart und Hilfe erfahren können. Wenn die Menschen die Liebe und Kraft unseres himmlischen Vaters erfahren können, dann sind sie auch viel eher bereit, der Frohen Botschaft Glauben zu schenken. Die Evangelisation der Zukunft muß ganzheitlich und bedürfnisorientiert sein und zeichenhaft Gottes Größe und Liebe aufzeigen. Damit das geschieht, müssen wir jedoch neu mit allen Möglichkeiten und Gaben des Heiligen Geistes rechnen lernen.

Die Geistesgaben sind kein Luxus für sogenannte »Charismatiker«. Sie müssen mehr und mehr zu unserer Grundausrüstung gehören. Wir haben nicht nur den Auftrag, über das Reich Gottes zu predigen, sondern die Herrschaft Christi auch praktisch sichtbar zu machen (vgl. Mt 4,23f; 10,1.7-8; Apg 8,6ff). Und gerade diesbezüglich gingen mir bei der Lektüre des vorliegenden Buches die Augen auf. Natürlich hatte ich dann und wann auch für Kranke gebetet, meistens aber erst dann, wenn Christen mich ausdrücklich baten, für Linderung ihrer Leiden zu beten. Nicht selten war ich jedoch recht glücklich, wenn ich es bei meinen mehr oder weniger einfühlsamen Worten bewenden lassen konnte. Schließlich wollte ich mich ja nicht blamieren, wenn auf mein Gebet hin nichts passierte. Und ich entschuldigte mich auch dadurch, indem ich mir und anderen in aller »Demut« erklärte, daß ich nicht die Gabe der Krankenheilung hätte.

Jack Deere versteht es meisterhaft, uns manchmal allzu ängstliche Konservative mit auf den Weg zu nehmen und uns anhand der Bibel aufzuzeigen, was eigentlich zur normalen Ausrüstung von uns Christen gehören würde. Indem er die Souveränität Gottes in gleicher Weise betont – sein Wille geschehe, nicht unserer – wie seinen grundsätzlichen Willen zu helfen, möchte er uns Leser/innen vor der Gefahr bewahren, die Geistesgaben für unsere Zwecke und die Erfüllung unserer Ziele zu mißbrauchen. Der Autor ist aber auch nicht zimperlich, wenn er uns aufzeigt, wie gefährlich unsere Selbstgefälligkeit und unsere Traditionen sein können, die uns oft hindern, die ganze Breite und Fülle des Wirkens des Heiligen Geistes zu erfahren: »Gesetzlichkeit, Pharisäertum und die Versklavung an Traditionen stellen innerhalb unserer Kirche eine sehr viel größere Bedrohung dar als alles, was uns von außen her angreift. Dieser blinde Traditionalismus saugt geradezu das Leben aus der Kirche und verfolgt jedes neue Werk, das der Heilige Geist unter uns aufrichten will« (S. 161).

Ein besonderes Juwel sind für mich die zwei Kapitel, die davon handeln, wie wir eine Leidenschaft für Jesus entwickeln können. Ohne diesen Teil wäre das Buch unvollständig, steht doch die Vollmacht unseres Dienstes in direktem Zusammenhang mit unserer Gemeinschaft mit Gott und unserer Liebe zu ihm und den Menschen. Gott ist viel mehr interessiert an uns selber als an unserem vollmächtigen Dienst.

Wenn wir Jesus wieder den ersten Platz in unserem Leben geben, dann werden wir auch seinen Geist in ganz neuer Weise erfahren. Durch ein Leben und einen Dienst, der mehr und mehr von der überraschenden Kraft des Heiligen Geistes geprägt ist, werden Menschen von Gottes Güte und Herrlichkeit berührt werden und gewiß auch noch in Europa in großer Zahl auf Gottes Rettungsangebot antworten. Lernen wir von der Vergangenheit, damit wir nicht die gleichen Fehler machen wie unsere Vorfahren. Anfang dieses Jahrhunderts schrieb der gesegnete Gottesmann Elias Schrenk: »Schauen wir zurück auf viele Geistesbewegungen in den letzten Jahrhunderten, so bekommt man den Eindruck, Gottes Hand sei ausgestreckt gewesen für große Segnungen. Aber seine Gemeinde erwies sich als unreif, den Segen aufzunehmen und zu bewahren.« Möge uns die Lektüre des vorliegenden Buches helfen, Gottes ausgestreckte Segenshand zu ergreifen und seine Gaben dankbar aufzunehmen und in demütiger Weise an die Bedürftigen dieser Welt weiterzugeben.

Hanspeter Nüesch, CH-Boppelsen

Kapitel 1

Der Anruf, der mein Leben veränderte

In meinen wildesten Phantasien hätte ich mir nie träumen lassen, daß ein einziger Telefonanruf den Verlauf meines Lebens verändern würde – und nicht nur meines Lebens; es betraf auch das Leben einer Reihe anderer Menschen in meinem Umfeld.

Vor diesem Telefonat wußte ich, wohin ich ging. Mein Leben war bequem und gesichert. Ich besaß die Kontrolle, und so wollte ich es auch. In den meisten Fällen meinte ich zu wissen, was Gott vorhatte. Aber als ich an jenem kalten Januartag 1986 den Hörer auflegte, hatte sich all das schlagartig verändert. Ich war mir nicht mehr sicher, wohin mein Weg mich führte und was ich gerade tat und ich fing an, mich zu fragen, ob ich überhaupt wußte, was Gott gerade tat.

Wie sich herausstellen sollte, war mein Leben nach diesem Telefongespräch nie wieder so wie zuvor. Nie mehr würde ich das beruhigende und sichere Gefühl haben, das aus dem Glauben entspringt, man besitze die Kontrolle über sein Leben. Zugegeben, das ist eine falsche Sicherheit – heute weiß ich das –, aber es ist trotzdem ein gutes Gefühl, dem Zauber dieser Illusion zu erliegen. Hätte ich gewußt, welcher Schmerz und welches Trauma vor mir lagen, ich hätte den Hörer vielleicht nie abgenommen. Doch wie heißt es in diesem beliebten Country-Song: »Dann hätte ich diesen Tanz verpaßt«, und das wäre mit Sicherheit der größere Schmerz gewesen.

Ich war der ungeeignetste Kandidat der Welt für den »Scherz«, den Gott sich nun mit mir erlaubte. Ich beendete gerade mein zehntes Jahr als Professor für Alttestamentliche Theologie am *Dallas Theological Seminary*. Ich begann mein siebentes Jahr als Pfarrer der *Bible Church* in Fort Worth, bei deren Gründung ich geholfen hatte. Erst im letzten Herbst war ich von einem einjährigen Studienaufenthalt in Deutschland zurückgekehrt. Es war ein wundervolles Jahr gewesen und ich freute mich, meine Aufgaben als Dozent und Pfarrer wieder aufzunehmen.

Meine größte Leidenschaft war, zu lehren und das Wort Gottes zu predigen. Ich war der Ansicht, daß es das Wichtigste im Leben war, das Wort

Gottes zu studieren, und daß all unsere Bedürfnisse – zumindest die wichtigsten Bedürfnisse – durch das Studium der Schrift gestillt wurden. Wenn sie auf diese Art nicht gestillt werden konnten, dann gerieten wir in ernste Schwierigkeiten, denn ich hatte mich einem theologischen System verschworen, das Gott wenig Möglichkeiten ließ, uns anderweitig zu helfen. Der Gott, an den ich glaubte und über den ich lehrte, hatte nicht mehr so viel mit unserem Leben zu tun wie mit dem Leben der Gläubigen zur Zeit des Neuen Testamentes. Damals machte mir das wenig aus, denn ich glaubte, er selbst wolle es so. Ich dachte, er habe diese Veränderung herbeigeführt. Sicher, ich glaubte auch, daß Gott Gebete erhört, aber nur bestimmte Gebete.

Zum Beispiel wußte ich, daß Gott die übernatürlichen Gaben des Heiligen Geistes heute nicht mehr schenkt. Es gab keinen Bedarf mehr dafür; denn wir besaßen jetzt die vollständige Bibel. Natürlich wirkte Gott manchmal Wunder. Schließlich ist er ja Gott und kann tun, was ihm gefällt. Er tat sie nur nicht sehr oft. Er tat sie sogar so selten, daß ich in all meinen Jahren als Christ auf kein einziges Wunder hinweisen konnte, von dem ich sicher war, daß es ein Beweis der Kraft Gottes gewesen war. Ich hatte noch nicht einmal von einem solchen Wunder gehört! Auch konnte ich auf keines in der Geschichte hinweisen, das nach dem Tod der Apostel ausreichend dokumentiert gewesen wäre. Die einzige Ausnahme stellten Bekehrungen dar, von denen ich damals wie heute glaube, daß sie die größten Wunder überhaupt sind. Abgesehen von Bekehrungen waren meine einzigen Erfahrungen, die einem Wunder nahe kamen, Gebetserhörungen, besonders solche für finanzielle Nöte, die mir manchmal so auf den einzelnen Fall zugeschnitten erschienen, daß sie kaum dem Zufall entsprungen sein konnten.

Dieses Fehlen neutestamentlicher Wunder in meiner Erfahrung beunruhigte mich jedoch keineswegs, denn ich glaubte, Gott selbst habe diese Veränderung in Gang gesetzt. Ich war zuversichtlich, daß ich anhand der Schrift, der Theologie und des Zeugnisses der Kirchengeschichte beweisen konnte, daß Gott die übernatürlichen Gaben des Heiligen Geistes zurückgezogen hatte.

Ich war auch zuversichtlich, daß er zu uns nur noch durch sein geschriebenes Wort redete. Träume, Visionen, innere Eindrücke und ähnliches rochen nach einer Subjektivität und Zweideutigkeit, von der mir übel wurde. Ich zuckte zusammen, wenn einer meiner Studenten auf mich zukam und sagte: »Der Herr hat zu mir gesprochen und …« Kaum etwas konnte bei mir eine so schroffe Ablehnung hervorrufen als die Aussage: »Gott hat zu mir gesprochen.« Für mich bedeuteten diese Worte, daß jede Unterhaltung, die darauf folgte, dieselbe Autorität beanspruchte wie das geschriebene Wort. Das war nicht nur anmaßend, es erschien mir als Gotteslästerung! Ich liebte es, solche Leute, die behaupteten, Gott habe zu ihnen gesprochen, mit beißender Ironie zu behandeln.

Wie Sie aus dem bereits Geschilderten schließen können, war ich keiner dieser Gläubigen die nach »etwas Tieferem« suchten. Ich brauchte kein Heilungswunder von Gott. Meine Familie und ich hatten uns immer bester Gesundheit erfreut und für die wenigen Gelegenheiten, bei denen eine Platzwunde genäht werden mußte oder wir etwas Medizin nötig hatten, waren unsere Hausärzte durchaus ausreichend. Auch unsere Gemeinde war jung und kräftig, und es gab in den sieben Jahren unserer gemeinsamen Geschichte nur sehr wenige Todesfälle. Göttliche Heilung stand einfach nicht sehr weit oben auf unserer Prioritätenliste.

Zu mir mußte Gott sicher nicht auf eine dieser subjektiven Weisen reden, wie er sie bei den Menschen der Bibel gebraucht hatte. Schließlich besaß ich die »Bibel heute«, und darüber hinaus war ich auch noch einer der wenigen mit einer außerordentlich guten Theologie. Nein, weder ich noch der Kreis meiner Freunde erwarteten noch »etwas Tieferes« von Gott. Wenn ich überhaupt irgendein Problem hatte, dann war es das, herauszufinden, wie ich noch mehr von mir Gott zur Verfügung stellen konnte.

Meine Frau sah die Dinge anders als ich. Wenn es wirklich einen Grund gab, warum ich diesen Telefonanruf erhalten hatte, dann würde ich dies in der Tat den Gebeten meiner Frau für mich zuschreiben. Leesa ist einer der wenigen Menschen, die den christlichen Glauben lieber leben anstatt darüber zu reden. Sie würde es vorziehen, eine Stunde für Sie zu beten, anstatt Sie für eine offensichtliche Sünde auch nur zwei Minuten zu tadeln. Obwohl sie es damals nicht sagte, hatte sie doch den Eindruck, daß ich mehr von Gott benötigte.

In dem Jahr, das wir in Deutschland verbrachten (1984-85), machte sie jeden Nachmittag einen zweistündigen Spaziergang auf den Bergen und Hügeln des Schwarzwaldes. Wenn ich sie nach ihren Spaziergängen fragte, sagte sie mir, sie bete in dieser Zeit. Ich fragte sie nie wofür, und sie erzählte es mir auch nicht. Doch sie betete für mich. Sie hatte über die Jahre beobachtet, wie mein Eifer für Gott langsam ausgedörrt war wie die Wasserreservoirs in Südkalifornien während einer Dürre. Ich war mir nicht bewußt, daß meine Leidenschaft für Gott nachgelassen hatte. Ich dachte, ich sei nur reifer geworden. Aber sie war besorgt darüber, daß ich selbstgefällig und selbstzufrieden geworden war. Und sie sah meine Haltung als ein Hindernis für unsere Berufung durch Gott an. Menschlich gesprochen werde ich immer den Eindruck haben, daß Leesas Gebete Gott dazu bewegt hatten, einen Mann am anderen Ende unseres Landes zu veranlassen, den Hörer abzuheben und meine Nummer zu wählen.

Im Spätherbst 1985 beschloß die Leitung meiner Gemeinde, im Frühjahr eine Bibelkonferenz abzuhalten. Nach einem Treffen der Gemeindeältesten gingen der Vorsitzende des Ältestenrates und ich gemeinsam zum Parkplatz. Er fragte mich, wen ich mir als Redner für unsere Bibelkonferenz wünschte. Ohne zu zögern, antwortete ich, daß ich gerne Dr. John White, den britischen

Psychiater und Autor christlicher Bücher, anfragen würde. Er hatte zu diesem Zeitpunkt bereits fünfzehn Bücher geschrieben, die meine Frau und ich alle gelesen hatten.

Er war unter den populärwissenschaftlichen Schriftstellern mein Lieblingsautor. Ich war völlig überzeugt davon, daß er die Aufgabe als Referent bei unserer Konferenz bestens erfüllen würde. Ich wußte von seinen Büchern, daß er große Ehrfurcht vor dem Wort Gottes besaß, daß er intelligent war, daß er in den praktischen Belangen des Christseins außerordentlich hilfreich war und ich dachte, ich hätte Anzeichen dafür gesehen, daß auch er an die Theorie des Dispensationalismus[1] glaubte. (Es stellte sich tatsächlich heraus, daß er von den *Plymouth Bretheren* geprägt worden war.) Wir hatten seine Bücher seit Jahren in unseren Sonntagsschulklassen benutzt. Der Vorsitzende des Ältestenrates war mit meinem Vorschlag sofort einverstanden.

Am nächsten Tag rief er Dr. Whites Herausgeber an, um herauszufinden, wie wir ihn am besten dazu bewegen könnten, unsere Gemeinde zu besuchen. Der Herausgeber sagte uns, daß Dr. White unsere Einladung vermutlich nicht annehmen werde, da sein Zeitplan bereits für die nächsten sechzehn Monate ausgebucht sei. Der Herausgeber meinte, unsere einzige Chance, Dr. White zu bekommen, wäre, ihn zu bitten, er möge über ein Thema sprechen, über das er ohnehin gerade schrieb oder Forschung betrieb. Er spräche nicht gerne über Themen, über die er bereits geschrieben hatte. Der Herausgeber gab uns noch ein paar weitere Tips, wie wir an Dr. White herantreten konnten, aber er machte uns wenig Hoffnung. Unser Vorsitzender ließ ihm durch den Herausgeber eine Einladung zukommen, doch nur kurze Zeit später erhielten wir einen höflichen Brief von Dr. White, in dem er unsere Einladung ausschlug.

Aus irgendeinem Grund war ich noch nicht bereit aufzugeben. Ich schrieb Dr. White einen persönlichen Brief und bat ihn zu kommen. Wenige Tage darauf erhielt ich einen Telefonanruf, der die ganze Ausrichtung meines Lebens und meines Dienstes verändern sollte.

Der Anruf kam von Dr. White. Ich war völlig überrascht, daß er anrief, und noch überraschter, daß er so kurz nach meinem Brief anrief. Er sagte: »Hallo Jack, hier ist John White. Ich möchte Ihnen danken, daß Sie mich zu Ihrer Bibelkonferenz im Frühjahr eingeladen haben. Ich denke, ich könnte das noch in meinem Terminplan unterbringen. Über welches Thema sollte ich denn sprechen?«

Mit Insider-Informationen bewaffnet antwortete ich: »Oh, ich weiß nicht. Wie wär's mit einem Thema, an dem Sie gerade arbeiten?«

»Nun, ich arbeite gerade an einem Buch über das Reich Gottes. Wie gefällt Ihnen das?«

»Das ist wunderbar! Wir hier lieben das Reich Gottes.« Im Stillen dachte ich: Toll, wir werden eine Konferenz über endzeitliche Prophetien haben. Wir werden uns über die verschiedenen Ansichten über das Tausendjährige

Reich unterhalten – oder vielleicht über verschiedene Ideen vom Reich Gottes und die unterschiedlichen theologischen Richtungen.

Dann fügte ich hinzu: »Sie und ich, wir wissen ja, was das Reich Gottes ist, aber ich werde den Ältesten Bericht erstatten müssen, wie Ihre einzelnen Referate über das Reich Gottes aussehen werden. Wir hätten gerne vier Referate an dem Wochenende. Wie möchten Sie das aufteilen?«

»Wenn ich an das Reich Gottes denke«, antwortete er, »dann denke ich zuallererst an die Autorität Christi. Wenn Sie also möchten, daß ich vier Referate halte, dann würde ich ungefähr so vorgehen. Das erste Referat würde heißen: Christi Autorität über die Versuchung.«

»Richtig«, sagte ich.

»Das zweite würde heißen: Christi Autorität über die Sünde.«

»Sehr gut.«

»Das dritte würde sein: Christi Autorität über Dämonen.«

Mm, dachte ich mir, Dämonen? Na ja, es muß hier wohl ein paar Dämonen geben. Es hatte mit Sicherheit eine ganze Menge davon im ersten Jahrhundert gegeben. (Wo die wohl alle hin sind?) Und ich bin sicher, wenn es noch Dämonen gibt, dann hat Christus auch die Macht über sie. Das wird ein interessantes Referat, auch wenn es nicht viel praktische Relevanz haben wird.

Ich sagte: »Na ja, … sicher … in Ordnung.«

»Das vierte Referat würde heißen: Christi Autorität über Krankheiten.«

»Krankheiten!«, rief ich aus und versuchte, die Erregung in meiner Stimme zurückzuhalten. Ich hatte ihn natürlich falsch verstanden.

»Sie sagten nicht Krankheiten, oder?«

»Doch, das sagte ich.«

»Aber Sie meinen doch nicht etwa Heilungen?« Ich spuckte das Wort »Heilungen« förmlich aus. Ich hatte so einen Abscheu vor allem, was mit Heilungen zu tun hatte.

»Doch, das meine ich.«

Ich traute meinen Ohren nicht. Bis vor einer Minute war ich fest davon überzeugt gewesen, daß Dr. White ein vernünftiger, ein in der Bibel verwurzelter und intelligenter Mensch war. Und nun sprach er von Heilungen!

Er ist Psychiater, dachte ich mir. Vielleicht benutzt er das Wort »Heilung« nur, um irgendeine Psychotherapie zu bezeichnen. Deshalb fragte ich: »Aber Sie sprechen hier nicht von körperlicher Heilung, oder?«

»Nun, ich würde es nicht auf körperliche Heilung begrenzen«, antwortete er ruhig, »aber ich schließe sie durchaus mit ein.«

»Das können Sie doch nicht ernst meinen! Sicher wissen Sie, daß Gott heute nicht mehr heilt und daß die übernatürlichen Gaben des Heiligen Geistes mit dem Tod der letzten Apostel aufgehört haben. Das wissen Sie doch sicher, oder?« Ich hatte noch nie einen Menschen getroffen, den ich für intelligent hielt und der das nicht wußte.

Darauf gab Dr. White keine Antwort.

Ich dachte: Nun, vielleicht ist er auf diesem Gebiet ein bißchen schwach; schließlich ist er kein gelernter Theologe, sondern nur ein Psychiater. Ich nahm sein Schweigen als Zeichen dafür, daß er darauf wartete, daß ich von der Bibel her begründete, warum es diese Dinge nicht mehr gab.

Daher sagte ich ihm: »Wir wissen, daß die Gabe der Heilung aufgehört hat, denn wenn wir uns den Heilungsdienst der Apostel anschauen, sehen wir, daß sie umgehend, vollkommen, unumkehrbar geheilt haben und daß jeder, für den sie beteten, geheilt wurde. Wir erkennen diese Art der Heilung heute in keiner der Bewegungen oder Gruppen, die behaupten, die Kraft der Heilung zu besitzen. Was wir bei diesen Gruppen beobachten, sind vielmehr schrittweise, partielle Heilungen, die sich manchmal auch wieder umkehren – und viele werden überhaupt nicht geheilt. Wir wissen daher, daß die Art von Heilungen, die wir heute beobachten, nicht dieselbe ist wie zu Zeiten der Bibel.«

»Glauben Sie, daß jede Gelegenheit, bei der die Apostel für jemanden beteten, in der Schrift aufgezeichnet ist?«, fragte Dr. White.

Ich dachte einen Moment nach, dann sagte ich: »Natürlich nicht. Wir finden nur Fragmente ihres Dienstes und des Dienstes Jesu in den Aufzeichnungen des Neuen Testamentes.«

»Könnte es dann nicht Fälle gegeben haben, in denen sie für jemanden gebetet hatten und derjenige wurde nicht geheilt; und dies wurde einfach nicht in der Schrift verzeichnet?«

Ich mußte zugeben, daß er recht hatte, denn die Bibel berichtet nicht jede Situation, in der die Apostel für Menschen gebetet haben. Es mag also Situationen gegeben haben, wo sie für jemanden gebetet hatten und der Betreffende wurde nicht geheilt.

Ich erkannte, daß Dr. White mich soeben bei einem Fehler in meiner Interpretationsweise ertappt hatte. Ich hatte das Fehlen einer Aussage als Argument benutzt. Meinen Studenten hatte ich mühsam beigebracht, so etwas zu unterlassen. Wenn zum Beispiel das Thema der Geistesgaben aufkam und ein Student sagte: »Man muß nicht in Sprachen beten, denn Jesus betete auch nie in Sprachen«, dann stellte ich ihm die Frage: »Woher wissen Sie, daß Jesus nie in Sprachen gebetet hat?« Der Student antwortete vermutlich: »Weil die Bibel uns nichts darüber berichtet.« Ich würde diesen Studenten sofort zurechtweisen und ihn daran erinnern, daß wir das, was die Schrift nicht sagt, nicht als Beweis für unsere Argumente benutzen dürfen. Zum Beispiel sagt uns die Schrift nichts darüber, ob Petrus Kinder gehabt hat. Aber wir dürfen aus diesem Schweigen der Schrift nicht folgern, daß Petrus kinderlos gewesen wäre. Das würde bedeuten, das Fehlen einer Aussage als Argument zu benutzen.

Aber ich hatte soeben das Schweigen der Schrift Dr. White gegenüber zu meinem Argument gemacht, und dies war mir peinlich.

Trotzdem war ich immer noch überzeugt, daß ich recht hatte. Ich hatte vier weitere biblische Argumente parat, aber ich wollte diesmal etwas vorsichtiger sein. Ich wollte mich nicht noch einmal bei einem Irrtum erwischen lassen.

Mein nächstes Argument war, daß Paulus gegen Ende seines Lebens nicht in der Lage war, Epaphroditus zu heilen (Phil 2,25-27), ebenso wenig wie Trophimus (2 Tim 4,20) oder die häufigen Leiden bei Timotheus (1 Tim 5,23). Ich glaubte, dies beweise, daß die heilende Kraft Paulus verlassen hatte oder im Begriff war, ihn zu verlassen. Doch nun überlegte ich: Was würde ich zu diesem Argument sagen, wenn ich den Standpunkt von Dr. White einnahm? Ich würde nur sagen, daß diese drei Begebenheiten bewiesen, daß nicht jeder, für den die Apostel beteten, geheilt wurde! Dieser Gedanke traf mich hart wie eine Kugel. Mein zweiter Beweis war überhaupt keiner!

Während ich schnell die drei weiteren Argumente durchging, die ich benutzen würde, fand ich an jedem von ihnen einen Fehler. In den meisten theologischen Diskussionen hatte ich den Standpunkt meines Gegners eingenommen und alle meine Argumente aus der Perspektive meines Widersachers sehr kritisch auf Argumentationslücken oder Schwachstellen hin untersucht. Aber mein Glaube, daß die übernatürlichen Gaben aufgehört hatten, war noch nie ernsthaft in Frage gestellt worden. Ich hatte diese Argumente noch nie so genau untersuchen müssen, denn jeder in meinem Umfeld betrachtete sie als wahr.

Ich war mir immer noch sicher, daß ich recht hatte. Aber ich war auch verzweifelt, daß mit allen meinen Argumenten etwas nicht stimmte. Daher platze ich nur heraus: »Ja, haben Sie denn jemals gesehen, daß jemand geheilt wurde?«

»Oh, ja«, antwortete er mir mit ruhiger Stimme. Es sah nicht so aus, als wolle er mit mir diskutieren. Er mußte mir nichts verkaufen. Im Gegenteil, ich war derjenige, der wollte, daß er in unserer Gemeinde sprach. Er sagte einfach nur »Oh, ja«, ohne irgendein Beispiel anzuführen.

Um wieder in die Offensive zu gehen, sagte ich: »Erzählen Sie mir von Ihrer jüngsten und spektakulärsten Heilung.«

»Ich bin mir nicht sicher, was Sie unter spektakulär verstehen, aber ich werde Ihnen von zwei Heilungen in jüngster Zeit erzählen, die mich sehr beeindruckt haben.«

Dann erzählte er mir von einem kleinen Jungen in Malaysia, dessen Körper von oben bis unten mit Ekzemen überdeckt war. Das Ekzem war an einigen Stellen aufgebrochen und die Wunden näßten. Dem Kind ging es so schlecht, daß es seine Eltern die vergangenen sechsunddreißig Stunden wach gehalten hatte. Der Junge benahm sich so unruhig, daß sie ihn festhalten mußten, damit sie für ihn beten konnten.

Sobald Dr. White und seine Frau Lorrie dem Jungen die Hände auflegten, schlief er ein. Innerhalb einer Gebetszeit von etwa zwanzig Minuten hörte das Nässen auf und die Rötung der Haut begann nachzulassen. Am nächsten Morgen sah die Haut des Jungen wieder völlig normal aus und er war geheilt. Dr. White erzählte mir noch von einer zweiten spektakulären Heilung, bei der sich deformierte Knochen während des Gebetes unter den Händen Dr. Whites geradegebogen hatten.

Nachdem ich von solchen Geschichten gehört hatte, dachte ich: Es gibt nur zwei Möglichkeiten. Entweder erzählt mir Dr. White die Wahrheit, oder er belügt mich. Aber er ist sicher nicht getäuscht worden. Er ist Mediziner. Er war sogar dreizehn Jahre lang außerordentlicher Professor für Psychiatrie. Er hat über Halluzinationen geschrieben. Er kennt den Unterschied zwischen einer organischen und einer psychosomatischen Erkrankung. Er läßt sich nicht täuschen. Entweder erzählt er die Wahrheit, oder er täuscht mich vorsätzlich.

Ich dachte einen Moment darüber nach. Was würde er dabei gewinnen, wenn er mich hinters Licht führte? Er hatte nicht darum gebeten, bei uns sprechen zu dürfen; ich hatte ihn gebeten. Außerdem zeigte sich in seiner ganzen Haltung der Geist des Herrn Jesus. Ich war überzeugt davon, daß er mir die Wahrheit sagte. Ich war überzeugt davon, daß Gott die zwei Menschen geheilt hatte, von denen er mir berichtet hatte. Aber ich war immer noch überzeugt davon, daß Gott die Gaben des Heiligen Geistes heute nicht mehr austeilt und daß es für diese Heilungen eine andere Erklärung geben mußte.

Deshalb sagte ich: »Nun, Dr. White, ich glaube, das, was Sie erzählt haben, ist wahr. Und ich würde mich freuen, wenn Sie zu uns in die Gemeinde kämen und diese vier Referate hielten, selbst das über Heilungen.«

»Es gibt da noch etwas, das wir besprechen müssen, Jack. Wenn ich komme, dann möchte ich nicht nur über Heilung reden, ich möchte dann auch für Kranke beten.«

»Für Kranke beten! Sie meinen in der Kirche?« Ich war sprachlos. In meinen Gedanken suchte ich nach Alternativen. »Könnten wir einen Lahmen oder Blinden nicht einfach in irgendein Hinterzimmer bitten und dort für ihn beten?« Ich war sicher, daß niemand geheilt werden würde, wenn wir vor der ganzen Gemeinde für kranke Leute beteten; das würde dann allen den Glauben rauben.

»Na gut, wir können die Details ja noch klären, wenn ich da bin«, antwortete er, »aber ich möchte nicht nur über Heilung reden, ohne in der Lage zu sein, für einige der Kranken in der Gemeinde zu beten.« Er sagte dies mit einer sehr sanften Stimme, aber ich wußte, daß er nicht kommen würde, wenn wir ihn nicht mit den Kranken in unserer Gemeinde beten ließen.

Ich holte tief Luft und sagte: »Nun, Dr. White, ich möchte wirklich, daß Sie kommen und diese vier Referate halten, und Sie dürfen von mir aus sogar in meiner Gemeinde mit den Kranken beten – aber die Entscheidung liegt nicht nur bei mir. Die anderen Pfarrer und die Ältesten müssen zustimmen, bevor wir diese Einladung offiziell festmachen können. Ich bin mir nicht sicher, wie sie auf diesen Vorschlag reagieren werden.«

»Oh, das verstehe ich, Jack. Ich verstehe Ihre Ängste und die der anderen. Wenn Sie sich entscheiden sollten, die Einladung zurückzunehmen, werde ich in keinster Weise beleidigt sein. Ich werde das einfach als den Willen Gottes ansehen.«

Wir verabschiedeten uns und ich ging von diesem Gespräch direkt in die nächste Versammlung der Ältesten.

Zu Beginn des Treffens sagte ich den Ältesten und den übrigen Pfarrern, daß ich eine gute und eine schlechte Nachricht habe. Die gute Nachricht sei, daß Dr. White unsere Einladung zur Bibelkonferenz im Frühjahr noch einmal überdacht habe und sich dazu entschlossen habe, sie anzunehmen. Jeder freute sich über diese Nachricht. »Und die schlechte Nachricht?«, fragten sie mich.

»Die schlechte Nachricht – er möchte ein Referat über Heilung halten und mit den Kranken in unserer Gemeinde beten.«

»Das muß ein Scherz sein!«

»Das hab ich ihm auch gesagt.«

Die nächsten zwei Stunden diskutierten wir hin und her, ob es ratsam sei, Dr. White zu dieser Konferenz in unsere Gemeinde einzuladen. Am Ende der Diskussion, als jeder sein abschließendes Votum gab, meinte einer der Männer: »Diese Konferenz könnte unsere Gemeinde spalten.«

Mein letztes Wort zu diesem Thema war: »Ich denke, wir sollten diese Konferenz so durchführen, selbst wenn dies zu einer Spaltung in unserer Gemeinde führen könnte. Betrachten wir es doch einmal von dieser Seite – wir haben diese Gemeinde mit einer Handvoll Leuten begonnen. Wenn wir uns spalten, könnten wir meiner Ansicht nach, wenn es sein muß, auch mit einer Handvoll Leuten eine neue Gemeinde gründen.« Wie sich herausstellte, benutzte Gott sogar diesen arroganten Mangel an Sensibilität meinerseits, um seine Ziele im Leben einiger aus unseren Reihen zu verwirklichen.

Das Gespräch mit Dr. White und die anschließende Versammlung der Ältesten fanden im Januar 1986 statt. Wir beschlossen einstimmig, Dr. White zu der Konferenz im April einzuladen, obwohl wir uns sicher waren, daß die übernatürlichen Gaben des Heiligen Geistes aufgehört hatten.

Ich verbrachte zwischen Januar und April viel Zeit mit dem Studium der Schrift, um herauszufinden, was sie über Heilung und die Gaben des Heiligen Geistes sagte. Als ich zum ersten Mal über dieses Thema in der Schrift nachgelesen hatte, hatte ich dies nicht mit einem offenen Herzen getan. Gottesfürchtige und kluge Männer hatten mir gesagt, die Bibel lehre, daß die Gaben des Heiligen Geistes aufgehört hatten zu existieren, nachdem der letzte Apostel gestorben war, und daß Gott heute nur durch sein geschriebenes Wort redete. Sie hatten mir in allen ihren Unterweisungen nie gesagt, daß Gott nicht mehr heilen würde, aber sie führten mich zu dem Glauben, daß Heilungen eine seltene Sache waren und kein erheblicher Teil im Dienst der heutigen Kirche.

In meinem Studium der Schrift hatte ich daher nicht wirklich die Absicht gehabt zu entdecken, was sie über die Gaben des Heiligen Geistes oder über Heilung lehrte. Ich wollte weitere Gründe dafür finden, warum Gott heute so nicht mehr handelt. Aber zwischen Januar und April 1986 hinterfragte ich alle meine Argumente für das Erlöschen der Geistesgaben im Licht der biblischen Lehre. Diesmal wollte ich so objektiv sein, wie ich nur konnte.

Als dann mit dem April unsere Konferenz näher rückte, hatte sich in meinem Denken bereits eine radikale Umkehr vollzogen. Mein Bibelstudium hatte mich davon überzeugt, daß Gott heilte und daß die Heilung ein wichtiger Teil im Dienst der Kirche sein soll. Ich war auch davon überzeugt, daß die Bibel nicht lehrte, die Gaben des Heiligen Geistes hätten aufgehört zu existieren. Keines dieser Argumente konnte mich noch länger überzeugen. Ich wußte immer noch nicht, ob die Geistesgaben auch für die heutige Zeit gedacht waren, aber ich war sicher, daß man die Schrift nicht als Beweis für ihr Verschwinden in der Geschichte heranziehen konnte. Ich fing auch an zu glauben, daß Gott unabhängig von der Schrift reden konnte, allerdings nie im Gegensatz zur Schrift.

Dies waren dramatische Umwälzungen in meinem Denken. Doch mein Denken hatte sich nicht verändert, weil ich Wunder gesehen hatte oder weil ich gehört hatte, wie Gott auf übernatürliche Weise mit mir geredet hätte. Ich machte solche Erfahrungen nicht. Ich hatte weder Träume noch Visionen noch Trancezustände noch sonst irgendein übernatürliches Erlebnis, abgesehen von meiner Bekehrung. Diese Veränderung meines Denkens war nicht das Ergebnis einer Erfahrung, die irgendein übernatürliches Phänomen beinhaltet hätte. Sie war das Ergebnis eines geduldigen und intensiven Bibelstudiums.

Fast gegen meinen Willen glaubte ich nun, daß Gott heute heilt und redet. Ich hatte immer noch eine ziemliche Abscheu gegen die Gabe des Sprachengebets. Selbst wenn diese Gabe für die heutige Zeit gedacht sein sollte, wollte ich damit nichts zu tun haben! Und ich wollte auch nichts mit solchen Dingen zu tun haben, die ich als landläufigen Mißbrauch innerhalb der charismatischen oder pfingstlerischen Bewegung ansah.

Ich fand mich also in einer Situation wieder, in der ich etwas mit meinem Verstand dachte, aber in meinem Herzen nicht sicher war, ob ich diese Dinge in meinem Leben oder im Leben meiner Gemeinde haben wollte. Eines wußte ich jedoch. Wenn die Schrift lehrte, daß Gottes Heilung und sein Reden im Leben der Kirche einen erheblichen Raum einnehmen sollten, dann mußten wir uns danach ausstrecken, selbst wenn wir uns nicht danach sehnten. Zu diesen Schlüssen war ich gelangt, als Anfang April der Zeitpunkt für unsere Konferenz gekommen war.

Kapitel 2

Vom Heiligen Geist überrascht

Als ich im April zum Flughafen fuhr, um Dr. White abzuholen, war ich gespannt vor Erwartung. Die Monate des Bibelstudiums hatten mich neu für die Kraft Gottes geöffnet, und ich spürte, daß ich in meinem Christsein am Beginn eines neuen Abschnitts stand.

Aufgrund einer Fehlinformation über Dr. Whites Flugplan benötigte ich fast eineinhalb Stunden, um ihn zu finden. Schließlich sah ich ihn auf dem Gehsteig vor einem der Terminals stehen.

Nach einer kurzen Fahrt und einer angenehmen Unterhaltung erreichten wir die Kirche. Der Innenraum war bis auf den letzten Platz gefüllt. Ich war zufrieden über die hohe Beteiligung – hatte aber auch ein ungutes Gefühl. Ich wußte, die Leute würden auf die meisten Referate von Dr. White positiv reagieren, aber ich machte mir Sorgen wegen des Heilungsthemas und der bevorstehenden »Demonstration«.

Die ersten drei Themen verliefen, wie ich es erwartet hatte. Doch am Samstag nachmittag kam Dr. White zu seinem letzten Referat: Christi Autorität über Krankheit. Etwa dreihundert Menschen hörten an diesem Tag zu. Nach einer Gelegenheit, am Ende des Referates Fragen zu stellen, lud er ein, nach vorne zu kommen und für geistliche oder körperliche Anliegen beten zu lassen.

Ich dachte, ein oder zwei Leute würden dem Aufruf folgen. Statt dessen stürmte etwa ein Drittel aller Anwesenden buchstäblich nach vorne. Einige der Pfarrer und Ältesten traten hinzu, um Dr. White beim Gebet für diese Menschen zu unterstützen.

Ich traute meinen Augen nicht. Leute, die ich gut kannte, die so gänzlich die Kontrolle über ihr Leben zu haben schienen, knieten nieder, weinten und baten um Gebet. Ich erinnere mich an eine sehr wohlhabende Frau, die bekannte, daß sie sich von keinem geliebt fühle außer von ihrem Ehemann. Sie bat, dafür zu beten, daß Gott die Mauern, die sie um sich herum spürte, wegnehmen möge. Ich erinnere mich, wie ein anderer, sehr willensstarker Mann auf die Knie ging und bekannte, daß ihn Eifersucht über den Erfolg mancher seiner Freunde auffraß und er nur seinen eigenen Mangel an Erfolg sah. Es schien, als litten überall um mich herum Menschen unter ihren Verwundungen. Ich war verwirrt und auch ein wenig abgestoßen.

Meine erste Reaktion war, das Ganze als übermäßige Emotionalität abzutun. Doch solche Emotionalität würde voraussetzen, daß jemand zuvor unsere Emotionen durch irgendeine Art der Manipulation angeheizt hätte. Doch wir hatten gerade ein sehr emotionsloses Referat über Heilung gehört, gefolgt von einer Fragestunde, in der einige meiner Freunde ein paar sehr unfreundliche Dinge zu Dr. White gesagt hatten. (Der hatte übrigens in keiner Situation die Beherrschung verloren oder eine unhöfliche Gegenbemerkung gemacht.) Und dann, im Anschluß an die Fragestunde, hatte Dr. White an alle, die Gebet wünschten, eine sehr nüchterne Einladung ausgesprochen, ohne Musikbegleitung oder Appelle, die ans Gemüt gingen. Wie sollte ich die Tränen, die Schuldbekenntnisse und die fast schockierende Ehrlichkeit erklären, die wir nun erlebten?

Hätte ich mich damals bereits eingehender mit der Geschichte von Erweckungen beschäftigt, so hätte ich verstanden, daß diese Dinge in Zeiten der Erweckung, in denen der Heilige Geist auf eine Gemeinde oder eine Stadt fällt, schon unzählige Male geschehen waren. Ich wußte es nicht, aber der Heilige Geist war soeben auf meine Gemeinde gefallen! Es war, als hätte Gott selbst den Korken aus der Flasche gezogen und den Menschen die Erlaubnis gegeben, all den Schmerz, der sich so lange in ihnen aufgestaut hatte, herauszulassen. Die Ehrlichkeit und der Mut, den es brauchte, die Sünden und den Schmerz zu bekennen, waren tatsächlich Hinweise darauf, daß der Heilige Geist an diesem Tag unter uns gegenwärtig war.

Ich war mir nicht sicher, ob mir all das gefiel – aber das Schlimmste sollte erst noch kommen.

Eine sehr redegewandte und intelligente Dame, die ich schon seit langem kannte, kam zu mir, während ich vorne stand. Sie bat mich und einen der Ältesten, für sie zu beten. Diese Frau war sehr gebildet, überhaupt nicht charismatisch und besaß dieselbe geistliche Prägung wie ich. Sie hatte ein erstaunlich weites Herz für Gott, verbrachte viel Zeit im Gebet und war eine begabte Lehrerin, was die Bibel anging. Trotzdem hatte sie seit vielen Jahren unter Ängsten und Depressionen gelitten.

Die Wurzel ihres Problems bestand in einem starken Drang nach Anerkennung. Man könnte es fast als eine »Sucht« bezeichnen, »von Männern anerkannt zu werden«.

Nicht, daß sie nach Männern verlangt hätte, doch ihre Sehnsucht nach Anerkennung durch andere beherrschte in der Tat ihr gesamtes Leben.

»Würden Sie für mich beten?«, fragte sie.

Der Älteste und ich begannen, für sie zu beten, und es geschah überhaupt nichts. Wir wußten es und sie wußte es. Sie dankte uns und ging weg. Ich wandte mich anderen zu, um mit etwa dem gleichen Erfolg für sie zu beten.

Einige Minuten später bemerkte ich, daß die Frau sich angestellt hatte, um mit Dr. White zu reden. Ich stellte mich dazu, als sie gerade anfing, Dr. White ihre Geschichte zu erzählen. Da ich nicht viel Erfolg beim Gebet mit den Menschen zu haben schien, dachte ich mir, ich könnte ja Dr. White zuhören, während er für sie betete, und schauen, ob es etwas zu lernen gab.

»O.K., dann lassen Sie uns beten«, meinte er zu meiner Bekannten.

Als sie ihren Kopf zum Gebet beugte, schien sie eher aus Scham ihren Kopf zu senken. Überall um sie herum schien Verzweiflung ihren Schmerz zu nähren. Wie ein sanfter Vater hob Dr. White ihr den Kopf. »Schauen Sie auf«, sagte er, »Sie müssen das nicht mehr machen. Sie sind ein Kind des Königs.«

Ich war wie gebannt. Das ist eine nette Geste, dachte ich bei mir. Ich muß mir diesen Satz merken – »Schau auf, du bist ein Kind des Königs.« Bis dahin nahm ich immer noch an, daß Technik und Wortformeln der Schlüssel bei einer Heilung waren. Ich sollte von dieser Annahme bald auf barmherzige Weise erlöst werden.

Dann legte er ihr sacht die Hand auf die Schulter und sagte: »Herr, stell du deine Dienerin Linda [der Name wurde geändert] nun hinein in deine Gegenwart, im Namen Jesu Christi. Sie spürt die Zuneigung nicht, die der Herr Jesus Christus für sie empfindet. Laß sie in ihrem Herzen fühlen, wie sehr Jesus sie liebt und sie mag.«

Als ich Dr. White dies zu ihr sagen hörte, ging in meinem Innern ein Licht auf. Ich dachte: Natürlich, darum hat sie nach Anerkennung verlangt. Sie spürt in ihrem Herzen nicht, welche Zuneigung Jesus für sie hat. Wenn sie sich wirklich von Gott geliebt wüßte, bräuchte sie die Anerkennung anderer Menschen nicht mehr so sehr.

Dann betete Dr. White: »Und Herr, wenn irgendwelche Mächte der Finsternis diesen Schmerz beeinflussen, dann bitte ich dich, daß du ihnen gebietest, daß sie jetzt weichen müssen.«

Als er diese Worte ausgesprochen hatte, fing Lindas Kopf an, auf und nieder zu wippen, und sie heulte auf. Sie konnte weder ihren Kopf noch das Geheul unter Kontrolle bringen. Ich hatte so etwas noch nie zuvor gesehen! Es war, als hätten diese Laute, die sie von sich gab, eine eigene personhafte Kraft in sich. Als ich sie anschaute, war es, als hätte sie das Bewußtsein verloren, zumindest aber die Kontrolle über ihren Körper. Ich spürte, daß um sie herum etwas Quälendes gegenwärtig war.

Beinahe jeder der Anwesenden war schockiert von dem, was da vor sich ging. Ich hatte noch nie zuvor einen Dämon gesehen, aber ich war sicher, daß ich in diesem Augenblick das Werk eines solchen Dämons erlebte.

»Im Namen Jesu gebiete ich dir, nun Ruhe zu geben«, sagte Dr. White ganz schlicht.

Und als er es gesagt hatte, hörte der ganze Zauber unverzüglich auf. Er ließ es nicht zu, daß sie vor aller Augen von einem bösen Geist derart gedemütigt wurde. Später beteten wir in einem getrennten Raum für meine Bekannte, um diesen bösen Geist zu binden und ihn fortzuschicken. Heute steht Linda mit großer Vollmacht im Dienst der Lehre und im Heilungsgebet.

Warum war ich mir so sicher, daß hier ein böser Geist am Werk war, als ich sah, was mit ihr geschah? Weil diese Frau sich in der Öffentlichkeit niemals so benehmen oder etwas so Peinliches tun würde. Sie hatte keine charismatische Prägung. Es konnte sich nicht um ein angelerntes Verhalten handeln. Später erzählte sie mir, daß eine Kraft »hochgekommen« wäre und sie ergriffen hätte, und daß sie unfähig gewesen wäre, das Ganze zu stoppen. Nur der Name des Herrn Jesus hatte alles unter Kontrolle gebracht.

Während ich sah, wie sehr sie gequält wurde, mußte ich an all die vergeblichen Jahre denken, in denen sie christliche Seelsorge gesucht hatte, ohne nennenswerte Fortschritte zu machen. Sie war dem geistlichen Rat ihrer Pfarrer gefolgt und war manchmal auch von ihren Pfarrern verurteilt worden. Obwohl sie betete und treu die Bibel las, hatte sie kaum Fortschritte gemacht. Und hier zeigte sich nun ein ganz einfacher Grund: Eine dämonische Macht war für den Großteil ihrer Depressionen und Ängste verantwortlich gewesen. Ich spürte, wie mir die Tränen herunterliefen, als mir bewußt wurde, welchen Schaden arrogante Pfarrer wie ich den Kindern des Herrn zufügen konnten. Manchmal sind wir uns so sicher, daß wir die Gründe für den Schmerz oder die Depression eines Menschen kennen. Wenn sie sich nur an unsere geistlichen Rezepte halten würden, dann würde es besser mit ihnen werden. Wenn sie sich dann an unseren Rat halten und es nicht besser wird, dann ärgern wir uns über sie. Ich dachte an all die schlechten Ratschläge, die ich dieser teuren Frau schon gegeben hatte und an all die Jahre, die sie in psychologischer und seelsorgerlicher Beratung zugebracht hatte. Ich erkannte, wie dumm wir Pfarrer und Seelsorger gewesen waren. Man kann Dämonen nicht aus dem Leben eines Menschen »heraus-seelsorgern«. Und Dämonen verschwinden auch nicht, nur weil sich jemand unsere Ratschläge zu Herzen nimmt und mehr Disziplin übt. Dämonen weichen nur der Macht des Blutes Christi. Bevor Dr. White zu uns kam, hatte niemand ihrer Pfarrer und Seelsorger die Gabe der Unterscheidung gehabt, um zu erkennen, was die Wurzel von Lindas Leiden war, darum hatte Linda »viel leiden müssen unter der Hand ihrer Ärzte«.

Ich erlebte in diesem Moment zum ersten Mal eindeutig, daß der Herr zu mir sprach. Ich vernahm diese Worte nicht hörbar, aber mit der gleichen Klarheit: »Du bist ein Betrüger und ein Manipulierer, die spielst der Gemeinde nur etwas vor.«

Wenn man diese Worte jetzt liest, klingen sie sehr hart, doch damals klangen sie überhaupt nicht hart. Ich hörte kein verdammendes Urteil, sondern eine Einladung. Ich wußte irgendwie, daß ich an einem Wendepunkt meines Lebens angekommen war und daß meine Antwort auf diese Stimme meinem Leben eine ganz neue Richtung geben würde. Entweder würde ich Gott näher kommen oder mich von ihm entfernen. Ich sagte einfach nur: »Ja, Herr.«

Dieses einfache »Ja« war der Anfang davon, neu zu lernen, was es heißt, ein Kind im Reiche Gottes zu werden. Wir müssen nicht nur wie die kleinen Kinder werden, um in das Reich Gottes zu gelangen (Mt 18,3), sondern wir müssen die Demut eines kleinen Kindes behalten, wenn wir im Reich Gottes Fortschritte machen wollen (Mt 18,4). Als ich »Ja« sagte, gab ich Gott in seiner Beurteilung meines Charakters und meines Dienstes recht. Ich hatte soeben die Schwelle zu einer Umkehr überschritten, die so tief werden sollte, daß sie schließlich sogar die Ketten einiger meiner arrogantesten Vorurteile über das christliche Leben und den Dienst zerbrach. Zum damaligen Zeitpunkt spürte ich jedoch nicht, daß schwere Ketten von mir fielen. Ich fühlte mich vielmehr wie ein kleines Kind, dem der Vater einen besseren Weg zeigt.

Am nächsten Morgen, es war Sonntag, erwachte ich in einer Art Schockzustand. Unsere Gemeinde war von einem Dämon heimgesucht worden! Ich fragte mich, wie sich dies wohl auf den Gottesdienstbesuch auswirken würde. Aber noch mehr fragte ich mich, welcher Zwist und welche Spaltungen wohl daraus resultieren könnten. Je mehr ich darüber grübelte, um so mehr Furcht stieg in mir hoch. Ich war mir nicht so sicher, ob ich diesen neuen Dienst des Gebetes mit Kranken in meiner Gemeinde haben wollte, wenn die Leute dabei emotionale Ausbrüche haben und Dämonen sich zeigen würden.

Dann tat ich etwas, das ein gelernter Theologe nie tun sollte. Ich setzte mich aufs Sofa, öffnete wahllos die Bibel und begann zu lesen. Ich wußte es eigentlich besser. Ich hatte mich über Leute lustig gemacht, die erwarten, daß Gott durch eine x-beliebige Bibelstelle zu ihnen redet – so eine Art »Bibel Roulette«. Ich hätte eine Konkordanz zur Hand nehmen und alle Stellen über Furcht nachlesen müssen. Aber das tat ich nicht. Ich öffnete einfach nur die Bibel und bat Gott, zu mir zu reden.

Die Passage, auf die ich stieß, war Lukas, Kapitel 8, und mein Blick fiel sofort auf den Vers 26. Das ist natürlich die Stelle mit dem Besessenen von Gerasa. Ich las die ganze, wunderbare Geschichte, wie Jesus eine ganze Legion von Dämonen austrieb, und der Mann seinen Verstand wiederfand. Dann kam ich zu Vers 37: »Darauf baten alle, die im Gebiet von Gerasa wohnten, Jesus, sie zu verlassen; denn es hatte sie große Angst gepackt. Da stieg Jesus ins Boot und fuhr zurück.« Ich war gerade im Begriff, das gleiche zu tun wie die Leute von Gerasa.

Die großartige Gnade unseres Herrn Jesus Christus war in unsere Kirche eingekehrt. Er hatte den Heiligen Geist gesandt, um zur Umkehr zu führen und verborgene dämonische Mächte bloßzustellen. Er tat dies, um uns zu stärken und zu heilen. Und ich hätte ihn fast gebeten, uns zu verlassen, weil ich Angst davor hatte, wie manche Leute reagieren könnten. Ich bekannte ohne Zögern meine Sünde und bat den Herrn, mir zu vergeben. Ich versprach ihm, daß, wann immer er in unserer Gemeinde einen Dämon hinauswerfen wolle, er meinen Segen dazu habe.

Nachdem die Konferenz vorbei war, kamen alle Ältesten und Pfarrer überein, daß wir regelmäßig für die Kranken in unserer Gemeinde beten sollten. Am Ende jedes Gottesdienstes luden wir einfach alle ein, nach vorne zu kommen, die Christus als ihren Retter annehmen wollten oder die unser Gebet für geistliche, körperliche oder finanzielle Nöte wünschten. Wir hatten nicht die Absicht, charismatisch zu werden [1]. Wir wollten nur das biblische Gebot erfüllen, das wir in Jakobus, Kapitel 5, Verse 14-16 finden:

> »Ist einer von euch krank? Dann rufe er die Ältesten der Gemeinde zu sich; sie sollen Gebete über ihn sprechen und ihn im Namen des Herrn mit Öl salben. Das gläubige Gebet wird den Kranken retten, und der Herr wird ihn aufrichten; wenn er Sünden begangen hat, werden sie ihm vergeben. Darum bekennt einander eure Sünden, und betet füreinander, damit ihr geheilt werdet. Viel vermag das inständige Gebet eines Gerechten.«

Wir ließen unsere Gemeinde wissen, daß wir von nun an diese Passage in unseren Gottesdiensten und auch in unseren seelsorgerlichen Gesprächen anwenden würden. Von nun an seien die Ältesten und Pfarrer bereit, jeden, der sie rufe, zu Hause zu besuchen und dort für die Kranken zu beten. Natürlich waren wir schon immer bereit gewesen, dies zu tun, aber nun ermutigten wir die Leute, diesen Text ernst zu nehmen. Wir ließen sie auch wissen, daß wir bei seelsorgerlichen Gesprächen nicht nur mit ihnen reden wollten, sondern gerne bereit wären, ihnen die Hände aufzulegen und mit ihnen nach dem Vorbild des Neuen Testamentes zu beten.

Kurz nachdem wir begonnen hatten, im Gottesdienst öffentlich für Menschen zu beten, rief mich eine Dame aus unserer Gemeinde namens Ruth Gay an. Sie erzählte mir, sie habe ein Aneurysma und müsse am Mittwoch für ein zweites Angiogramm (Röntgenaufnahme der Blutgefäße) ins Krankenhaus. (Ein Aneurysma ist eine Schwellung eines Blutgefäßes, so daß die Wände des Gefäßes gedehnt und dünn werden. Es besteht die Gefahr, daß die Wände des Blutgefäßes reißen, was zum Tod des Betroffenen führen würde.) Am Donnerstag wollten sie operieren und das Aneurysma entfernen. Sie fragte mich, ob wir Montag abend zu ihr kommen und für sie beten könnten. Montag abend gingen Leesa, Joyce Smeltzer (die Frau von John Smeltzer, einem unserer Pfarrer) und ich zu Ruth Gay, um für sie zu beten. Ruth lebte allein und hatte sich vom Rest ihrer Familie entfremdet. Sie war einsam, deprimiert und verängstigt wegen der bevorstehenden Operation.

Als wir drei am Montag abend ihr Haus betraten, konnten wir die düstere Stimmung um sie herum förmlich spüren. Wir unterhielten uns eine Weile mit ihr, dann legten wir die Hände auf ihren Kopf und baten den Herrn, das

Aneurysma wegzunehmen. Wir beteten sehr ruhig und baten Gott besonders, ihre Blutgefäße auf übernatürliche Weise zu heilen. Wir wiesen keine Dämonen zurück, riefen nicht laut oder bauten irgendeine religiöse Erregung auf. Wir baten Gott nicht, die Hand der Ärzte zu führen. Wir baten Gott, seine eigenen Hände auf dieses Blutgefäß zu legen und die schwachen Stellen wegzunehmen.

Keiner von uns hörte an diesem Abend, daß der Herr zu uns geredet hätte. Wir sahen auch keine sichtbaren, übernatürlichen Zeichen oder Manifestationen. Als wir jedoch das Haus verließen, hatten wir alle den Eindruck, daß der Herr Ruth geheilt hatte. Wir sagten ihr das nicht, aber dennoch meinten wir, Gottes Gegenwart gespürt zu haben. Am Mittwoch morgen erhielt ich einen Telefonanruf von Ruth. Sie war gerade von ihrem zweiten Angiogramm nach Hause gekommen. Ihre Stimme war so schwach, daß ich sie kaum hören konnte. Sie sagte: »Jack, ich bin geheilt worden!«

»Was?«

»Ich bin geheilt worden!«

»Im Ernst?«

»Ja, es ist wahr. Das Aneurysma ist verschwunden.«

»Was hat der Arzt gesagt?«

»Er sagte, ich sei geheilt. Eine Schwester kam heute morgen ins Zimmer und meinte, es sei ein Wunder.«

»Haben Sie Ihren Arzt gefragt, wie er das erklären kann?«

»Er kann es nicht erklären. Er sagte mir, Aneurysmen gehen nicht einfach weg. Sie müssen durch eine Operation korrigiert werden. Ich fragte ihn, ob er so etwas schon einmal erlebt hätte, und er antwortete: ›Noch nie.‹ Er meinte: ›Ich habe keine Erklärung dafür. Sie sind geheilt.‹«

Dies war die erste medizinisch dokumentierte Heilung, die sich in unserer Gemeinde zutrug. Gott hatte einem seiner Kinder, das einsam, deprimiert und verängstigt war, seine Gnade gezeigt. Wir fuhren fort, für die Kranken zu beten, und wir erlebten weitere Heilungen – einige davon körperlich, andere seelisch. Wir erlebten auch einige Manifestationen von Dämonen, allerdings nie mehr in einem öffentlichen Gottesdienst.

Während meiner neuen Abenteuer mit dem Herrn war ich zunächst von der Bibel überrascht worden, und dann wurde ich vom Heiligen Geist überrascht. Aber das war erst der Anfang.

Kapitel 3

Zeichen & Wimber

Als ich mich zum ersten Mal mit Dr. White in Verbindung setzte, wußte ich nicht, daß er die vergangenen sieben Monate in Anaheim, Kalifornien, gelebt und die Gemeinde von John Wimber besucht hatte. John Wimber ist der Pfarrer der *Vineyard Christian Fellowship* in Anaheim und Leiter der »Vineyard Bewegung«. Dr. White erzählte mir dies bei unserem ersten Zusammentreffen.

Damals sagte mir das alles wenig, denn ich hatte noch nie von John Wimber oder dem *Vineyard* gehört. Ich hatte schon mehrere Jahre keine der populären christlichen Zeitschriften mehr gelesen, in denen überall Berichte über Wimber und den *Vineyard* erschienen waren. Es hatte auch niemand in meiner Gegenwart über Wimber gesprochen.

Dr. White erzählte mir von Wimber und schien ihm gegenüber sehr positiv eingestellt zu sein. Er sagte mir, wenn ich die Gelegenheit dazu bekäme, solle ich versuchen, mit John Wimber zusammenzukommen und mit ihm über Heilung zu reden. Dr. White sagte, er könne eine ganze Reihe von bedeutenden Heilungen bestätigen, die in Wimbers Dienst vorgekommen seien. Nachdem Dr. White unsere Gemeinde wieder verlassen hatte, hörte ich, daß Wimber etwa zwei Wochen später nach Fort Worth kommen sollte. Er sollte in der Gemeinde *Lake Country Baptist* im Westen von Fort Worth sprechen.

Ich beschloß, Dienstag abend hinzugehen und ihn mir anzuhören. Aber ich fühlte mich nicht sehr wohl dabei, eine baptistische Gemeinde zu besuchen, die auf der »Dritten Welle« – so nannte sich diese neue Bewegung – davongespült wurde. Auch einige meiner Freunde warnten mich vor John Wimber. Sie hatten gehört, daß bei den Veranstaltungen Wimbers merkwürdige Dinge passierten. Um mich abzusichern, nahm ich etwa zehn meiner Gemeindeglieder mit. Wenn die Dinge dann aus der Hand geraten sollten, hatte ich Zeugen, die bestätigen konnten, daß ich nur dorthin gegangen war, um die Sache zu beurteilen und nicht, um mitzumachen.

Wir kamen zu spät an und setzten uns in die hinterste Reihe, direkt neben den Ausgang (nur um sicher zu gehen). Der Lobpreis hatte bereits begonnen. Die Leute sangen, und einige hoben die Hände, aber es geschah nichts Ungewöhnliches. Nach etwa dreißig Minuten Gesang stellte Pfarrer Jim Hylton, ein angesehener und gesuchter Redner in der *Southern Baptist Church*, John Wimber vor. Wimber kündigte an, er werde über das Reich Gottes sprechen. Ich sagte mir: Und ich werde jedes Wort verfolgen, das du sagst, und es anhand der Schrift prüfen.

Nachdem er bereits zwanzig Minuten gesprochen hatte, konnte ich immer noch jedem Wort zustimmen, das er über das Reich Gottes gesagt hatte. Ich hätte sogar genau den gleichen Vortrag in einem meiner Seminare halten können, ohne daß dabei irgend jemand die Augenbrauen hochgezogen hätte. Und das war noch nicht alles; ich entdeckte, daß mir dieser Mann wirklich sympathisch war. Was er sagte, stimmte, und er sprach auf eine sehr unterhaltsame Art. Er war auch sehr ehrlich, was seine eigenen Schwächen anging. Er schien keine besondere Affektiertheit zu besitzen. Nach etwa einer Stunde beendete er seine Predigt und meinte, jetzt sei *clinic time* – »ärztliche Sprechstunde«.

Ich dachte: *Clinic time*, hier wird es nun aber merkwürdig. Wimber kündigte an, er werde Gott bitten zu zeigen, was der Heilige Geist während der verbleibenden Zeit tun wolle.

»Momentan habe ich keine Ahnung, in welche Richtung wir gehen sollen, aber ich glaube, der Herr wird uns zeigen, was er heute abend tun möchte. Und ich werde den Heiligen Geist nun bitten zu kommen«, meinte er.

Den Heiligen Geist bitten zu kommen? Wo steht so ein Gebet in der Bibel?, fragte ich mich.

Es störte mich, daß Wimber ein Gebet benutzen wollte, das nicht in der Bibel stand. Es hatte mich noch nie gestört, daß ich Gebete benutzte, die nicht in der Bibel standen. Aber irgendwie schien es nicht richtig, daß Wimber so etwas tat. Vielleicht hatte ich den Eindruck, er habe kein Recht, zum Heiligen Geist zu beten. Er hätte im Namen des Sohnes durch den Heiligen Geist zum Vater beten sollen. Zumindest meinen manche Leute, dies sei die einzig korrekte biblische Form zu beten.

Oder vielleicht wunderte ich mich auch, wie er den allgegenwärtigen Heiligen Geist bitten konnte »zu kommen«. Ich wußte nicht wirklich warum, aber irgend etwas störte mich. Oder vielleicht störte mich auch nicht etwas, sondern jemand – ein erschreckender Gedanke! Ich versuchte ihn zu verscheuchen, indem ich mir sagte, daß der Heilige Geist sicher hochanständig sei und nicht einfach den Kindern des Vaters auflauerte, um sie zu erschrekken (und schon gar nicht den Kindern mit einer makellosen Theologie).

Trotzdem störte mich irgend etwas.

Offensichtlich waren andere von diesem schlichten Gebet, »Komm Heiliger Geist«, ebenso beunruhigt. John Wimber spürte eine allgemeine Verunsicherung unter den Zuschauern. Er unterbrach seine *clinic time*, um die Leute zu ermahnen.

»Hören Sie, ich werde den Heiligen Geist bitten zu kommen. Sie müssen jetzt keine Angst vor Dämonen oder dem Teufel haben. Wenn Sie den himmlischen Vater um den Heiligen Geist bitten, gibt er Ihnen keine Schlangen oder Skorpione.«

Jedermann schien von diesen Worten beruhigt.

Dann fügte Wimber hinzu: »Die einzigen Dämonen, die sich manifestieren werden, sind die, die Sie bereits mitgebracht haben.«

Durch diesen kleinen Scherz waren alle wieder beunruhigt, selbst Leute mit einer makellosen Theologie.

Schließlich bat er dann doch den Heiligen Geist zu kommen. Dann schwieg er, ebenso wie die Zuhörer.

Etwa eine gute Minute danach schaute er auf und sagte: »O.K., ich denke ich weiß jetzt, was der Herr heute abend tun möchte. Er hat mir ein Wort der Erkenntnis zur Heilung gegeben.«

Vermutlich bedeutete dies, daß Gott Wimber mitgeteilt hatte, daß er an diesem Abend ganz bestimmte Menschen unter den Anwesenden heilen wollte. Ich war noch nie in einem Gottesdienst wie diesem gewesen und wußte nicht, was ich davon halten sollte.

Wimber sagte, Gott wolle Menschen mit Rückenleiden heilen. Eine ganze Reihe von Leuten kam nach vorne, um dort die Gebetsteams – nicht Wimber selbst – für sich beten zu lassen. Nach einigen Minuten sagte er: »Es ist eine Frau heute hier mit starken Rückenschmerzen, aber Sie sind noch nicht nach vorne gekommen. Kommen Sie nach vorne; ich denke, der Herr will Sie jetzt hier heilen.«

Als ich diese Worte hörte, dachte ich: Das ist doch unglaublich. Mein eigenes Bibelstudium hatte mich zu der Überzeugung geführt, Gott würde zu uns reden, um Warnungen, Wegweisungen und Aufforderungen weiterzugeben, aber ich hatte noch nie erlebt, daß jemand außerhalb der Schrift so detailliert von Gott angesprochen worden war.

Ich weiß heute, daß Wimber nur sichtbar werden ließ, was uns im ersten Korintherbrief, Kapitel 14, Verse 24-26 gesagt wird:

> »Wenn aber alle prophetisch reden und ein Ungläubiger oder Unkundiger kommt herein, dann wird ihm von allen ins Gewissen geredet, und er fühlt sich von allen ins Verhör genommen; was in seinem Herzen verbor-

gen ist, wird aufgedeckt. Und so wird er sich niederwerfen, Gott anbeten und ausrufen: Wahrhaftig, Gott ist bei euch! Was soll also geschehen, Brüder? Wenn ihr zusammenkommt, trägt jeder etwas bei: einer einen Psalm, ein anderer eine Lehre, der dritte eine Offenbarung; einer redet in Zungen, und ein anderer deutet es. Alles geschehe so, daß es aufbaut.«

Gott hatte Wimber über jemanden unter den Zuhörern, den er heilen wollte, eine Offenbarung gegeben. So sollte nicht nur diese Person berührt werden, der gesamte Leib sollte aufgebaut werden. Ich überlegte: Das ist unglaublich. Genauso, hatte Paulus gesagt, solle Gemeinde aussehen.

Aber niemand kam nach vorn.

Ich dachte: Armer John Wimber. Als er über das Reich Gottes geredet hatte, war alles so gut gelaufen. Wenn er nicht mit diesem Zeugs mit der *clinic time* angefangen hätte, wäre der Abend ein voller Erfolg gewesen. Ich fand das Ganze schrecklich peinlich für ihn und war auch enttäuscht.

Wimber schien weder die Peinlichkeit noch die Enttäuschung zu empfinden. Er enthüllte noch eine weitere Tatsache über die Frau: »Vor einigen Tagen waren Sie beim Arzt. Sie haben diesen Schmerz schon seit Jahren. Bitte, kommen Sie nach vorne.«

Das war das Unglaublichste, was ich je gehört hatte. Es war wie eine dieser prophetischen Erzählungen aus dem Alten Testament.

Aber keine Frau stand auf, um nach vorne zu gehen. Die Spannung im Raum wuchs beträchtlich.

Wimber schien einige Sekunden zu beten. Dann sah er auf und sagte: »Ihr Name ist Margaret.« Mit einem großväterlichen Lächeln fügte er hinzu: »Also Margaret, Sie stehen jetzt einfach auf und kommen hierher.« Etwa auf halber Höhe des mittleren Blocks, gleich neben dem Gang, stand Margaret auf und ging ziemlich verlegen nach vorne.

Dies schien mir das Wunderbarste zu sein, was ich je erlebt hatte. Es war genauso wie der Apostel Paulus es für richtig gehalten hatte. Der Raum war von Ehrfurcht und Umkehr erfüllt. Aber noch bevor Margaret die vorderste Reihe erreicht hatte, überrollte mich eine Welle von Skeptizismus und Abscheu. Ich sagte mir: Vielleicht hat er sie dafür bezahlt. Was wäre, wenn sie Dienstag abend Margaret in Fort Worth ist und am nächsten Sonntag Mabel MacClutchbut in irgendeiner anderen Stadt, die nach vorne geht und eine Tüte zeigt, in der sich zwei bösartige Tumore befinden, die sie gerade herausgehustet hat?

Fast im selben Moment, als ich anfing, den ganzen Vorgang in Zweifel zu ziehen, rief ein Mann neben mir aus: »Das ist Margaret, meine Schwägerin!« Ich kannte diesen Mann schon über fünfzehn Jahre.

Mike Pinkstons Schwägerin, Margaret Pinkston, ging an diesem Abend nach vorne, nachdem sie ganz persönlich von John Wimber herausgerufen worden war. Und als mehrere Erwachsene für sie beteten, wurde sie von einem Leiden geheilt, mit dem sie sich seit Jahren herumgequält hatte. Ich kannte diese Familie und wußte, daß an dieser Heilung nichts vorgetäuscht war. Dies war tatsächlich eine anschauliche Demonstration des neutestamentlichen Gemeindelebens, wie es der Apostel Paulus im ersten Korintherbrief, Kapitel 14, aufgezeigt hat.

Sie werden nie erraten, wer als erster nach vorne ging, um nach der Veranstaltung mit John Wimber zu reden! Leesa und ich hatten eine ganze Reihe von Fragen bezüglich dessen, was an dem Abend geschehen war – über Heilungen und über Offenbarungen Gottes. John war sehr freundlich zu uns, beantwortete geduldig unsere Fragen und gab uns sogar »Anschauungsunterricht«, als wir zusahen, wie er an diesem Abend für einige weitere Menschen betete. Ich besaß theoretische Bibelkenntnisse, was Heilung und den prophetischen Dienst des Heiligen Geistes anging, aber Wimber besaß das praktische Wissen und die Erfahrung, wie diese Dinge tatsächlich vor sich gingen.

Es war ein faszinierender Abend, den ich nie vergessen werde. An diesem Abend begann unsere Freundschaft mit John und Carol Wimber, eine Freundschaft, die schließlich dazu führen sollte, daß wir vier Jahre zusammenarbeiteten.

In den verbleibenden Monaten des Jahres 1986 und im Jahr 1987 wurden John Wimber und ich enge Freunde. Leesa und ich gingen in dieser Zeit auf mehrere *Vineyard*-Konferenzen. Wir lernten noch mehr über Heilung und über den Dienst des Heiligen Geistes heute, sowohl aus der Schrift als auch durch praktische Erfahrung. Meine Freundschaft mit John Wimber und mein wachsendes Interesse am übernatürlichen Wirken des Heiligen Geistes führten schließlich dazu, daß ich meine Pfarrstelle aufgab und um meine Entlassung als Dozent am *Dallas Seminary bat.* Doch bevor ich das *Dallas Seminary* verließ, traf ich einen weiteren Mann, den Gott dazu gebrauchte, mein Leben zu verändern. Sein Name ist Paul Cain.

Im Herbst 1987, während meines letzten Semesters am *Dallas Seminary,* hatte ich George Mallone geholfen, die Gemeinde *Grace Vineyard* in Arlington, Texas, zu gründen. Als George und ich im September auf einer Konferenz in Kansas City waren, erzählte uns Mike Bickle, der Pfarrer der damaligen *Kansas City Fellowship* (einer großen Gemeinde von etwa 3 000 Mitgliedern), vom Dienst Paul Cains. In den späten Fünfziger- und frühen Sechzigerjahren hatte er als junger Mann eine wichtige Rolle gespielt in der damaligen »Heilungs-Bewegung«. Mike erzählte uns viele faszinierende Geschichten über angeblich übernatürliche Ereignisse, die die Geburt und das Leben Paul Cains kennzeichneten wie auch viele Wunder von neutestamentlichem Rang, die in seinem Dienst vorgekommen waren.

1958 war er so abgestoßen von der Korruption und dem Mißbrauch, die in der Heilungsbewegung, der er angehörte, gang und gäbe geworden waren, daß er der Bewegung den Rücken kehrte. Die nächsten fünfundzwanzig Jahre verschwand er freiwillig in der Versenkung, war kurze Zeit Pfarrer in verschiedenen Gemeinden und betätigte sich dann im Reisedienst. Gelegentlich sprach er noch vor größeren Versammlungen, doch sehr viel seltener als zu Beginn seines Dienstes.

Mike sagte, Paul sei eine wahre Fundgrube für geschichtliche Informationen über all jene, denen man in den Fünfzigerjahren eine große Heilungsgabe nachgesagt hatte. Er kannte buchstäblich jeden aus dieser Bewegung. Er hatte die guten und die schlechten Seiten dieser Bewegung kennengelernt. Er hatte beobachtet, wie von Gott mit geistliche Gaben betraute Männer einen guten Anfang gemacht hatten, um dann schlimm zu enden. Und er hatte die wenigen – die sehr wenigen – beobachtet, die sich in dieser ganzen Zeit von der Korruption ferngehalten hatten.

Als George und ich aus Kansas zurückkamen, riefen wir Paul an und fragten ihn, ob er mit uns zu Mittag essen würde. Es stimmte; Paul war wirklich eine Fundgrube an Wissen über die Persönlichkeiten und Ereignisse jener Zeit. Wir fragten ihn fast zwei Stunden lang aus. Im Verlauf des nächsten Jahres wurden Paul und ich gute Freunde. Wir aßen oft zusammen und telefonierten viel. In dieser ganzen Zeit hörte ich ihn nicht einmal predigen oder lehren oder sah ihn seine prophetischen Gaben benutzen, für die er in seinen frühen Jahren so berühmt gewesen war.

Dann, im September 1988, bereitete ich mich mit meiner Familie darauf vor, Fort Worth zu verlassen und nach Anaheim, Kalifornien, zu gehen, um mich dem Dienst John Wimbers in der *Vineyard*-Gemeinde von Anaheim anzuschließen. In dieser Zeit hatten Paul Cain und ich unsere erste gemeinsame Veranstaltung.

Wir sprachen in der *Emmaus Road Ministry School.* Dies ist eine Schule in Euless, Texas, die zum praktischen Dienst ausrüsten will. Die Schule wird von T. D. Hall geleitet und hat in ihrem Mitarbeiterstab unter anderen Dudley Hall, Doug White, Jack Taylor, Jim Hylton und James Robison. Die meisten von ihnen sind oder waren fundamentalistische Baptisten, die angefangen hatten, an die Gaben des Heiligen Geistes zu glauben. Paul und ich sollten uns in der ersten Septemberwoche den morgendlichen Unterricht teilen.

An den ersten beiden Tagen nahm Paul an den Zusammenkünften teil, fühlte sich aber nicht gut genug, um zu unterrichten. Dies hatte einen ironischen Beigeschmack, denn ich sprach über Heilung, dabei hatte doch Paul den Ruf, von Gott zum Heilungsdienst gebraucht zu werden. Aber am dritten Vormittag erlebte ich etwas, das mein Verständnis vom Wirken des Heiligen Geistes für immer verändern würde.

Paul hatte gerade eine wunderbare Botschaft weitergegeben und begann nun, für die Leute zu beten. Etwa zweihundertundfünfzig waren an diesem Morgen anwesend. Er bat alle Diabetiker aufzustehen. Als er anfing, für die Diabetiker zu beten, schaute er eine grauhaarige Dame zu seiner Rechten an. Er starrte sie einen Moment lang an – er hatte weder sie noch sonst jemanden unter den Zuhörern je gesehen – und sagte dann: »Sie haben keine Diabetes; Sie haben einen zu niedrigen Blutzuckerspiegel. Der Herr heilt Sie in diesem Moment von diesem zu niedrigen Blutzuckerspiegel. Ich habe ein Bild von Ihnen, wie Sie in einem gelben Stuhl sitzen. Sie sagen: ›Wenn ich nur bis morgen früh durchhalte. Wenn ich nur bis morgen früh durchhalte.‹ Ihre Allergien quälen Sie so sehr, daß Sie oft die ganze Nacht wach liegen. Der Herr heilt Sie in diesem Moment von diesen Allergien. Dieses Problem mit Ihrer Herzklappe – es weicht in diesem Moment im Namen Jesu. Und ebenso das Geschwür in Ihrer Bauchspeicheldrüse.«

Inzwischen konnte man eine starke Ehrfurcht vor dem Herrn im Raum spüren. Menschen begannen, offen zu weinen, weil sie sahen, wie die Kraft des Herrn offenbar wurde und wie der Herr sich um eines seiner Kinder kümmerte. Paul schaute die Frau immer noch an: »Der Teufel hat für Sie einen Nervenzusammenbruch geplant.« Als er dies gesagt hatte, begann der Mann neben ihr – ihr Mann, wie sich herausstellte – zu weinen. Er wußte, daß seine Frau einem Nervenzusammenbruch nahe war. Paul sagte: »Der Herr durchbricht in diesem Moment diesen Plan. Sie werden keinen Nervenzusammenbruch haben.«

Und dann, genauso plötzlich wie Paul angefangen hatte, über diese Frau zu prophezeien, hörte er auf und sagte: »Ich denke, das ist alles, was Gott durch mich tun will.« Dann setzte er sich in die erste Reihe.

Wir übrigen waren wie vor den Kopf gestoßen. Wir hatten so etwas noch nie erlebt. Ich hatte in den letzten zwei Jahren einige, teilweise recht wundersame Heilungen gesehen, aber ich hatte noch nie erlebt, daß jemand, der dem Sprecher völlig unbekannt ist, so aus einer Menge herausgerufen wird und dann gleich vier Krankheitszustände nicht nur identifiziert, sondern auch noch als geheilt proklamiert werden.

Dies erinnerte mich an die prophetische Kraft Elischas, der in der Lage gewesen war, dem König Israels die Pläne des syrischen Heerführers kundzutun, die dieser in seinen Gemächern geschmiedet hatte. Es war auch wie die Heilungen der Apostel, die auch eher eine Heilung befohlen oder proklamiert hatten, statt um Heilung zu bitten. Wir waren völlig sprachlos. Niemand wußte, wie wir die Zusammenkunft beenden sollten. Die Ehrfurcht vor dem Herrn war so groß, daß niemand diese Atmosphäre des Gebetes stören wollte. Schließlich stand Jack Taylor mit Tränen in den Augen auf und sang mit uns einen Choral.

Die Frau, deren Heilung Paul an jenem Tag proklamiert hatte, heißt Linda Tidwell. Ich habe seit diesem Septembertag 1988 mehrfach mit Linda und ihrem Mann Jim gesprochen.

Folgendes geschah nach Pauls Dienst an ihr: Sie ging in der folgenden Woche zum Arzt und ließ sich untersuchen. Ihr Blutzuckerspiegel hatte sich normalisiert und ihre Allergien waren unmittelbar verschwunden. (Sie waren übrigens wirklich so schlimm gewesen, wie Paul gesagt hatte.) Ein Herzgeräusch, das sie bereits von Kindheit an gehabt hatte, war geheilt und ihr Pankreasleiden (Versagen der Bauchspeicheldrüse) war verschwunden. Ihre Depression und Nervosität vergingen ebenfalls, und in den nächsten Monaten verlor sie fünfunddreißig Pfund, die sie sich durch ihre Sorge und Angst zugelegt hatte. Jedes der medizinischen Probleme, die Paul erwähnt hatte, war sowohl akkurat beschrieben als auch geheilt worden.

Ein Jahr später erzählte sie mir, daß eines von dem, was Paul gesagt hatte, ihr nicht richtig vorgekommen war. Er hatte gesagt: »Ich sehe Sie in einem gelben Stuhl sitzen.« Sie grübelte lange darüber nach. Es schien keinen Sinn zu ergeben, denn sie besaß keinen gelben Stuhl. Dann erinnerte sie sich daran, daß sie vor ihrem Umzug nach Fort Worth ihren Schaukelstuhl, der gelb gewesen war, schwarz gestrichen hatte. Nach einiger Zeit hatte sie vergessen, daß er einmal gelb gewesen war. Paul hatte also ein Bild von ihr gehabt, das in die Zeit vor ihrem Umzug nach Fort Worth zurückreichte, als ihre Allergien am schlimmsten gewesen waren. Seitdem hat Linda eine Reihe von Gemeinden im Großraum von Dallas und Fort Worth besucht und über ihre wunderbare Heilung, die Gott ihr geschenkt hat, Zeugnis abgelegt.

Seit September 1988 habe ich erlebt, wie der Herr Paul buchstäblich in aller Welt auf diese Art gebrauchte. Ich sage dies nicht, um einen Menschen zu erheben. Ich glaube, daß Gott heute eine Reihe von Menschen wie ihn in vielen Teilen der Erde gebraucht. Ich glaube, daß dieser übernatürliche Dienst für die Gemeinden heute zugänglich ist.[1] Ich glaube, der Herr hat uns Mittel und Wege gegeben, diesen Dienst zu kultivieren. Ich meine auch, daß in manchen Gemeinden Fehlhaltungen diesen Dienst hindern können.

Auf den folgenden Seiten möchte ich Ihnen von dem mitteilen, was ich in den letzen Jahren gelernt habe, sowohl durch die Schrift als auch durch praktische Erfahrung. Dies mag Ihnen helfen, wenn Sie die Realität dieser Gaben des Heiligen Geistes suchen und erleben wollen, ohne all den Schwindel und Mißbrauch, die andere heimgesucht haben, die versuchten, in der Kraft des Heiligen Geistes zu dienen. Ich möchte Ihnen auch die biblischen und theologischen Einwände nennen, die ich gegen den übernatürlichen Dienst des Heiligen Geistes in heutiger Zeit hatte und die Antworten, die mir diese Einwände nahmen. Schließlich möchte ich die Ängste und Hindernisse diskutieren, die ich bei dem Versuch, in der Kraft des Heiligen Geistes zu dienen, erlebt habe, und wie diese weggenommen wurden und werden.

Kapitel 4

Der Mythos der völligen, biblisch begründeten Objektivität

Ein Psychiater hatte einmal einen Patienten, der glaubte, er sei tot. Kein noch so gutes Argument konnte ihn vom Gegenteil überzeugen. Als der Psychiater schon völlig am Verzweifeln war, kam ihm schließlich eine geniale Idee. Er beschloß, den Patienten davon zu überzeugen, daß Tote nicht bluten können. Er gab ihm mehrere medizinische Lehrbücher zu lesen und vereinbarte mit ihm einen Termin für die folgende Woche.

Der Patient machte seine Hausaufgaben und erschien zur vereinbarten Zeit in der Praxis des Psychiaters.

»Nun, was haben Sie herausgefunden?«, fragte der Psychiater.

»Ich fand heraus, daß die medizinischen Indizien beweisen, daß Tote nicht bluten«, antwortete der Patient.

»Wenn jemand also bluten würde, dann wüßten Sie mit Sicherheit, daß derjenige nicht tot ist?«

»Absolut richtig«, sagte der Patient

Auf diesen Moment hatte der Psychiater gewartet. Er zog eine Nadel heraus und pikste den Patienten in den Finger. Sofort erschien ein Tropfen Blut.

Der Patient schaute voller Schrecken auf seinen Finger und rief aus: »Meine Güte, Tote bluten ja doch!«

Wir alle möchten gerne glauben, daß wir aus reiner Vernunft und Objektivität heraus denken und handeln. Aber, wie einmal jemand gesagt hat, in Wahrheit haben wir oft unseren Verstand im Schlepptau, um zu rechtfertigen, was wir ohnehin schon glauben.

Ich war einer dieser Christen, die sich gerne einreden, daß sie nicht aus ihrer Erfahrung heraus glauben, sondern auf der Grundlage des Wortes Gottes. Mein Handeln und meine Ansichten wurden von den Aussagen der Heiligen Schrift bestimmt – das dachte ich zumindest. Erst in den letzten Jahren ist mir die Arroganz solcher Behauptungen bewußt geworden.

Irgendwie muß ich wohl geglaubt haben, ich sei eine Ausnahme zu der Aussage im 17. Kapitel des Buches Jeremia, Vers 9: »Arglistig ohnegleichen ist das Herz und unverbesserlich. Wer kann es ergründen?« Wie konnte ich glauben, mein Herz sei so rein, daß ich die Motive meines Glaubens und Handelns korrekt verstand?

In Wahrheit hat jeder von uns vielerlei Gründe für das, was er glaubt oder tut, und die Schrift ist nur einer davon. Manchmal ist die Schrift noch nicht einmal der Hauptgrund unserer Ansichten und Handlungsweisen, egal, wie vehement wir das Gegenteil behaupten.

Zudem ist es eine Illusion, die gefallene Menschheit – selbst als erlöste – könne so objektiv mit der Bibel umgehen, daß ihr Handeln und ihre Ansichten gänzlich von ihr bestimmt würden. Wir werden alle in hohem Maße von unseren Umständen geleitet: die Kultur, in der wir leben; die Familie, in der wir aufgewachsen sind; die Gemeinde, die wir besuchen; unsere Lehrer, Sehnsüchte, Ziele, Enttäuschungen, Tragödien und Traumata. Unsere Erfahrung bestimmt viel von dem, was wir glauben und tun; und meist bestimmt sie weit mehr, als uns bewußt ist und wir zugeben wollen.

Lassen Sie mich dies an einem Beispiel illustrieren. Professoren der Theologie nehmen häufig für sich in Anspruch, daß nicht Erfahrung, sondern die Schrift ihre Lehrmeinung bestimmen würde. Wenn Sie einen Professor des *Dallas Seminary* nach seiner Anschauung über das Tausendjährige Reich (wie in Offenbarung 20,4-6 beschrieben) fragen, wird er Ihnen sagen, er vertrete die prämillenarische Lehre. Das bedeutet, daß Christus, bei seiner Rückkehr, auf Erden ein Königreich aufrichten und vor der Neuschöpfung von Himmel und Erde tausend Jahre hier regieren wird. Wenn Sie ihn fragen, warum er dies glaubt, wird er Ihnen erklären, dies sei die reine Lehre der Schrift.

Wenn Sie einem Professor des *Westminster Seminary* die gleiche Frage stellen, wird er vermutlich die amillenarische Ansicht vertreten. (Anders als am *Dallas Seminary* wird von den Dozenten des *Westminster Seminary* nicht verlangt, eine bestimmte Ansicht über das Tausendjährige Reich zu vertreten, aber die meisten Dozenten dort sind amillenarisch eingestellt.) Das bedeutet, es wird auf Erden keine wörtlich zu verstehende tausendjährige Herrschaft Jesu zwischen seinem zweiten Kommen und der Schöpfung des neuen Himmels und der neuen Erde geben. Wenn Sie ihn fragen, warum er dies glaubt, wird er Ihnen erklären, dies sei die reine biblische Lehre.

Es können nicht beide recht haben, und wahrscheinlich hat sogar keiner von beiden recht. In Wahrheit besitzen sowohl das *Westminster Seminary* als auch das *Dallas Seminary* gottesfürchtige, intelligente und geschickte Bibelausleger, die über eine ganze Reihe von Lehrmeinungen unterschiedliche

Ansichten haben. Doch beide Seiten werden behaupten, der Grund, warum sie diese Ansichten vertreten, beruhe auf der reinen Lehre der Schrift! Ich habe den Verdacht, daß dies nur die halbe Wahrheit ist.

In Wahrheit wird ein Student, der noch keine feste Meinung zum Tausendjährigen Reich besitzt, vermutlich ein Vertreter der amillenarischen Richtung sein, nachdem er das *Westminster Seminary* besucht hat. Wenn Sie den gleichen Studenten auf das *Dallas Seminary* schicken, wird er mit noch größerer Wahrscheinlichkeit ein Vertreter der prämillenarischen Richtung werden. Es wird zu dieser Regel nur wenige Ausnahmen geben. Unsere Umgebung, unsere theologischen Traditionen und unsere Lehrer haben mit der Frage, was wir glauben, viel mehr zu tun, als wir meinen. In manchen Fällen haben sie sogar einen weit größeren Einfluß auf das, was wir glauben, als die Bibel selbst.

Nehmen wir das vorherige Beispiel. Entweder hat der Vertreter der amillenarischen oder jener der prämillenarischen Richtung unrecht. Wenn der Vertreter der prämillenarischen Richtung unrecht hat, dann kann seine Lehrmeinung nicht der Schrift entsprungen sein, egal, wie sehr er dies auch behauptet. Denn die Schrift hätte dies nicht gelehrt – wir nehmen ja an, der Prämillenarismus ist falsch.

Über die Jahre habe ich beobachtet, daß die Mehrzahl dessen, was Christen glauben, nicht ihrem eigenen geduldigen und sorgfältigen Bibelstudium entspringt. Die Mehrzahl der Christen vertraut dem, was ihren Glauben ausmacht, weil gottesfürchtige und angesehene Lehrer ihnen gesagt haben, es würde stimmen. Ich habe dies auf hundertfache Weise bestätigt gefunden, aber das folgende Beispiel werde ich nie vergessen.

Absolventen des *Seminary,* die ein Doktorandenstudium beginnen wollen, müssen vor ihrer Einschreibung eine schriftliche und mündliche Prüfung ablegen. Als Professor hatte ich die Aufgabe, diese Prüfungen zusammen mit einigen Kollegen durchzuführen.

An jenem Tag prüften wir drei junge, hoffnungsvolle Bewerber. Wir führten die mündliche Prüfung durch, den nervenaufreibendsten Teil der Zulassungsvoraussetzungen. In dieser Prüfung befragten vier oder fünf Professoren die angehenden Studenten über die hebräische Sprache, Archäologie und andere technische Wissensgebiete, die mit dem Alten Testament in Verbindung stehen, sowie über ihre persönlichen Ansichten zur Theologie. Der Grund für letzteres bestand darin, daß wir die Doktorwürde keinem Studenten verleihen wollten, mit dessen Theologie das *Seminary* nicht einverstanden sein konnte.

Der erste Student, den wir an jenem Tag prüften, hatte in seinem bisherigen Studium fast nur glatte Einsen gehabt und hatte bereits ein Jahr an einer anderen theologischen Fakultät unterrichtet. Mit Leichtigkeit beantwortete er alle technischen Fragen zum Alten Testament, die wir ihm stellten. Der letzte Fragenkomplex, den er noch beantworten mußte, betraf seine theologischen Ansichten. Für diesen Prüfungstag hatten wir Professoren vereinbart, daß ich die theologischen Fragen stellen würde.

Meine erste Frage hieß: »Welchen Glauben vertreten Sie bezüglich der Göttlichkeit Jesu Christi?« Als Antwort lachte er mich aus – nicht die beste Reaktion, solange man die Prüfung noch nicht in der Tasche hat! Es ist besser zu warten, bis man den Abschluß hat und sich dann erst über die Dozenten lustig zu machen. Ich sagte ihm, ich meine es ernst und würde wirklich gerne wissen, was er von der Göttlichkeit Jesu halte.

»Nun, ich glaube, daß der Herr Jesus Christus ganz Gott ist«, antwortete er. Ich sagte ihm, es sei gut, daß er glaube, der Herr Jesus Christus sei ganz Gott; wir würden dies auch glauben. Dann fragte ich ihn, warum er an die Göttlichkeit Christi glaube.

»Weil die Schrift lehrt, daß Jesus Gott ist«, meinte er.

»Gut, diesen Glauben teilen wir auch. Nun nennen Sie uns eine spezifische Stelle im Alten oder Neuen Testament, die eindeutig lehrt, daß Jesus Gott ist.«

Zum ersten Mal während dieser Prüfung verschwand der zuversichtliche Ausdruck von seinem Gesicht. Er zögerte einen Moment, dann behauptete er: »Die Göttlichkeit Jesu findet sich überall im Neuen Testament.«

»Könnten Sie etwas genauer werden? Nennen Sie uns einen Text, der seine Göttlichkeit deutlich zeigt.«

Nach einem Zögern, das endlos zu sein schien, stieß er schließlich aus: »Ich und der Vater sind eins.«

Ich sagte zu ihm, es stimme ja, daß dies im Johannesevangelium, Kapitel 10, Vers 30 gesagt werde, aber würde das denn schon bedeuten, daß Jesus Gott war? Ich könnte zum Beispiel sagen, daß er und ich eins seien, aber das würde noch lange nicht bedeuten, wir wären uns gleich, ganz zu schweigen davon, daß wir zur selben Familie gehörten. Jesus könnte gemeint haben, daß er und der Vater das gleiche Ziel verfolgten.

An diesem Punkt gab er auf, die Stelle aus dem Johannesevangelium als Beweis zu benutzen. Er wußte zu wenig, um die nächsten Verse zu zitieren, die deutlich zeigen, daß die Juden dies als einen Anspruch auf Göttlichkeit verstanden hatten. Hätte er dies getan, hätte ich diese Stelle als Beweis für die Göttlichkeit Jesu zugelassen, welchen sie ohne Zweifel erbringt. Am Ende konnte er uns keinen eindeutigen biblischen Beleg zur Göttlichkeit des Herrn Jesus Christus nennen. Dieser junge Mann hatte vier Jahre Bibelschule und vier weitere Jahre am *Seminary* absolviert. Er hatte einen Magisterabschluß in Theologie und hatte ein Jahr an einer konservativen theologischen Fakultät unterrichtet. Und doch konnte er keine eindeutige Referenz aus der Bibel zitieren, die den göttlichen Anspruch Jesu untermauert!

Meine nächste Frage an ihn lautete, wie man in den Himmel kommt. Ich wollte, daß er einen klaren biblischen Nachweis für die Lehre der alleinigen Rechtfertigung aus dem Glauben an Jesus Christus erbrachte. Diese Diskussion verlief ebenso wie die vorherige. Er konnte die Lehre der alleinigen Rechtfertigung durch den Glauben an Jesus Christus nicht von der Schrift her verteidigen.

Als ich ihm eine weitere Frage stellte, nämlich, was er über die übernatürlichen Gaben des Heiligen Geistes glaube, schien er seine Zuversicht wiederzugewinnen. Mutig antwortete er, daß diese Gaben heute nicht mehr ausgeteilt würden. Wieder argumentierte er, daß dies die reine Lehre der Schrift sei. Ich fragte ihn, welches wohl der klarste Hinweis in der Bibel sei, um die Behauptung vom Aussterben der übernatürlichen Gaben des Heiligen Geistes zu stützen.

»Die Bibel lehrt, daß es nur drei Perioden gegeben hat, in denen im Umgang Gottes mit seinem Volk Wunder allgemein üblich waren. Sie waren zur Zeit Moses und Josuas, Elijas und Elischas sowie zur Zeit Jesu und der Apostel üblich. Dies waren drei Perioden von jeweils zwei Generationen. Wunder werden erst wieder zur Zeit der Herrschaft des Antichristen und der großen Versuchung allgemein verbreitet sein«, antwortete er, ohne zu zögern.

»Sind Sie durch sorgsames, induktives Bibelstudium zu dieser Position gelangt?«, fragte ich ihn.

»Ja, so ist es.«

Ich wußte in diesem Augenblick, daß er nicht die Wahrheit gesagt hatte. Er hatte diese Position nicht aus einem sorgsamen Studium der Schrift bezogen. Benjamin Breckenridge Warfield, Theologe an der Universität Princeton, hatte diese Position Anfang des zwanzigsten Jahrhunderts populär gemacht, mit dem Ergebnis, daß sie seitdem von Theologen der reformierten Richtung und des Dispensationalismus angewandt wurde. Einige von uns hatten diese Lehre an die Studenten weitergegeben, und nun versuchte er zu behaupten, er habe sie durch sorgsames Schriftstudium gefunden.

Seine Unehrlichkeit überstieg das Maß, das ich bereit war zu tolerieren, daher sagte ich: »Wir wollen einmal sehen, ob Sie diese Position jetzt verteidigen können. Beginnen wir mit dem ersten Kapitel des Buches Genesis und gehen wir jedes Kapitel des Alten Testamentes in Gedanken durch, um zu sehen, ob die Bibel Ihre Theorie stützt. Vergessen Sie nicht, wir sollten nur drei Perioden finden, in denen Wunder allgemein üblich waren. Was geschah im ersten Kapitel der Bibel?«

»Dort erschafft Gott die Welt.«

»Was ist mit Kapitel zwei?«

»Das ist die Schöpfungsgeschichte mit dem Menschen im Zentrum.«

»Kapitel drei?«

»Da kommt der Teufel zu Adam und Eva und verführt sie zu sündigen, und Gott muß sie aus dem Garten hinauswerfen.«

»Sind diese Dinge mit Wundern verbunden?«, fragte ich.

»Ja schon, aber man muß doch irgendwo beginnen.«

»O.K., gut. Kapitel vier?«

»Der erste Mord«, sagte er.

»Kapitel fünf ist eine Genealogie. Was geschieht in den Kapiteln sechs bis neun?«

»Da vernichtet Gott die gesamte Erde durch die Sintflut und rettet acht Menschen in der Arche, auf die durch ein Wunder auch ein Paar jeder Tierart versammelt wurde.«

»Kapitel zehn?«

»Wieder eine Genealogie.«

»Kapitel elf?«

»Der Turmbau zu Babel, wo Gott herabsteigt und die Sprachen aller Völker auf Erden verwirrt.«

»Die ersten elf Kapitel des Buches Genesis passen also nicht gerade zu Ihrer Theorie, oder?«

»Nein, aber das ist die Vorgeschichte; ich meine, an jedem Ursprung würde man solche Dinge erwarten.«

»O.K., lassen wir um des Argumentes willen die ersten elf Kapitel der Bibel außer acht. Im Kapitel zwölf und im Rest des Buches Genesis finden wir nur Lebensberichte vor. Was passiert in Kapitel zwölf?«

»Gott ruft Abraham heraus und fordert ihn auf, von Ur in Chaldäa in ein Land zu ziehen, wo Gott seinen Plan für die Erlösung der ganzen Welt beginnen wird.«

»Gibt es noch andere Dinge in der Lebensgeschichte Abrahams, die Ihnen übernatürlich erscheinen?«

»Nun ja, in Kapitel fünfzehn waren dieser rauchende Ofen und diese lodernde Fackel, die zwischen den Fleischstücken des Opfers hindurchfuhren, das Abraham ausgelegt hatte (Gen 15,17). Neben dem Reden Gottes in Kapitel siebzehn, erscheinen in Kapitel achtzehn der Herr und einige Engelwesen bei Abraham und essen mit ihm. Dann ist da noch die Zerstörung von Sodom und Gomorra, wo der Himmel Schwefel und Feuer auf diese Städte regnet (Gen 19). Dann gibt es noch die übernatürliche Geburt Isaaks in Kapitel einundzwanzig und die Begegnung mit dem Engel des Herrn in Kapitel zweiundzwanzig, als er Isaak zum Opfer darbietet.«

»Das Leben Abrahams paßt also auch nicht so richtig zu Ihrer Theorie, daß vor der Zeit Moses und Josuas Wunder und übernatürliche Dinge unüblich waren, nicht wahr?«

»Nein.«

»Wie ist es mit Isaak, Jakob oder Josef; kommt Ihnen da irgend etwas wundersam oder übernatürlich vor?«

»Kapitel achtundzwanzig – die prophetische und messianische Vision in Jakobs Traum, bei der Engel auf einer Leiter auf- und absteigen.«

»Was noch im Leben Jakobs?«

»Kapitel zweiunddreißig. Da kämpft er tatsächlich eine ganze Nacht lang mit Gott, oder dem präinkarnatorischen Christus. Bei Josef gibt es da diese Träume und Auslegungen.«

Daher meinte ich: »So weit es die Beweislage angeht, scheint das Buch Genesis nicht mit Ihrer Theorie zusammenzupassen, oder?«

»Nein.«

»Nun sind wir beim Buch Exodus. Wir haben bereits gesagt, daß es im Leben von Mose und Josua Wunder und übernatürliche Ereignisse gab, also wollen wir von den Büchern Exodus und Josua direkt zum Buch Richter springen. Gibt es im Buch Richter irgend etwas, das Ihnen als wundersam auffällt?«

Er sagte: »Nun, der Engel des Herrn erscheint Gideon tatsächlich, und dann ist da noch diese ganze Sache mit der Wolle und dem Tau. Außerdem erscheint der Engel des Herrn den Eltern Samsons, und Samson besitzt wundersame Kräfte.«

»Das Buch Richter paßt also auch nicht gerade zu dieser Theorie, nicht wahr?«

»Nein.«

»Was finden Sie im ersten Buch Samuel?«

»Einen Propheten, dessen Worte nie unerfüllt bleiben« (1 Sam 3,19-21).

Die Diskussion ging weiter und weiter. Der Student war bei einem Kapitel nach dem anderen gezwungen, wundersame und übernatürliche Ereignisse aufzulisten, die seiner Theorie widersprachen, daß es nur während drei Perioden in der Geschichte Israels Wunder gegeben habe.[1] Der Student war nicht nur gezwungen, zuzugeben, daß er seine Theorie nicht verteidigen konnte, sondern daß die Schrift ihr sogar widersprach.

Nachdem dieser Student gegangen war, prüften wir noch zwei weitere hoffnungsvolle junge Männer. Beide waren, was die technischen Fragen zum Alten Testament anging, gut, aber ihre Vorstellung war fast genauso schlecht wie die des ersten Studenten, als ich ihnen die gleichen drei Fragen zur Göttlichkeit Jesu, zur Rechtfertigung aus Glauben und zu den übernatürlichen Gaben des Heiligen Geistes stellte. Nachdem der letzte Student an diesem Tag draußen war, meinte ich zu meinen Kollegen, dies sei eine sehr enttäuschende Erfahrung gewesen. Ich sagte: »Diese Studenten beziehen ihren Glauben nicht aus der Lehre der Bibel; sie haben ihren Glauben von den Autoritätspersonen in ihrem Leben, die ihnen gesagt haben, diese Lehren seien wahr. Sie kamen nicht durch sorgfältiges Bibelstudium zu ihren Ansichten. Sie können ihre Ansichten ja nicht einmal mit Hilfe der Schrift belegen.«

Einer der älteren Professoren sagte: »Das ist wahr, aber ich würde sagen, daß die heutige Erfahrung in diesen Prüfungen leider eher die Regel ist als die Ausnahme.«

Alle diese Studenten kamen in diese Prüfung voller Zuversicht, daß sie die Dinge, die ihren Glauben ausmachten, glaubten, einfach weil die Schrift dies lehrte, aber sie waren dabei die Betrogenen. Wenn dies auf eine universitäre Umgebung zutrifft, wieviel mehr trifft es dann wohl auf eine nicht-akademische Umgebung zu? Erfahrungen und Tradition bestimmen den Großteil dessen, was Kirchenchristen glauben, und nicht so sehr sorgsames, geduldiges persönliches Studium der Schrift.

J. I. Packer schreibt: »Niemand kann behaupten, sich von allen Traditionen distanziert zu haben. In der Tat ist es sogar der sicherste Weg, vom Traditionalismus geschluckt zu werden, daß man denkt, man sei dagegen immun. ... Die Frage kann also nicht heißen, ob wir Traditionen besitzen, sondern ob unsere Traditionen mit dem einzigen absoluten Maßstab in dieser Sache in Konflikt stehen: der Heiligen Schrift.«[2]

Weder Packer noch ich selbst behaupten, Traditionen seien schlecht. Ich stimme mit Packers Aussage überein:

> *»Alle Christen sind gleichzeitig Nutznießer und Opfer der Tradition – Nutznießer, die in Gottes Treue zu früheren Generationen nährende Hoffnung und Weisheit finden; Opfer, die es nun als selbstverständlich ansehen, daß diese Dinge nicht in Frage gestellt werden müssen, und damit etwas als absolute göttliche Muster des Glaubens und Verhaltens ansehen, was als menschlich, vergänglich und relativ angesehen werden müßte. Wir alle sind Nutznießer guter, weiser und vernünftiger Traditionen und Opfer armseliger, unweiser und unvernünftiger Traditionen.«*[3]

Es gibt zum Beispiel viele Christen, die an die Göttlichkeit Christi glauben, die dies jedoch nie von der Schrift her belegen könnten. Obwohl sie glauben, daß die Bibel lehrt, Jesus ist Gott, kommen sie zu diesem Glauben nicht durch ein sorgfältiges Schriftstudium. Es ist Teil der Tradition, die ihnen von ihren Lehrern vermittelt wurde. In diesem Fall profitieren sie von der Tradition, weil diese spezielle Tradition fest auf die Lehren der Bibel gegründet ist.

Wenn jedoch unser System von Anschauungen über die Grundlagen des Glaubens (die Göttlichkeit Jesu, Rechtfertigung aus Glauben, das stellvertretende Opfer Jesu, und so weiter) hinausgeht und Bereiche berührt, die nicht mehr so grundlegend sind (die Art der Taufe, die Weise, wie das Abendmahl eingenommen werden soll oder spezielle Anschauungen zum Tausendjährigen Reich), dann sind wir viel mehr von Traditionen abhängig, als uns bewußt ist. Für solche Fälle gibt Packer einen vernünftigen Ratschlag:

> *»Was wir eigentlich tun sollten, ist zuzugeben, daß wir in viel größerem Maße, als wir erkennen, voller guter und schlechter Traditionen stecken. Und wir müssen lernen, im Licht der Schrift mit kritischen Fragen die Dinge zu beleuchten, die wir bisher für selbstverständlich gehalten haben.«* [4]

Manche geben jedoch die Bedeutung, die Traditionen und andere Faktoren in unserer Umgebung auf die Bildung unserer Ansichten haben, nicht zu. Edward Gross fragt, warum es so viele Auslegungen gibt. Seine Anwort besagt, …

> *»… daß es zwei einfache Gründe gibt, warum so viele Auslegungen existieren: der Mangel an umfassendem Studium und das Unvermögen, den einfachen Regeln der Hermeneutik (der Wissenschaft biblischer Interpretation) zu folgen.«*[5]

Als nächstes zitiert er drei hermeneutische Regeln, die Charles Hodge zusammengefaßt hat, die besagen, daß die Schrift in ihrem grammatikalisch-historischen Sinn interpretiert werden muß; die Auslegung der Schrift muß auf sich selbst anwendbar sein und darf sich nicht selbst widersprechen; und es muß zur Auslegung der Schrift die Führung des Heiligen Geistes gesucht werden.[6] Gross schließt damit, daß …

> *»… die Anwendung dieser Regeln uns helfen wird, die wahre Aussage der Schrift herauszufinden. Wenn Christen ständig eine gründliche Auslegung anhand dieser einfachen Regeln anstreben würden, gäbe es praktisch keine Unterschiede mehr in den Auslegungen.«*[7]

Ich bin sicher, es gibt auch noch andere, die wie Gross ernsthaft glauben, mangelndes Studium und hermeneutische Unterschiede seien der Grund für die gegenwärtige theologische Vielfalt. Ich glaube jedoch nicht, daß es viele begabte Theologen oder belesene Schriftausleger gibt, die Gross recht geben würde.

Als ich am *Dallas Seminary* war, hätte jeder der Dozenten, die ich kannte, mit den drei hermeneutischen Regeln, wie sie Hodge zusammengefaßt hat, übereingestimmt, und wir alle glaubten an ein umfassendes Schriftstudium. Dennoch wichen wir deutlich von der reformierten theologischen Position ab, die Gross in seinem Buch durchgehend zitiert. Hatten wir Anhänger des Dispensationalismus die Schrift nicht so umfassend studiert wie die reformierten Theologen, mit denen wir nicht übereinstimmten? Waren wir in unserer Anwendung der drei hermeneutischen Regeln unsauber gewesen? Die offenkundige Wahrheit ist, daß der Mangel an umfassendem Schriftstudium und unterschiedliche hermeneutische Prinzipien die meisten modernen theologischen Unterschiede nicht erklären können.[8]

Traditionen und die Gaben des Heiligen Geistes

Wenn Sie einen frischgebackenen Christen mit einer Bibel in ein Zimmer sperren würden und ihm sagen, er solle herausfinden, was die Schrift über Heilungen und Wunder zu sagen hat, würde er dieses Zimmer auf keinen Fall mit dem Glauben verlassen, die übernatürlichen Gaben des Heiligen Geistes hätten aufgehört. Dies weiß ich aus meiner eigenen Erfahrung. Vor meiner Bekehrung mit siebzehn Jahren besaß ich keinerlei Schulung in Theologie, der Bibel oder der Geschichte des Christentums. Sofort, nachdem ich mich für ein Leben mit Jesus entschieden hatte, begann ich, die Bibel zu verschlingen. Ich las Tag und Nacht darin und lernte die Texte auswendig. Als ich meine neugefundenen christlichen Lehrer zu den Wundern der Bibel befragte, wurde mir gesagt, daß Gott diese Dinge heute durch Menschen nicht mehr tut. Es wurde mir gesagt, das eigentliche Wunder, das einzige, das wirklich zählte, sei die Bekehrung der Verlorenen. Da mir dies von gottesfürchtigen Menschen gesagt wurde, die ich respektierte, und da ich in meiner eigenen Umgebung keine Wunder erlebte, die dieser Lehre widersprochen hätten, sah ich sie als wahr an. Ich gab mich der Evangelisation hin und vergaß prompt, um Wunder und Heilungen zu beten.

Ich wäre nie auf eigene Faust zu diesem System von Lehrmeinungen gekommen. Man mußte mich lehren, daß die Gaben des Heiligen Geistes aufgehört hatten. Nun, siebenundzwanzig Jahre später, habe ich im Alter von vierundvierzig das Privileg, beide Seiten dieser Debatte kennengelernt zu haben. Ich bin völlig davon überzeugt, daß die Schrift nicht lehrt, die Gaben des Heiligen Geistes hätten mit dem Tod der Apostel aufgehört zu existieren. Eine Lehre, die dazu führt, daß Menschen das Wunderwirken des Heiligen Geistes in heutiger Zeit verneinen, hat mit der Bibel nichts zu tun.

Es gibt einen entscheidenden Grund, warum bibeltreue Christen nicht an die übernatürlichen Gaben des Heiligen Geistes in der heutigen Zeit glauben; ganz einfach: Sie haben sie noch nicht erlebt. Ihre Tradition unterstützt natürlich ihren Mangel an Glauben, aber diese Tradition hätte keine Chance auf Erfolg, wenn sie nicht mit einem Mangel an Erfahrung im Bereich von Wundern gepaart wäre. Lassen Sie es mich wiederholen: Christen sind den übernatürlichen Gaben des Heiligen Geistes gegenüber nicht deshalb ungläubig, weil die Schrift lehrt, diese Gaben seien vergangen. Vielmehr fehlt ihnen der Glaube an die übernatürlichen Gaben des Heiligen Geistes, weil sie diese nicht erlebt haben.

Kein Autor, der sich gegen übernatürliche Gaben in heutiger Zeit ausspricht, versucht, sein Argument allein auf die Schrift aufzubauen. Alle diese Autoren berufen sich sowohl auf die Schrift als auch auf die gegenwärtige oder vergangene Geschichte, um ihre Argumentation zu stützen.[9] Oft wird nicht bemerkt, daß diese Berufung auf die Geschichte – ob die vergangene oder die gegenwärtige – ein Argument ist, das in Wahrheit der Erfahrung entspringt oder noch besser gesagt: einem Mangel an Erfahrung.

Ich diskutierte einmal mit einem bekannten Theologen über die Gaben des Heiligen Geistes. Ich machte die Bemerkung, daß es keinen einzigen biblischen Beweis dafür gäbe, daß die Gaben des Heiligen Geistes vergangen seien. Er meinte: »Ich würde nicht ganz so weit gehen, aber ich weiß, daß man das Verschwinden der Geistesgaben nicht durch die Schrift belegen kann. Wir erkennen sie jedoch in der jüngeren Kirchengeschichte kaum, und sie sind nicht Teil unserer eigenen theologischen Tradition.«

Dieser Mann lehrte an einer theologischen Fakultät, die sich dogmatisch gegen die Existenz der Geistesgaben stellte, doch in einem privaten Gespräch gab er offen zu, daß diese Lehrmeinung nicht von der Schrift her bewiesen werden konnte.

Er nannte sogar den zweitwichtigsten Grund, warum die Leute nicht an die Gaben des Heiligen Geistes glauben, nämlich: Sie können in der Kirchengeschichte keine Wunder entdecken, die von der Qualität der neutestamentlichen Wunder gewesen wären. Der drittwichtigste Grund, warum die Gaben des Heiligen Geistes abgelehnt werden, ist die Abscheu gegen den Mißbrauch oder vermeintlichen Mißbrauch dieser Gaben in den Gemeinden und Heilungsbewegungen der Gegenwart.

Keiner dieser Gründe kann sich letztlich auf die Schrift berufen. Sie beruhen auf persönlichen Erfahrungen. Was die ersten beiden Gründe angeht, beruhen sie sogar auf einem Mangel an persönlicher Erfahrung.

Es ist üblich, Charismatikern vorzuwerfen, sie würden ihre Theologie rein auf die Erfahrung aufbauen. Doch alle Gegner der Geistesgaben bauen ihre Theologie über die Gaben des Heiligen Geistes auf einen Mangel an Erfahrung auf. Selbst das Sich-berufen auf den gegenwärtigen Mißbrauch ist ein Argument, das auf einer negativen Erfahrung mit den Geistesgaben basiert.

Ich behaupte daher, daß die wirklichen Gründe, nicht an die Gaben des Heiligen Geistes in heutiger Zeit zu glauben, in keinster Weise auf der Schrift beruhen, sondern auf der Erfahrung. In den folgenden Kapiteln möchte ich diese drei Gründe genauer betrachten.

Kapitel 5

Der wahre Grund, warum Christen nicht an die übernatürlichen Gaben des Heiligen Geistes glauben

Am Ende des letzten Kapitels habe ich gesagt, der wahre Grund, warum Christen nicht an die übernatürlichen Gaben des Heiligen Geistes glauben, liegt einfach darin, daß sie selber keine Wunder erlebt haben. Dennoch gibt niemand offen zu, daß dies der Grund der Ablehnung ist. Ich hatte zahllose Gespräche mit Theologen und Laien überall in der Welt. Wenn ich frage, warum sie die übernatürlichen Gaben des Heiligen Geistes für die heutige Zeit ablehnen, sagen sie gewöhnlich, daß sich die »Heilungsdienste« der Gegenwart sehr stark vom Dienst der Apostel unterscheiden. Ich selbst hatte dies auch einmal geglaubt.

Als ich mir die Heilungsdienste von Jesus und den Aposteln anschaute, sah ich sofortige, unumkehrbare, völlige Heilungen.[1] Ich sah auch, daß sie die schwierigsten organischen Erkrankungen heilten, die man sich nur vorstellen kann. Blindgeborene konnten plötzlich sehen. Lahme konnten gehen und sogar vor Freude springen. Leprakranke erhielten eine weiche neue Haut. Verkrüppelte und verstümmelte Glieder wurden wieder heil und kräftig. Die Toten kamen wieder zum Leben. Und wütenden Stürmen wurde Einhalt geboten. Es schien, als hätten Jesus und die Apostel nach Belieben und unter jeglichen Bedingungen heilen können.

Ich hatte noch nie jemanden getroffen, der solche Heilungen selbst erlebt oder auch nur mitangesehen hatte. Alle Berichte von Heilungen, von denen ich gehört hatte, klangen sehr psychosomatisch – bei jemandem verschwanden Kopfschmerzen, weil der Betreffende von seinem mentalen Streß befreit worden war. Wenn ich Berichte von wirklich organischen Heilungen hörte, ließen sie sich nicht verifizieren. Oder es waren Berichte aus dritter oder vierter Hand.

Da weder ich noch Menschen, denen ich vertraute, ein Wunder bestätigen konnten, das wirklich so unmittelbar, umfassend und unumkehrbar gewesen war wie die Heilungen der Apostel, schloß ich daraus, daß solche

Dinge heute nicht mehr vorkommen. Die schrittweisen, partiellen und leider auch manchmal wieder verschwindenen Heilungen, die sich in meinem eigenen Erfahrungsbereich bestätigen ließen, konnten es nicht mit dem aufnehmen, was ich für die neutestamentliche Gabe der Heilung ansah.

Auf den ersten Blick scheint dieser Grund, die Gaben des Heiligen Geistes abzulehnen, ein biblisch begründetes Argument zu sein, doch eigentlich stimmt das nicht. Im besten Fall ist es nur ein Eingeständnis über einen Mangel an Erfahrung. Dieses Argument besagt nur, daß ich in der gegenwärtigen Zeit noch keinen Dienst erlebt oder davon gehört habe, bei dem ein Wunder im Rang eines neutestamentlichen Wunders geschehen wäre. Aber eine begrenzte Erfahrung kann nicht als Beweis herangezogen werden, daß ein solcher Dienst heute nicht existiert.

Ich glaube, daß Gott in der heutigen Kirche Wunder wirkt, die den neutestamentlichen gleichstehen, und ich glaube, daß er solche Wunder durch die gesamte Kirchengeschichte hindurch gewirkt hat. Doch lassen Sie uns um der Diskussion willen annehmen, es gäbe einen solchen Dienst heute nicht mehr. Das würde immer noch nicht beweisen, daß Gott den neutestamentlichen Dienst der übernatürlichen Gaben des Heiligen Geistes zurückgezogen hat. Wir müßten den Grund herausfinden, warum ein solcher Dienst heute nicht mehr existiert. Tatsächlich wäre ein möglicher Grund, daß Gott diesen Dienst mit Absicht zurückgezogen hat. Der eigentliche Grund für das Aufhören der Geistesgaben könnte aber auch in der Reaktion der Kirche gelegen haben. Es könnte sein, daß die Zunahme an bürokratischer Leitung schließlich mit Erfolg über »begabte« Einzelpersonen innerhalb der Kirche triumphiert hat. Oder die Abwesenheit der Geistesgaben könnte auf einen weitverbreiteten Unglauben in der Kirche zurückzuführen sein oder auch auf eine Reihe anderer Faktoren.

Wie sollen wir diese Frage entscheiden? Nicht durch eine Berufung auf das, was wir sehen oder nicht sehen, sondern vielmehr, indem wir uns auf die klare und spezifische Lehre der Schrift selbst berufen. Und dies wollen wir in Kürze tun, doch für den Augenblick möchte ich nur festhalten, daß die tatsächliche oder vermeintliche Abwesenheit der übernatürlichen Gaben des Heiligen Geistes kein Argument ist, das auf der Schrift begründet ist, sondern das auf Erfahrung gründet.

Es gibt auch einige exegetische Probleme bezüglich des Bildes von Heilungen, das ich oben gezeichnet habe. Es beruht auf zwei falschen Annahmen über die Heilungen im Neuen Testament.

Die erste falsche Annahme – Heilungen geschahen »automatisch«

Die erste Annahme ist, daß die Gabe der Heilung bei Jesus und den Aposteln etwas »Automatisches« war. Mit »automatisch« beziehe ich mich auf die Idee, daß sie jeden, an jedem Ort, zu jeder Zeit und nach Belieben heilen konnten. Ich betrachtete diese Gabe als einen dauerhaften Besitz, von dem sie nach ihrem Ermessen Gebrauch machen konnten. Ich dachte, sie konnten Heilungen oder Wunder bewirken oder prophetische Worte aussprechen, wie es ihnen beliebte.[2]

Falls dies Ihre Ansicht über die Gabe der Heilung ist, kann ich Ihnen garantieren, daß Sie niemals irgend jemanden finden werden, der die Gabe der Heilung besitzt. Und wenn Sie die Schrift untersuchen, werden Sie feststellen müssen, daß weder Jesus noch die Apostel die Gabe der Heilung besaßen! Selbst Jesus und seine Apostel konnten nicht nach Belieben heilen – wenn wir mit »nach Belieben« meinen: überall, zu jeder Zeit, unter allen Umständen.

Drei Ereignisse im Leben Jesu demonstrieren, daß er nicht die Freiheit besaß, unter allen Umständen nach Belieben zu heilen. Am Anfang der Geschichte über die Heilung des Gelähmten in Kafarnaum schreibt Lukas: »Und es begab sich eines Tages, als er lehrte, daß auch Pharisäer und Schriftgelehrte dasaßen, die gekommen waren aus allen Orten in Galiläa und Judäa und aus Jerusalem. Und die Kraft des Herrn war mit ihm, daß *er heilen konnte*« (Lk 5,17; Übersetzung nach Luther; Hervorhebung durch den Autor).

Warum sollte Lukas sagen, »die Kraft des Herrn war mit ihm, daß er heilen konnte«, wenn Jesus zu jeder Zeit, unter allen Umständen und völlig nach eigenem Ermessen hätte heilen können? Diese Aussage ergibt nur dann Sinn, wenn wir Heilungen als souveränes Vorrecht Gottes, des Vaters, ansehen, der seine Kraft zu heilen zu manchen Zeiten austeilt und zu anderen Zeiten zurückhält.[3]

Eine zweite Begebenheit ist genauso lehrreich. Das Kapitel 5 des Johannesevangeliums enthält die Geschichte über die Heilung eines Mannes, der seit zweiunddreißig Jahren gelähmt gewesen war. Er lag am Teich Betesda, als Jesus ihn traf. Es lagen noch viele andere Kranke um den Teich. Der Grund dafür war eine Tradition, nach der einmal im Jahr ein Engel des Herrn herabstieg und das Wasser des Teiches zum Aufwallen brachte. Der erste, der in das Wasser stieg, nachdem der Engel des Herrn es zum Aufwallen gebracht hatte, wurde geheilt. Der Teich von Betesda war also so eine Art antikes Krankenhaus, zu dem die Leute ihre Freunde, Verwandten und die ihnen nahestehenden Menschen zur Pflege brachten in der Hoffnung, daß sie die ersten im Teich sein und geheilt werden würden. Wichtig ist, als Jesus an jenem Tag diesem Kranken begegnete, lagen noch viele andere kranke Menschen ebenfalls um den Teich herum (Joh 5,3).

Jesus stellte dem Gelähmten eine Frage, die für manchen schwer zu verstehen ist: »Willst du gesund werden?« (Joh 5,6). Ich hatte die Bedeutung dieser Frage nie verstanden, bis ich anfing, für Kranke zu beten. Ich hatte angenommen, daß alle Kranken gesund werden wollen, besonders diejenigen mit chronischen Leiden wie Lähmungen oder Blindheit. Aber nun, nachdem ich in den letzten sieben Jahren für Tausende von Kranken auf der ganzen Welt gebetet habe, habe ich herausgefunden, daß eine ganze Reihe von Kranken überhaupt nicht gesund werden will. Ihre ganze Identität ist dermaßen mit dem Kranksein verbunden, daß sie buchstäblich Angst haben vor den Veränderungen, die in ihrem Leben stattfinden würden, wenn sie geheilt würden. Wenn Sie den Verdacht haben, daß dies bei jemandem, den Sie gerne geheilt sähen, der Fall ist, dann ist es wichtig, daß Sie mit demjenigen reden und dieses Problem ansprechen, bevor Sie überhaupt versuchen, mit ihm zu beten. Wie auch immer, der Mann in dieser Geschichte sagt nicht, er wolle gesund werden, doch Jesus heilt ihn trotzdem sofort und völlig.

Nun, nachdem er das getan hat, würde man natürlich erwarten, daß Jesus die anderen Leute dort am Teich Betesda ebenfalls heilt. Bei vielen Gelegenheiten in den Evangelien heilt er große Menschenmengen. Mehrmals begegnet uns die Aussage: »... und er heilte alle Kranken« (Mt 8,16; 12,15; Lk 6,19). Doch an diesem Tag heilt er nur einen einzigen Menschen an diesem Teich.

Warum hat er all die anderen Kranken ignoriert? Direkt nach der Heilung finden wir Jesus in ein theologisches Streitgespräch mit den religiösen Führern verwickelt. Mitten in diesem Gespräch beantwortet Jesus die Frage, warum er die anderen am Teich nicht geheilt hat, und er zeigt uns ein Prinzip, das seinem gesamten Wirken zugrundeliegt.

Im Johannesevangelium, Kapitel 5, Vers 19 heißt es: »Jesus aber sagte zu ihnen: Amen, Amen ich sage euch: Der Sohn kann nichts von sich aus tun, sondern nur, wenn er den Vater etwas tun sieht. Was nämlich der Vater tut, das tut in gleicher Weise der Sohn.« Jesus heilte nur einen Menschen an jenem Tag am Teich, weil auch der Vater nur einen Menschen heilte. Wenn der Vater nicht heilte, konnte auch Jesus nicht heilen. Jesus gehorchte in seinem ganzen Dienst völlig dem souveränen Willen seines himmlischen Vaters. Jesus konnte nicht aus eigenem Willen heilen, weil er sich verpflichtet hatte, nichts unabhängig vom Willen seines Vaters zu wollen oder zu tun. Er tat die Dinge, die seinem Vater gefielen. Dies ist keine isolierte Lehre innerhalb des Johannesevangeliums; dies ist eines der Hauptthemen dieses Evangeliums.

Unzählige Male sagt Jesus, er tue nur, was sein Vater tut, er sage nur die Worte, die ihm sein Vater aufträgt und die Dinge, die er lehrt, seien nicht seine eigenen, sondern kämen von dem, der ihn gesandt hat (Joh 3,34; 5,30; 7,16; 8,28; 12,49-50; 14,10; 24,31).

Nebenbei bemerkt, beantwortet dieses Prinzip auch eine Frage, die mir ständig gestellt wird: »Wenn Sie an Heilungen glauben und Sie denken, Sie haben die Gabe oder den Dienst der Heilung, warum gehen Sie dann nicht hin und leeren die Krankenhäuser, oder warum gehen Sie nicht in die Slums von Städten wie Kalkutta, wo Sie wirklich etwas Gutes tun könnten?« Die Antwort auf diese Frage ist: weil die Gabe der Heilung nichts Automatisches ist; wir können sie nicht nach eigenem Ermessen ausüben. Der Herr Jesus war selbst in einem antiken »Krankenhaus« und heilte dort nur einen einzigen Menschen. Die einzige Möglichkeit, wie jemand mit der Gabe der Heilung erfolgreich einen Heilungsdienst in einem Krankenhaus oder den Slums von Kalkutta ausüben könnte, wäre, daß der Herr Jesus Christus ihn sendet und diese von ihm ausgerüstete Person in ihrem Dienst anleitet, dort zu heilen.

Dieses Prinzip ist auch gültig, wenn die gleiche Frage in anderer Form erscheint. Manchmal fragen Leute, warum bei Versammlungen, bei denen mit Kranken gebetet wird, die schwersten Leiden nicht geheilt werden, während dies bei einigen der »trivialen« Beschwerden geschieht. Warum manchmal ein Wort der Erkenntnis ausgesprochen wird, mit Leuten zu beten, die Kopfschmerzen haben, aber nicht für Leute, die im Rollstuhl sitzen? Skeptiker gegenüber der göttlichen Heilung nennen dies eine Tragödie und drücken ihre »Sorge« über all die Menschen im Rollstuhl aus, die nicht geheilt wurden. Sie werten die Heilung »trivialer« Krankheiten als rein psychosomatisch und damit lächerlich ab.

Wenn diejenigen, die diese Versammlungen abhalten, keine Betrüger sind, sondern ernsthafte Diener, die wirklich versuchen, der Führung des Herrn zu folgen, dann haben sie in der Tat kein Mitspracherecht darüber, welche Art von Heilungen stattfinden oder welche Worte der Erkenntnis über Heilungen gegeben werden. Nach dem Prinzip, das sich im Johannesevangelium, Kapitel 5, Vers 19 zeigt, entscheidet Gott, wer geheilt wird und leitet seine Diener entsprechend an. Es ist unsere Verantwortung, auf diese Anweisungen zu hören und sie zu befolgen, und nicht selbst zu entscheiden, wer geheilt wird.

Leute, die sich darüber lustig machen, wenn Gott beschließt, »triviale« Fälle zu heilen und nicht die »harten« Fälle, verspotten womöglich die Weisheit und den Willen unseres Vaters. Auf der anderen Seite, wenn »Heiler« ihre Versammlungen so ankündigen, daß sie versprechen, Gott werde die

Leute aus den Rollstühlen holen, Blinde heilen und so weiter, und dies dann nicht geschieht, dann ist Kritik berechtigt. In letzterem Fall darf die Unterscheidungsgabe, wenn nicht gar die Integrität der Leiter dieser Versammlungen zu recht in Frage gestellt werden.

Eine dritte Begebenheit im Leben Jesu zeigt schlüssig, daß er nicht nach eigenem Ermessen und unter allen Umständen heilen konnte. Sie trug sich zu, als er in seine Heimatstadt Nazareth zurückkehrte. Die Leute dort nahmen an ihm Anstoß mit dem Ergebnis, daß er »dort kein Wunder tun [konnte]; nur einigen Kranken legte er die Hände auf und heilte sie. Und er wunderte sich über ihren Unglauben« (Mk 6,5-6). Matthäus schreibt über dieselbe Begebenheit: »Und wegen ihres Unglaubens tat er dort nur wenige Wunder« (Mt 13,58). Mit anderen Worten, Gott ließ es zu, daß der Heilungsdienst seines Sohnes, zumindest manchmal, eingeschränkt wurde durch den Unglauben der Leute. So konnte selbst Jesus nicht unabhängig vom Vater, nach eigenem Willen und unter allen Umständen heilen.[4]

Wenn dies auf den Sohn Gottes zutraf, wieviel mehr, denken Sie, traf es auf die Apostel zu? Wenn wir den Dienst der Apostel untersuchen, finden wir dies bestätigt. Jesus sagte den Aposteln in Kapitel 15 des Johannesevangeliums, Vers 5: »Denn getrennt von mir könnt ihr nichts vollbringen.« Jesus hatte das gleiche auch über sich selbst gesagt: »Von mir selbst aus kann ich nichts tun; ich richte, wie ich es (vom Vater) höre, und mein Gericht ist gerecht, weil es mir nicht um meinen Willen geht, sondern um den Willen dessen, der mich gesandt hat« (Joh 5,30). Gleichermaßen konnten die Apostel nichts mit göttlicher Kraft tun, wenn es getrennt vom souveränen Willen des Herrn Jesus und seines himmlischen Vaters geschah. Wir finden im Leben der Apostel zahllose Beispiele für dieses Prinzip.

Zum Beispiel, als der Herr Petrus gebraucht, um den Lahmen an der »Schönen Pforte« zu heilen (Apg 3,1-26), starren die Leute Petrus an. Petrus ist entsetzt, daß die Leute ihn womöglich wegen dieser Heilung verehren könnten. Deshalb ruft Petrus den Leuten zu: »Israeliten, was wundert ihr euch darüber? Was starrt ihr uns an, als hätten wir *aus eigener Kraft oder Frömmigkeit* bewirkt, daß dieser gehen kann? Der Gott Abrahams, Isaaks und Jakobs, der Gott unserer Väter, hat seinen Knecht Jesus verherrlicht, ...« (Apg 3,12-13; Hervorhebung durch den Autor). Petrus stellte klar, daß diese Heilung nicht das Ergebnis seiner eigenen Macht als Apostel oder seiner Heiligkeit war. Sie war das Ergebnis des souveränen Willens des himmlischen Vaters.

Wer glaubt im Ernst, Petrus hätte einfach an einem x-beliebigen Tag in den Tempel gehen und willkürlich irgend jemanden heilen können? Ja, es gab außerordentliche Ausgießungen der heilenden Kraft und Gnade im Leben des Petrus und der anderen Apostel, aber diese Ausgießungen kamen nicht von den Aposteln; sie wurden vom souveränen Willen ihres himmlischen Vaters in Gang gesetzt. Ihr Part war, die Initiative des Vaters zu erkennen und zu gehorchen, aber nicht, einfach irgendeinen Dienst unabhängig von seinem Willen ins Leben zu rufen.

Dieses gleiche Prinzip zeigt sich auch bei einem Wunder im Leben des Paulus. Während Paulus in Lystra predigte, hörte ihm ein Mann zu, der seit seiner Geburt verkrüppelt war. Lukas berichtet, daß Paulus dem Mann »fest ins Auge [blickte]; und da er sah, daß der Mann darauf vertraute, gerettet [andere Übersetzungen: geheilt] zu werden, rief er laut: ›Steh auf! Stell dich aufrecht auf deine Füße!‹« (Apg 14,9-10). Wiederum zeigt sich, Paulus hat diese Heilung nicht initiiert. Er sah, daß der Mann Glauben hatte, geheilt zu werden und proklamierte dann die Heilung über ihm.

Er konnte dies nicht nach seinem eigenen Ermessen tun. Er konnte es nur tun, wenn die Umstände einer Heilung förderlich waren. Wenn Gott diesem Mann nicht den Glauben geschenkt hätte, daß er geheilt werden könne, dann hätte Paulus diese Heilung niemals proklamieren können.[5]

Auf der anderen Seite gibt es drei Negativbeispiele im Leben des Paulus, wo er seine Freunde nicht heilen konnte. Paulus konnte Epaphroditus nicht heilen (Phil 2,25-27); er mußte Trophimus krank in Milet zurücklassen (2 Tim 4,20), und er mußte sogar seinen geliebten Sohn im Glauben, Timotheus, ermahnen, etwas Wein für seinen Magen und gegen seine häufigen Beschwerden zu trinken (1 Tim 5,23).

Einige glauben, Paulus habe diese drei Menschen nicht heilen können, weil er nicht die Freiheit besessen habe, seine Gabe der Heilung bei Christen anzuwenden. Sie nehmen an, die Gabe der Heilung sei nur dazu dagewesen, um sie für Ungläubige oder in der Gegenwart von Ungläubigen zu verwenden, um diese von der Wahrheit des Evangeliums zu überzeugen.[6] Wenn dies stimmen sollte, warum heilte Paulus dann Eutychus, einen Gläubigen, indem er ihn von den Toten auferweckte, als nur Gläubige anwesend waren (Apg 20,7-12)? Darüber hinaus wird der Gabe der Heilung bei ihrer Erwähnung im ersten Korintherbrief, Kapitel 12, Vers 9, nachgesagt, sie diene zum Nutzen aller [in der Gemeinde] (1 Kor 12,7).

Andere haben behauptet, das Versagen des Paulus bei der Heilung von Epaphroditus, Trophimus und Timotheus sei darauf zurückzuführen, daß Gott Paulus zu diesem Zeitpunkt seines Lebens die Gabe der Heilung bereits entzogen habe. Diese Erklärung ist unwahrscheinlich. In diesem Fall müßten wir zugeben, daß die Wunder bereits vor dem Tod der Apostel aufgehört hätten. Es gibt keine Belege aus dem Textzusammenhang, die eine solche Annahme stützen.

Im Licht der oben genannten Texte, fällt es viel leichter anzunehmen, daß die Apostel nicht nach eigenem Belieben heilen konnten. Sie waren vom Willen des Herrn Jesus abhängig.[7]

Eine letzte Illustration für die Unfähigkeit der Apostel, nach eigenem Belieben zu heilen, zeigt sich in der Geschichte mit dem epileptischen Jungen. Dieser Fall ist besonders bedeutsam, weil er sich zuträgt, nachdem Jesus ihnen die Vollmacht gegeben hat, die unreinen Geister auszutreiben und alle Krankheiten und Leiden zu heilen (Mt 10,1; Lk 9,1). Dennoch konnten sie einen von Dämonen besessenen Jungen, der sowohl selbstmordgefährdet war als auch unter Epilepsie litt, nicht heilen (Mt 17,16). Nachdem Jesus den Jungen geheilt hatte, fragten ihn die Jünger, warum sie den Dämon nicht austreiben konnten. Jesus antwortet ihnen: »Weil euer Glaube so klein ist« (Mt 17,20).

Es ist einfach ein falsches Verständnis der Schrift anzunehmen, jeder könne nach Belieben heilen. Die Beziehung der Apostel zum Herrn wie auch unsere Beziehung zu ihm sind viel zu persönlich, als daß man die Gabe der Heilung so mechanistisch erklären könnte. Daher sollten wir bei unserem Versuch, die Gabe der Heilung in unserer heutigen Zeit zu verstehen, nicht danach suchen – oder dies erwarten –, daß wir Menschen finden, die nach Belieben heilen können.

Doch selbst mit dieser Einschränkung schien es mir immer noch so, daß die Kluft zwischen dem Heilungsdienst der Apostel und dem der Gegenwart viel zu groß sei, als daß ich die gegenwärtigen Heilungsdienste als biblisch hätte anerkennen können. Die Qualität und die Anzahl der Heilungen bei den Aposteln überstieg bei weitem das, was ich heute zu beobachten meinte. Doch dann erkannte ich die zweite falsche Annahme über den Dienst der Heilung und der Wunder im Neuen Testament.

Die zweite falsche Annahme – der Heilungsdienst der Apostel ist dasselbe wie die Gabe der Heilung

Als ich eines Tages nach einem vollen Unterrichtstag nach Hause fuhr, dämmerte mir, daß es einen Unterschied geben mußte zwischen dem apostolischen Heilungsdienst und der Gabe der Heilung, die anderen im Leib Christi gegeben wurde.

Ich will Ihnen berichten, wie ich zu diesem Schluß gekommen bin. Zunächst wurde mir bewußt, daß Paulus im ersten Korintherbrief, Kapitel 12, Verse 8-10 die übernatürlichen Gaben beschreibt, die dem gesamten Leib Christi gegeben sind, nicht nur den Aposteln. Es gibt vielfältige Beweise für eine solche weitreichende Verteilung der Geistesgaben. Prophetie, zum Beispiel, findet sich in den Gemeinden von Thessalonich (1 Thess 5,20), Rom (Röm 12,6), Ephesus (Eph 4,11) und an anderen Orten in der gesamten Apostelgeschichte (Apg 11,27; 13,1; 15,32; 19,6; 21,9). Ähnlich verhält es sich mit der Gabe des Sprachengebets, die sich in Jerusalem (Apg 2), Samaria (Apg 8,5ff), Caesarea (Apg 10,46), Ephesus (Apg 19,6) wie auch in Korinth findet. Wunder geschahen in den Gemeinden Galatiens (Gal 3,5).

Von dieser breiten Streuung der Geistesgaben über den ganzen Leib Christi spricht Joel in seiner Prophetie, daß der Heilige Geist in den letzten Tagen auf alles Fleisch ausgegossen wird (Joel 3,1-2). Peter gebrauchte Joels Prophetie als Argument dafür, daß die Gabe des Sprachengebets, die zu Pfingsten ausgeteilt worden war, eines der Zeichen für die Erfüllung der Prophetie Joels sei (Apg 2,16). Mit der Ausgießung des Heiligen Geistes zu Pfingsten kamen die Geistesgaben auf den gesamten Leib Christi. In der Tat sagt Petrus, daß jeder Christ eine Dienstgabe, ein *charisma*, erhalten hat (1 Petr 4,10).[8] Genau dasselbe Wort benutzt Paulus im ersten Korintherbrief, Kapitel 12 (4.9.28.30-31) für die Geistesgaben, und Paulus stellt fest, daß alle Geistesgaben in der Gemeinde von Korinth in Gebrauch waren (1 Kor 1,7). Die Beweislage des Neuen Testamentes zwingt uns also zu dem Schluß, daß die übernatürlichen Gaben des Heiligen Geistes nicht auf die Apostel begrenzt, sondern im ganzen Leib Christi weit verbreitet waren.

Das zweite, was ich erkannte, war, daß die Geistesgaben in ihrer Intensität und Stärke variieren. Paulus gibt dies in bezug auf die Gabe der Prophetie zu. Im Römerbrief, Kapitel 12, Vers 6 sagt er: »Wir haben unterschiedliche Gaben, je nach der uns verliehenen Gnade. Hat einer die Gabe prophetischer Rede, dann rede er in Übereinstimmung mit dem Glauben.« Es wird ein unterschiedliches Maß an Gnade und an Glauben verliehen, um die verschiedenen Geistesgaben auszuüben. Paulus selbst besaß ein größeres Maß an der Gabe des Sprachengebets als jeder andere in Korinth (1 Kor 14,18).[9] Timotheus hatte eine seiner geistlichen Gaben verkümmern lassen, so daß Paulus ihn ermutigen mußte: »Entfache die Gnade [*charisma*] Gottes wieder, die dir durch Auflegung meiner Hände zuteil geworden ist« (2 Tim 1,6). Alle diese Texte demonstrieren, daß geistliche Gaben mit einem unterschiedlichen Grad an Intensität und Stärke vorkommen.

Niemandem fällt es schwer anzuerkennen, daß die geistlichen Gaben, die man gewöhnlich nicht als übernatürlich ansieht, in unterschiedlicher Stärke vorkommen. Manche Lehrer besitzen die Gabe der Lehre in größerem Maße als andere. Lukas zeichnet zum Beispiel ein Bild von Apollos, in dem er ihn als einen Prediger und Lehrer bezeichnet, der »redekundig [griechisch: *dynatos*] und in der Schrift bewandert« war (Apg 18,24). Einige Evangelisten besaßen eine größere Gabe als andere und so weiter. In der Analogie sollten wir das gleiche bei den übernatürlichen Gaben des Heiligen Geistes erwarten.

Dies scheint sogar unter den Aposteln in der Apostelgeschichte der Fall gewesen zu sein. Unter den Aposteln werden Petrus und Paulus als diejenigen dargestellt, die am meisten begabt waren, zu heilen und Wunder zu tun. Der Dienst des Petrus ist so außerordentlich, daß Gott offensichtlich sogar seinen Schatten benutzt, um zu heilen (Apg 5,15)! Alle Apostel wurden gebraucht, Zeichen und Wunder zu tun (Apg 5,12), aber Lukas scheint Petrus unter ihnen besonders herauszustellen. Als Paulus auf der Bildfläche erscheint, wird auch ihm von Lukas eine außergewöhnliche Vollmacht zu heilen zugesprochen, so daß man ihm »sogar seine Schweiß- und Taschentücher vom Körper [wegnahm und sie] den Kranken [auflegte]; da wichen die Krankheiten, und die bösen Geister fuhren aus« (Apg 19,12). Paulus und Petrus sind die einzigen Apostel, von denen Lukas berichtet, daß sie Tote auferweckten. Das Neue Testament scheint also darauf hinzudeuten, daß selbst unter den Aposteln die Begabungen mit einem unterschiedlichen Grad an Stärke vorlagen.

Meine dritte Entdeckung war, daß, alles in allem genommen, die Apostel im Neuen Testament als die Personen innerhalb der Kirche dargestellt werden, die am reichsten mit Gaben ausgestattet waren. Obwohl ich sicher bin, daß die Apostel, wie jeder andere im Leib Christi, *charismata* empfangen hatten, wird ihr Heilungsdienst im Neuen Testament nie mit dem Begriff *charisma* bezeichnet. Der übernatürliche Dienst der Apostel wird mit dem Ausdruck »Zeichen und Wunder« charakterisiert.

Was sind »Zeichen und Wunder«? Im Alten Testament wird der Ausdruck am häufigsten benutzt, um die großen Plagen zu bezeichnen, die Gott über Ägypten brachte, und für die darauffolgende Befreiung seines Volkes von der Knechtschaft unter den Ägyptern (Deut 4,34; 6,22; 7,19; 23,9; 26,8; 34,11; Neh 9,10; Ps 135,9; usw.). Im Neuen Testament beschreibt »Zeichen und Wunder« den Dienst Jesu (Apg 2,22), der Apostel (Apg 2,34; 5,12; 14,3; 15,12; Röm 15,18-19; 2 Kor 12,12) und die Dienste von Stephanus (Apg 6,8) und Philippus (Apg 8,6). [10]

Der Ausdruck »Zeichen und Wunder« wird verwendet, um eine ungewöhnliche Ausgießung des Heiligen Geistes zu bezeichnen, die sich in Wundern äußert. Der Ausdruck wird nicht in einem Zusammenhang benutzt, wo es nur um ein oder zwei Heilungen oder Wunder geht. Er wird benutzt in Textzusammenhängen, wo von einer Fülle von Wundern berichtet wird (z. B. Apg 5,12; 8,7) und die Umstehenden erstaunt sind.[11] Selbst jemand wie Simon, der in Zauberei unterrichtet worden war, war von den Zeichen, die

Philippus wirkte, außer sich vor Staunen (Apg 8,13). Zeichen und Wunder geschehen bei Erweckungen in Verbindung mit der Verkündigung des Evangeliums, und die einzigen, außer dem Herrn Jesus und den Aposteln, von denen berichtet wird, sie täten Zeichen und Wunder, waren Stephanus und Philippus.

Aus diesen Beobachtungen zog ich folgende Schlüsse: Erstens, es besteht ein Unterschied zwischen »Zeichen und Wundern« und der Gabe der Heilung. Zeichen und Wunder sind eine »Flut« von Wundern, die ganz spezifisch mit der Erweckung und der Verkündigung des Evangeliums verbunden ist. Die Gabe der Heilung dagegen ist der Gemeinde zur Auferbauung gegeben (1 Kor 12,7) und muß nicht notwendigerweise mit Erweckung oder einer Fülle von Wundern verbunden sein.

Zweitens, es ist falsch, darauf zu bestehen, daß der apostolische Dienst der »Zeichen und Wunder« den Maßstab darstellt für die Gabe der Heilung, die dem Durchschnittschristen des Neuen Testamentes gegeben war. Wir haben anschauliche Darstellungen vom Dienst der Apostel durch »Zeichen und Wunder«, aber neben den Berichten über die Apostel gibt es nur wenige bis gar keine Beschreibungen von Durchschnittschristen, die die Gabe der Heilung besaßen oder Beispiele darüber, wie die übernatürlichen Gaben des Heiligen Geistes in den lokalen Gemeinden wirksam wurden.

Es ist einfach nicht vernünftig, darauf zu bestehen, daß alle übernatürlichen Gaben des Heiligen Geistes in ihrer Intensität und Stärke denen der Apostel gleichen, um als legitime Geistesgaben angesehen zu werden.[12] Keiner würde darauf bestehen, wenn es um die Geistesgaben geht, die nicht übernatürlicher Natur sind, wie Lehre oder Evangelisation. Welche Gestalt der Kirchengeschichte war zum Beispiel ein so begabter Lehrer des Leibes Christi wie Paulus? Luther? Calvin? Wer würde heute behaupten wollen, es als Lehrer mit Paulus aufnehmen zu können?[13] Ich kenne niemanden in der Vergangenheit oder Gegenwart, der einen solchen Anspruch erhoben hätte. Sollten wir jedoch aus der Tatsache, daß niemand mehr aufgetreten ist, der die Gabe der Lehre in dem Maße besitzt, wie dies bei Paulus der Fall war, schließen, daß die Gabe der Lehre der Gemeinde entzogen wurde? Oder sollten wir gleichermaßen annehmen, daß jeder mit der Gabe der Evangelisation wie der Apostel Paulus evangelisieren wird? Wer hat mit der gleichen Autorität und Tiefe so viele Gemeinden gegründet und Werke begonnen wie der Apostel Paulus? Wir können zugeben, daß es bei der Gabe der Evangelisation, der Gabe der Lehre und anderen Geistesgaben unterschiedliche Grade der Intensität und Stärke gibt. Warum können wir dies nicht auch bei der Gabe der Heilung? Oder bei der Gabe, Wunder zu tun? Oder bei der Gabe der Prophetie?

Wir sollten natürlich erwarten, daß der Heilungsdienst der Apostel größer war als der anderer im Leib Christi. Sie waren vom Herrn in besonderer Weise erwählt, seine handverlesenen Repräsentanten zu sein, und ihnen war die Macht über alle Dämonen und Krankheiten gegeben worden (Mt 10,1; Mk 3,13-15; Lk 9,1). Sie erhielten eine besondere Zusage »mit der Kraft aus der Höhe erfüllt« zu werden (Lk 24,49; Apg 1,8). Sie besaßen eine Autorität wie niemand sonst im Leib Christi. Paulus, zum Beispiel, hatte sogar die Autorität, einen Menschen Satan zu übergeben zum Verderben seines Fleisches (1 Kor 5,1-5).

Wenn wir behaupten wollen, daß der Dienst der Apostel den Maßstab setzt, mit dem wir die im Römer- (Kapitel 12) und im 1. Korintherbrief (Kapitel 12) genannten Geistesgaben messen, dann könnte es sein, daß wir zu dem Schluß gezwungen sind, seit den Tagen der Apostel seien keine der Geistesgaben, ob natürlich oder übernatürlich, mehr ausgeteilt worden. Denn wer könnte es in irgendeiner Hinsicht den Aposteln gleichtun?

Drittens sollten wir nicht den Schluß ziehen, daß »Zeichen und Wunder« notwendigerweise mit dem Tod der Apostel vergingen. Stephanus und Philippus waren keine Apostel und doch war ihnen ein Dienst anvertraut worden, »Zeichen und Wunder« zu tun, der dem der Apostel ähnlich war. Und es mag außer Stephanus und Philippus noch andere gegeben haben.

Es gibt auch nichts im Neuen Testament, das eine zukünftige »Flut« von Zeichen und Wundern bei Erweckungen ausschließen würde. Es ist sogar sehr biblisch, sich nach solchen Erweckungen zu sehnen und für sie zu beten. Denken Sie nur an das Gebet in der Apostelgeschichte, Kapitel 4, Verse 29-30: »Doch jetzt, Herr, sieh auf ihre Drohungen und gib deinen Knechten die Kraft, mit allem Freimut dein Wort zu verkündigen. Streck deine Hand aus, damit Heilungen und Zeichen und Wunder geschehen durch den Namen deines heiligen Knechtes Jesu.« Wenn die Kirche dieses Gebet ernst nähme, wer weiß, ob Gott nicht Freude daran hätte, eine »Flut« von »Zeichen und Wundern« bei Erweckungen zu schenken.

Wenn ich mir den Leib Christi anschaue, sehe ich niemanden, der Wunder wirkt, die von der Qualität und Quantität an die der Apostel heranreichen. Doch dies verleitet mich nicht länger zu dem Schluß, daß Gott nicht auch heute Menschen gebraucht, um Wunder und Heilungen zu tun.

Es ist sogar mein Privileg, mit einer Reihe von Leuten wie John Wimber befreundet zu sein, die im Bereich von Heilungen und Wundern ihre besonderen Gaben haben. Paul Cain, den ich bereits erwähnt habe, wird von Gott in einem Maß gebraucht, Übernatürliches zu wirken, wie ich es noch nie erlebt habe. Bei einer ganzen Anzahl von Gelegenheiten habe ich erlebt, wie

Paul für kurze Zeit in den – wie ich es nenne – Bereich der apostolischen Kraft eingetreten ist. Damit meine ich, daß ich beobachtet habe, daß er Heilungen befohlen oder proklamiert hat, statt darum zu bitten. Ich habe erlebt, wie er Mächten geboten hat, zu schweigen oder auszufahren, und sie gehorchten aufs Wort.

Im März 1990 führten wir gemeinsam eine Versammlung in Melbourne in Australien, im *Waverly Christian Fellowship* durch, wo Kevin Connor Pfarrer ist. Gegen Ende des Treffens betete Paul für einige der Anwesenden. Er zeigte auf einen Mann im hinteren Teil des Raumes und sagte: »Ihre rechte Schulter ist ausgerenkt.« Paul hatte diesen Mann noch nie gesehen, und es gab keinen Hinweis darauf, daß mit seiner Schulter etwas nicht stimmte. In der Tat wußten nur der Mann, übrigens ein Leistungssportler, und seine Mutter, daß die Schulter ausgerenkt war. Paul sagte: »Strecken Sie Ihre Hand dem Herrn Jesus entgegen und Ihre Schulter wird geheilt werden.« In dem Augenblick, als der Mann seine Hand ausstreckte, wurde seine Schulter geheilt. Und er begann, mit beiden Armen zu winken und dankte dem Herrn.

Im Juni 1992 besuchten Edward und Jewell Levsen aus Tustin in Kalifornien eine Konferenz in Kansas City, Missouri, bei der Paul Cain einer der Referenten war. Die Levsens standen vor ihrer Pensionierung und waren im Begriff, nach Iowa zurückzugehen. Sie hatten das Gefühl, daß Gott sie nach ihrer Pensionierung entweder gar nicht mehr brauchen konnte oder nur noch in sehr viel geringerem Maße. Beide litten unter beträchtlichen körperlichen Problemen. Edward hatte eine schwere Arthritis im Schulterbereich und Jewell hatte sowohl im Nacken als auch im Rücken Schmerzen.

Die Levsens hatten schon andere Konferenzen besucht, bei denen Paul Cain gesprochen hatte, und so waren sie bereits vertraut mit der Art, wie Gott die prophetische und heilende Gabe von Paul benutzte. Dennoch erwartete keiner von beiden, daß ihnen Paul direkt und vor allen dienen würde.

Etwa eine Woche vor der Konferenz betete Jewell in etwa folgende Worte: »Vater, ich weiß, daß Paul Cain bei den Treffen Leiter herausruft, aber gebrauchst du Paul vielleicht auch einmal, um ganz gewöhnliche Leute zu rufen? Ich erwarte nicht, daß ich herausgerufen werde, aber wenn es so sein sollte, würdest du mich dann bitte Jewell Floyd nennen?« (Floyd war der Geburtsname von Jewell.)

»Solltest du durch Paul Cain zu mir reden, dann würde ich dir gerne eine Frage stellen. Ich habe gehört, was viele Leute über Frauen im kirchlichen Dienst sagen, aber ich möchte, daß du mir sagst, was du über Frauen im kirchlichen Dienst denkst. Ich weiß, ich bin zu alt für einen solchen Dienst, aber ich möchte trotzdem gerne wissen, was du über Frauen im kirchlichen Dienst denkst.«

Eine Woche später gab Gott Paul ein Bild von Jewell und ihrem Mann, als er während der Konferenz in seinem Hotelzimmer betete. Nachdem er an diesem Abend gesprochen hatte, schaute Paul die Zuhörer an und sagte: »Es ist jemand hier, der Edward heißt. Sie kommen aus dem Westen der USA und Ihre Frau heißt Jewell.« Nachdem Edward und Jewell aufgestanden waren, schaute Paul Jewell an und fragte: »Sagt der Name Jewell Floyd Ihnen irgend etwas?« Jewell fing augenblicklich an zu weinen, überwältigt von der zärtlichen Allwissenheit des Herrn.

Paul sprach in ihre Lebenssituation hinein. Er sagte Jewell:

> *»Der Herr sagte, er hat Sie gerufen, und es war damals in Iowa ernst gemeint. Der Herr hat Sie gerufen und seine Hand war auf Ihnen. Und das hört jetzt nicht einfach auf!*
> *Es wird etwas mit Lisa* [ihrer Tochter] *geschehen. Es wird etwas mit Ihrer ganzen Familie geschehen! Ihre Gebete sind erhört worden. Und Lisa hatte bereits eine Begegnung mit dem Herrn, damit dieses lebensverändernde Geschehen eintreten kann.*
> *Ich möchte Ihnen sagen: Sie sind zwei Menschen, von denen ich heute abend gesprochen habe, die auch nach sechzig noch Träume haben können. Sie sind zwei Menschen, die es schaffen werden und die Herrlichkeit Gottes noch zu ihren Lebzeiten sehen werden. Und ich möchte, daß Sie wissen, daß es noch nicht aus ist – nicht für Sie, Edward und nicht für Sie, Jewell.«*

Als Paul Jewell ansah, sagte er: »Sie haben Schmerzen vom Nacken bis hinunter zum Ende Ihrer Wirbelsäule und in den Füßen und Beinen.« Jewell bestätigte dies. Paul sagte ihr, daß der Herr sie in dieser Nacht heilen werde. Dann sah Paul Edward an und sprach: »Ich sehe in diesem Augenblick Ihre Schmerzen. Sie haben Ihre Schulter fast völlig abgenutzt und Sie haben dort eine Arthritis, weil Sie etwas Großes gefahren haben – es hat Sie beinahe umgebracht. Der Herr wird diese Arthritis heilen.« Dann schaute er Jewell an und sagte: »Ich glaube, Sie haben im Juli Geburtstag. Der Herr hat Ihren Mann soeben geheilt, als Geburtstagsgeschenk für Sie.«

Etwa sechs Wochen später erhielt ich einen Brief von Jewell. Sie schrieb: »Gleich nach dem Treffen am Freitag abend mit Paul Cain fühlte ich meinen Nacken und ich wußte, daß dort ein schöpferisches Wunder geschehen war, denn die ganze Muskelstruktur meines Nackens hatte sich verändert! Danach fühlte ich mich so gut und so geheilt von all den Beschwerden von meinem Nacken abwärts. Es würde ein paar Seiten benötigen, wenn ich Ihnen erzählen wollte, was die Ärzte diagnostizierten.«

Ich traf Edward und Jewell im Herbst 1992. Sie hatten sich an der *Emmaus Road Ministry School* in Euless, Texas, eingeschrieben. Beide waren immer noch völlig von den Beschwerden geheilt, die Paul genannt hatte, und sie waren in ihrem Herzen von einer neuen Leidenschaft für Gott erfüllt. Sie waren ergriffen von der Heilung, die Gott ihnen gewährt hatte. Doch Jewell war ebenso dankbar über die so spezifischen Antworten, die Gott ihr auf ihr Gebet eine Woche vor der Konferenz gegeben hatte. Gott zeigte seine zärtliche Zuneigung für Jewell, indem er sie bei ihrem Mädchennamen, Floyd, nannte, indem er sie wissen ließ, daß Gott tatsächlich Frauen ruft und gebraucht, und indem er sie und Edward wissen ließ, daß sie für Gott nicht zu alt waren, um sie in einen bedeutsamen Dienst zu stellen.

Diese beiden Beispiele erreichen fast das Niveau der Apostel. Erstens wurden die Nöte Paul auf übernatürliche Weise vom Herrn offenbart, und zweitens offenbarte der Herr, daß er diese Krankheitszustände heilen werde. Paul bat nicht um eine Heilung; er proklamierte sie einfach. Diese Art der Heilung war ein häufiges Kennzeichen des Dienstes Jesu und der Apostel.

Ich würde gerne behaupten, daß Paul in diesem Bereich lebt, aber das ist nicht wahr. Es kommt vor, daß Paul wie wir alle im Gebet um die Heilung eines Menschen bittet. Aber es gibt einige Gelegenheiten – und sie scheinen häufiger zu werden –, wo er in diesen Bereich der apostolischen Heilung eintritt, und es gibt einige bedeutsame Gemeinsamkeiten zwischen seinem Dienst und dem Dienst der Apostel.

Warum sollte es uns schwer fallen zu glauben, daß der Herr heute Menschen auf diese Art gebraucht? Warum sollte es uns schwer fallen zu glauben, daß manche Menschen einfach in größerem Maße mit der Gabe ausgestattet sind, für Heilungen zu beten als andere? Es fällt uns nicht schwer zu glauben, daß einige begabter sind zu lehren, andere begabter bei der Evangelisation, andere begabter in der Verwaltung und Organisation, und so weiter. Warum sollte es uns schwer fallen, das gleiche auch für Heilungen und Wunder anzuerkennen?

Dieser Gedankengang löste für mich das Problem, warum zwischen dem apostolischen Modell der Heilung und dem, was ich heute in der Kirche sehe und höre, ein so gewaltiger Unterschied ist.[14] Wenn wir heute keine apostolische Heilung mehr in den Gemeinden erleben, dann dürfen wir nur den einen Schluß wagen, nämlich, daß wir keine *apostolischen* Heilungen erleben. Es bedeutet nicht, daß Gott keine apostolischen Heilungen schenkt oder daß er die Gabe der Heilung dem Leib Christi entzogen hat.[15]

Es ist immer noch möglich, daß es uns wie Jakob geht, der bekennen mußte: »Wirklich, der Herr ist an diesem Ort, und ich wußte es nicht« (Gen 28,16).

Die übernatürlichen Gaben des Heiligen Geistes in der Kirchengeschichte

Wenn die Tatsache, daß viele Christen noch keine Wunder erlebt haben, der Hauptgrund ist, warum sie nicht an die übernatürlichen Gaben des Heiligen Geistes glauben, so ist der zweitwichtigste Grund der, daß manche glauben, es gäbe keine Belege für die übernatürlichen Gaben des Heiligen Geistes nach dem Tod der Apostel und bis in die heutige Zeit. Wenn diese Geistesgaben dauerhaft wären, wie können sie während der ganzen Kirchengeschichte, oder zumindest die meiste Zeit über, verlorengegangen sein?

Lassen Sie uns einen Moment lang annehmen, die Geistesgaben wären tatsächlich verlorengegangen. Es wäre nicht das erste Mal, daß das Volk Gottes von Gott gegebene Gaben verloren hat. Irgendwann nach dem Tod Moses ging entweder der gesamte *Pentateuch* oder das Buch *Deuteronomium* verloren. Erst um 622 v. Chr. wurde es während der Regierungszeit Josias wiedergefunden (2 Kön 22,8). Stellen Sie sich das vor, das Volk Gottes hatte die Heilige Schrift verloren!
Dies geschah noch einmal in der Kirchengeschichte, als die Leute die Originaltexte des hebräischen Alten Testamentes, des griechischen Neuen Testamentes oder die lateinische Übersetzung der Bibel nicht mehr lesen konnten. Erst in der Reformationszeit hatten die Leute wieder Zugang zur Heiligen Schrift – in ihrer Muttersprache. Es war sicher nicht so, daß Gott den Menschen die Schrift vorenthalten hätte, sondern es war vielmehr eine Nachlässigkeit der Kirche gegenüber der Bibel.

Es gibt noch andere Beispiele. Eine der wertvollsten Lehren, die der Kirche jemals gegeben wurden, war die Lehre von der alleinigen Rechtfertigung durch den Glauben an Jesus Christus. Kurz nach dem Tod der Apostel zeigt sich jedoch in den Schriften der Kirchenväter, daß die Rechtfertigungslehre bereits pervertiert wurde (z. B. im Brief von Barnabas und dem Hirten des Hermas). Schließlich ging diese Lehre ganz verloren und wurde erst in der Reformationszeit im fünfzehnten und sechzehnten Jahrhundert wieder weithin bekannt. Sollten wir daraus schließen, daß Gott ungefähr 1 500 Jahre lang die Geistesgabe der Lehre zurückgehalten hätte oder ihm die Rechtfertigungslehre nicht mehr wichtig gewesen wäre?

Diese Beispiele ließen sich beliebig fortsetzen. Die Anhänger des Dispensationalismus, zum Beispiel, behaupten, daß die frühe Kirche an den Prämillenarismus und eine Entrückung vor der großen Versuchung geglaubt habe. Dennoch müssen sie zugeben, daß beide Lehren in der Kirchengeschichte angeblich verlorengegangen und erst zur Zeit Darbys im neunzehnten Jahrhundert wiederentdeckt worden waren. Wie konnte die Kirche etwas verlieren, das als dauerhafte Lehre gedacht war? Es scheint der Kirche überhaupt nichts auszumachen, daß ihr die Heilige Schrift und Grundlehren einfach abhanden kommen. Warum sollten wir also glauben, daß es der Kirche schwerfällt, die Gaben des Heiligen Geistes zu verlieren?

Es muß auch darauf hingewiesen werden, daß dieses Argument über das Fehlen der Geistesgaben in der Kirchengeschichte kein biblisch begründetes Argument ist. Dieses Argument gründet sich auf Erfahrung. Falls die Geistesgaben in der Kirchengeschichte verlorengegangen waren, müßte die wichtigste Frage nicht lauten, ob sie verlorengingen, sondern warum sie verlorengingen. Natürlich könnte es an einem gottgewollten Aussterben gelegen haben, wie manche argumentieren. (Wenn wir jedoch den Zweck der Wunder und der Geistesgaben untersuchen, müssen wir zu dem Schluß kommen, daß diese Erklärung unbrauchbar ist.) Andererseits wäre es möglich, daß Gott niemals die Absicht hatte, daß diese Gaben aufhören sollten, sondern daß vielmehr die Kirche diese Gaben abgelehnt hat. Der Verlust der Geistesgaben könnte auf ein Anwachsen einer nicht begnadeten, bürokratischen Leitungsebene zurückzuführen sein, die mit Geistesgaben ausgestattete Menschen hinausgedrängt hat.[16] Als die Leute aufhörten, geistliche Gaben zu suchen (in einem direkten Ungehorsam gegen Gottes Gebot: 1 Kor 12,31; 14,1.39), und die Voraussetzungen für ihren Gebrauch in den Gemeinden nicht mehr gegeben waren, erlebten die Menschen folgerichtig die Geistesgaben auch nicht mehr. Oder ihr Verlust könnte auf ein göttliches Gericht über Unglauben, Abfall oder Gesetzlichkeit in der Kirche zurückgeführt werden. Man könnte noch viele andere Gründe für die vermeintliche Abwesenheit der Geistesgaben in der Kirchengeschichte nennen.

Wieder gilt: Unsere Entscheidung muß auf klaren und spezifischen Aussagen der Schrift über die Natur und den Zweck der übernatürlichen Gaben des Heiligen Geistes basieren. Letztlich läßt sich diese Frage nur mit Hilfe der Schrift, und nicht durch Geschichtsforschung, klären.

Die Geschichtsforschung ist eine unvollkommene Wissenschaft. Wer kennt denn schon die Geschichte so genau? Wir besitzen nur Fragmente der Literatur jener Zeit vom Tod des letzten Apostels bis zum Beginn der Reformation. Das bedeutet, wir können unser Studium über einen Zeitraum von 1 400 Jahren nur auf sehr spärliche historische Quellen stützen. Reicht diese Forschungslage aus, um darauf die Überzeugung zu gründen, daß die Gaben des Heiligen Geistes über die gesamte Kirchengeschichte hinweg verlorengegangen waren?[17]

Noch vor allem anderen müßte erst einmal geklärt werden, ob die Gaben wirklich verlorengegangen waren? Es gibt vielmehr durch die ganze Kirchengeschichte hindurch reichlich Hinweise dafür, daß die Geistesgaben in der Kirche praktiziert wurden. Nachdem D. A. Carson, ein angesehener Gelehrter für neutestamentliche Theologie, die historischen Quellen über die übernatürlichen Gaben des Heiligen Geistes studiert hatte, kam er zu folgendem Schluß:

> *»Es gibt genügend Hinweise dafür, daß eine Art von ›charismatischen‹ Gaben über die Jahrhunderte der Kirchengeschichte hinweg sporadisch immer wieder auftauchte. Die auf doktrinären Gründen beruhende Behauptung, daß alle diese Berichte zweifelhaft seien oder die Frucht dämonischen Wirkens oder psychologischer Verirrungen, ist daher zum Scheitern verurteilt.*[18]

Diese historischen Belege wurden jedoch nicht immer objektiv betrachtet. Oft wurden Berichte über Wunder in Mißkredit gebracht, weil ihre Zeugen vermeintlich leichtgläubig gewesen seien oder eine verkehrte Theologie besessen hätten.

Augustinus, zum Beispiel, glaubte zunächst, daß die übernatürlichen Gaben des Heiligen Geistes der Kirche genommen worden wären. Gegen Ende seines Lebens schrieb er jedoch eine Reihe von Widerrufen, und dies war eine der Aussagen, die er zurücknahm. In »Der Gottesstaat« (Buch 22,8) sagte er, er habe in weniger als zwei Jahren von über siebzig schriftlich festgehaltenen und verifizierten Wundern in seiner Heimatstadt Hippo erfahren. Und das schreibt kein geringerer als Augustinus!

Warfield, der Augustinus gewöhnlich als zuverlässigen Zeugen akzeptiert und ihn als jemanden schätzt, der einen großen Beitrag zur Entwicklung der kirchlichen Lehre geleistet hat, erkennt das Zeugnis Augustinus' in diesem Punkt nicht an. Ein Grund, warum Warfield Augustinus' Zeugnis ablehnt, beruht auf der Tatsache, daß manche der Wunder, die Augustinus beschreibt, mit Reliquien, besonders den Gebeinen des Stephanus, zu tun hatten.[19] Anscheinend war dies für Warfield ausreichend, um zu beweisen, daß Augustinus kein glaubwürdiger Zeuge ist. Warfield machte sich nie die Mühe nachzuweisen, daß diese Heilungen im Zusammenhang mit Reliquien des Stephanus nicht stattgefunden hätten oder nicht hätten stattfinden können. Er diskutiert nie die Tatsache, daß die Gebeine Elischas tatsächlich einen Mann von den Toten auferweckt haben (2 Kön 13,21) und die Frage, welche Relevanz dieser Text für die von Augustinus beschriebenen Wunder hat.

Warfield gibt sogar zu, daß es seit dem vierten Jahrhundert eine große Zahl von Berichten über Wunder gegeben hat und daß diese Augenzeugen keine zwielichtigen Neurotiker waren, sondern »vielmehr die hervorragendsten Gelehrten, Theologen, Prediger, Organisatoren ihres Zeitalters.«[20] In diesem Zusammenhang erwähnt Warfield Hieronymus, den führenden Schriftgelehrten seiner Zeit; Gregor von Nyssa; Athanasius; Chrysostomus, den größten Prediger seiner Zeit; Ambrosius, den bedeutendsten Kirchenmann seiner Zeit sowie Augustinus, den Warfield als den größten Denker seiner Zeit rühmt.[21] Alle diese führenden Köpfe werden von Warfield als unzuverläßige Zeugen für Wunder verworfen. Warfields Voreingenommenheit in der Behandlung der historischen Belege ist inzwischen schwer kritisiert worden.[22]

Es mag an dieser Stelle sinnvoll sein, darauf hinzuweisen, daß etwas, nur weil es merkwürdig schien, noch lange nicht unwahr sein muß. Noch sollten wir dies als Kriterium dafür benutzen, ob etwas biblisch oder unbiblisch ist. Es gibt viele Dinge in der Bibel, die außerordentlich merkwürdig scheinen. Der Prophet Jesaja lief zum Beispiel drei Jahre nackt und barfuß umher, als ein Zeichen gegen Ägypten und Kusch (Jes 20,3). Dem Prophet Hosea wurde befohlen, eine Prostituierte zu heiraten (Hos 1,2). Die Gebeine Elischas erweckten sogar Tote zum Leben (2 Kön 13,21). Der Schatten des Petrus heilte die Kranken, auf die er fiel (Apg 5,15). Schweiß- und Taschentücher, die den Körper des Paulus berührt hatten, heilten Kranke und trieben Dämonen aus (Apg 19,12). Und man kann noch merkwürdigere Dinge in der Heiligen Schrift finden.

Angenommen, ich würde Ihnen erzählen, ich hätte eine Vision gehabt, in der ich den Thron Gottes gesehen habe. In meiner Vision gab es vier lebende Gestalten, die einem Löwen, einem Kalb, einem Mann und einem Adler ähnlich sahen. Jeder von ihnen hatte sechs Flügel und besaß am ganzen Körper lauter Augen. Diese Gestalten sagten: »Heilig, heilig, heilig«, während sie Tag und Nacht um den Thron Gottes flogen. Wer würde glauben, daß dies eine berechtigte Vision sei, wenn sie nicht bereits schon in der Offenbarung, im Kapitel 4, Verse 6-8 stünde? Ich sage nicht, daß wir jede merkwürdige Geschichte glauben sollen, die man uns erzählt. Ich sage aber, daß nichts als unwahr oder unbiblisch abgetan werden sollte, nur weil es merkwürdig klingt.

Die neuere Forschung tendiert dazu, die Berichte über wundersame Ereignisse in der Kirchengeschichte in einem sehr viel positiveren Licht zu sehen.[23]

Als ich erkannte, daß ich den Dienst der Apostel, Zeichen und Wunder zu wirken, fälschlicherweise mit der Gabe der Heilungen, die dem Durchschnittschristen gegeben ist, gleichgesetzt hatte, war mein wichtigster theologischer Einwand gegen die übernatürlichen Gaben des Heiligen Geistes in der Gegenwart verschwunden. Es war sehr hilfreich zu sehen, daß der Heilungsdienst Jesu und der Apostel nicht irgendwo in einer Sphäre des Automatischen und Mechanischen geschah. Es war eine theologische Voreingenommenheit, verbunden mit einem oberflächlichen Schriftstudium gewesen, die mich zu dem Glauben geführt hatte, daß sie nach eigenem Belieben geheilt hätten. Nun konnte ich zum ersten Mal mit einem unvoreingenommenen Verstand erforschen, was die Schrift zu Heilungen und Wundern sagt.

Ich begann auch, die Kirchengeschichte unvoreingenommen zu lesen und suchte nun wirklich nach Belegen für die Gaben des Heiligen Geistes. Ich fand heraus, daß es in der gesamten Kirchengeschichte sehr viel mehr historische Belege für das Vorhandensein der übernatürlichen Gaben des Heiligen Geistes gibt, als ich geglaubt hatte.

Ich mußte jedoch noch zwei weitere und größere Hürden überwinden, bevor ich die Schrift zu diesem Thema wirklich unvoreingenommen studieren konnte. Falls mein Rechnen mit den Gaben des Heiligen Geistes bedeutet hätte, daß ich dann auch an so mancher Fehlentwicklung der charismatischen Erneuerung hätte mitmachen müssen, wäre ich mir nicht so sicher, ob ich wirklich ernsthaft die Geistesgaben akzeptiert hätte. Doch außer dem Mißbrauch der Geistesgaben plagte mich vor allem eine Abscheu vor den prophetischen Gaben, besonders dem Sprachengebet – sie schienen mir so subjektiv. Sie schienen außerdem von der Wichtigkeit der Bibel abzulenken und ihre Autorität zu gefährden. Doch die Aussagen der Schrift zwangen mich gegen meinen Willen dazu, mich auch diesen Geistesgaben zu nähern.

Kapitel 6

Auf geistlichen Mißbrauch reagieren

Fast jeder hat in der Pfingstbewegung, der charismatischen Erneuerung oder bei anderen Gruppierungen, die an die Gaben des Heiligen Geistes glauben, schon einmal Mißbrauch erlebt oder davon gehört. Manche von diesen Fehlentwicklungen können einem ziemlich Angst machen. Bevor ich zum ersten Mal zu einer *Vineyard*-Veranstaltung ging, hatte ich nur eine Versammlung besucht, die man als pfingstlerisch oder charismatisch bezeichnen konnte. Dies war während meines ersten College-Jahres gewesen. Einige von uns, die alle einen hauptamtlichen Dienst taten, beschlossen, die Veranstaltung eines jungen pfingstlerischen Evangelisten zu besuchen, der in einer bekannten Pfingstgemeinde in unserer Stadt eine Erweckungsversammlung abhielt. Wir gingen in diese Veranstaltung mit dem ausdrücklichen Ziel, uns darüber lustig zu machen und unseren Spaß zu haben. Wir sollten nicht enttäuscht werden.

Der junge Evangelist betrat die Bühne, gekleidet in der neuesten Hippiemode. (Es war im Jahr 1970.) Statt von der Bibel her zu predigen, erzählte er seine persönliche Bekehrungsgeschichte. Angeblich wurde er bekehrt, als er wegen eines Drogenvergehens im Gefängnis saß. Als er in einer Ecke seiner Zelle kauerte und Entzugserscheinungen durchmachte, sah er den Herrn Jesus und zwei Engel über sich schweben. Jesus hielt an, um sich den jungen Mann anzuschauen, aber einer der Engel faßte Jesus beim Arm und sagte: »Komm weiter, Jesus. Laß uns gehen. Er ist es nicht wert; er taugt nichts.« Jesus befahl dem Engel zu warten, denn er habe große Pläne für diesen jungen Mann. In nichts von alledem, was der junge Evangelist an diesem Abend sagte, schien auch nur ein Körnchen Wahrheit zu stecken. Und sein ausschweifender Stil trug, unserer Meinung nach, auch nicht gerade zu seiner Glaubwürdigkeit bei.

Die Einladung, die am Ende der Botschaft erging, betraf nicht die Errettung der Sünder. Statt dessen wurden all jene eingeladen, welche die »Taufe im Heiligen Geist« und die »Gabe des Sprachengebets« erfahren wollten. Nachdem die Einladung ausgesprochen worden war, gingen einige meiner Freunde nach vorn, um sich das Ganze genauer anzusehen. Sie sahen, wie zwei Männer mit einem dritten beteten. Die beiden sagten dem anderen Mann, er solle seinen Mund aufmachen und Laute äußern. Der Mann tat dies, und sofort wurde verkündet, er habe die Gabe des Sprachengebets empfangen.

Unsere Erfahrungen an diesem Abend bestätigten, was wir ohnehin schon wußten: Die Gaben des Heiligen Geistes wurden heute nicht mehr ausgeteilt, und jeder Anspruch auf solche Geistesgaben in heutiger Zeit war entweder nur von leichtgläubigen, betrogenen Leuten vorgegeben oder, und das wäre noch viel schlimmer, es war eine absichtliche Täuschung.

Nachdem ich eine Versammlung besucht hatte, in der die Gaben des Heiligen Geistes mißbraucht oder nachgeäfft worden waren, zog ich den Schluß, daß alle Veranstaltungen, bei denen die Geistesgaben praktiziert wurden, genauso abliefen. Es ist kein Wunder, daß Gott mich das Echte, Ursprüngliche nicht sehen ließ. Wenn wir uns für etwas verschließen, wird Gott nur selten unsere Vorurteile gewaltsam durchbrechen. In diesen Tagen suchte ich nicht wirklich. Ich hätte daher nicht überrascht sein sollen, daß Gott seine Perlen wohl nicht vor die Säue werfen wollte.

Es ist keine Frage, daß es bei Gruppen, die an die Gaben des Heiligen Geistes glauben und sie praktizieren, enorme Fehlentwicklungen gibt. Ich habe übersteigerte Emotionalität, Übertreibungen, Elitedenken, kontrollierenden und manipulativen Gebrauch von Prophetie und Mangel an biblischen Grundlagen bei den verschiedensten Versammlungen und Bewegungen erlebt. Ich würde jedoch nicht sagen, daß dies auf die Mehrzahl der Gruppen zutrifft, die die Gaben des Heiligen Geistes praktizieren.[1] Und ich habe erlebt, daß die Leiter, die ich in diesen Bewegungen persönlich kenne, jeden Exzeß und Mißbrauch schnell korrigieren.

Die Bedeutung des Mißbrauchs

Welche Bedeutung sollten wir solchem Mißbrauch zumessen? Wir sollten ihn im Licht der Bibel betrachten. Überraschenderweise lehrt die Bibel, daß Gott unter denen Wunder wirkt, die ihre Gaben mißbrauchen, bei denen Irrlehren und sogar unmoralische Handlungsweisen vorkommen.

Diese Aussage wird vom Alten wie von Neuen Testament reichlich illustriert. Samson erhielt seine große Kraft nicht, weil er lange und hart im örtlichen Fitneß-Center trainierte. Seine Kraft war übernatürlich, denn die Bibel läßt keinen Zweifel daran, daß sie eine Ausrüstung durch den Heiligen Geist war (Ri 14,6.19; 15, 14). Einmal, in der Stadt Gaza, verbrachte Samson die Nacht bei einer Prostituierten (Ri 16,1). Nun würde man erwarten, daß ein sexuelles Vergehen wie dieses dazu führt, daß er die Kraft des Heiligen Geistes verliert. Doch als die Feinde die Stadt umzingeln, um ihn gefangen zu nehmen, gewährt Gott ihm die Kraft, die Stadttore aus den Angeln zu heben und sie, den Philistern zum Spott, auf einen Berg hinaufzutragen (Ri 16,2-3).

Auch im Neuen Testament gibt es Beispiele hierfür. Die Gemeinde in Korinth war so reich an den Gaben des Heiligen Geistes, daß Paulus sagen konnte, ihnen fehle nicht eine einzige der Geistesgaben (1 Kor 1,7). Doch sie trugen einen so sektiererischen Geist zur Schau, daß Paulus sie »irdisch« nannte (1 Kor 3,1ff). Außerdem gab es unter ihnen sexuelle Ausschweifungen, die schlimmer waren als bei den Heiden – und sie tolerierten diese sexuellen Ausschweifungen (1 Kor 5,1-2). Sie machten sich sogar der Trunkenheit während des Abendmahls schuldig! Einige der Korinther hielten an einer der schlimmsten Irrlehren fest, die im Neuen Testament genannt wird. Sie behaupteten, daß es keine Auferstehung von den Toten gebe (1 Kor 15,12). Hier sehen Sie eine Gemeinde mit schwerwiegenden moralischen Vergehen und Irrlehren, und doch ist es eine der mit Geistesgaben am meisten gesegneten Gemeinden des Neuen Testamentes.

Als Paulus den Gemeinden in Galatien schrieb (vermutlich 49 n. Chr.), waren diese so von Häresien gepackt worden, daß Paulus zu ihnen sagen konnte: »Ich bin erstaunt, daß ihr euch so schnell von dem abwendet, der euch durch die Gnade Christi berufen hat, und daß ihr euch einem anderen Evangelium zuwendet« (Gal 1,6). Wie ernst ihre Lage ist, wird an einer anderen Stelle deutlich, wo Paulus sie fragt: »Ihr unvernünftigen Galater, wer hat euch verblendet? Ist euch Jesus Christus nicht deutlich als der Gekreuzigte vor Augen gestellt worden?« (3,1).

Die Gemeinden in Galatien waren kurz davor, das Evangelium zu verlassen, durch das sie gerettet worden waren. Und doch wirkte Gott, zur selben Zeit als Paulus seinen Brief an die Galater schrieb, unter ihnen Wunder: »Warum gibt euch denn Gott den Geist und bewirkt Wundertaten unter euch? Weil ihr das Gesetz befolgt oder weil ihr die Botschaft des Glaubens angenommen habt?« (Gal 3,5). In diesem Ausdruck »bewirkt Wundertaten unter euch« steht das Verb »bewirken« in der Gegenwart. Dies bedeutet, daß Paulus festhält, daß zur selben Zeit, als er den Brief schreibt, unter den Galatern Wunder geschehen.

Dieser kurze Überblickt führt uns zu drei unabdingbaren Schlußfolgerungen. Erstens, das Vorliegen von Mißbrauch und sogar Unreinheit bei christlichen Gruppierungen, bei denen Wunder geschehen, beweist nicht, daß ihre Wunder nicht von Gott sind – ebensowenig wie dies in Korinth der Fall war. Zweitens, das Vorhandensein von Irrlehren in Gruppierungen, bei denen Wunder vorkommen, beweist nicht, daß diese Wunder ungültig sind – ebensowenig wie dies in den Gemeinden Galatiens der Fall war.[2] Drittens, Wunder können weder als Bestätigung noch als Untermauerung der typischen Lehren oder Praktiken einzelner Gemeinden oder christlicher Gruppierungen angesehen werden. Die Wunder in Galatien stützten nicht die dortigen häretischen Lehren, ebensowenig wie die Gabe der Korinther, Wunder zu wirken, ihren Mißbrauch des Abendmahls stützte. Gemäß den Aussagen der Schrift gibt es nur eine Botschaft, die von neutestamentlichen Wundern bestätigt oder unterstützt wird, nämlich die gute Botschaft von der Person und dem Wirken Jesu Christi.

Die meisten Gegner der Geistesgaben in diesem Jahrhundert haben in ihren Büchern diese drei Schlußfolgerungen bedauerlicherweise nicht gezogen. Wann immer in der Geschichte die übernatürlichen Gaben des Heiligen Geistes auftreten, suchen die Gegner der Geistesgaben nach Mißbrauch und Irrlehren bei den Gruppen, in denen diese Geistesgaben sichtbar wurden. Wenn sie Irrlehren oder Mißbrauch feststellen, schließen sie daraus sofort, daß diese Geistesgaben nicht echt gewesen sein können.[3] Sie könnten genauso gut behaupten, die Geistesgaben in Korinth oder Galatien seien nicht echt gewesen!

Nicht-charismatischer Mißbrauch in der heutigen Kirche

Die Leute benutzen oft charismatische Fehlentwicklungen als Beweis dafür, daß die Geistesgaben heute nicht mehr ausgeteilt werden. Doch dieses Argument ist ein zweischneidiges Schwert. Es gibt in allen christlichen Ausdrucksformen Mißbrauch. Nur gewöhnen wir uns an unseren eigenen Mißbrauch, und so erscheint er uns nicht so schlimm wie der anderer Gruppen. Aber stimmt das denn?

Als ich noch Professor am *Dallas Seminary* war, aß ich eines Mittags mit einer Gruppe von Studenten, und einer von ihnen erwähnte John Wimber und Peter Wagner. Ein anderer antwortete: »Mit diesen beiden Männern habe ich meine Probleme.«

»Warum?«, fragte ich ihn.

»Weil sie am *Fuller Seminary* unterrichten.«

Ich fragte ihn, was am *Fuller Seminary* so schlecht sei. Er antwortete, daß sie dort im Lehrkörper und im Ausschuß des Seminars nicht mehr einheitlich die Lehre von der Unfehlbarkeit der Bibel vertreten würden, und deshalb könne man keinem, der dort lehrt, trauen. Im Verlauf der Diskussion zeigte sich, wie sehr er in dieser Sache engagiert war, so daß er beinahe zornig wurde.

Später an diesem Tag kam derselbe Student zu einer privaten Unterredung in mein Büro und bekannte, daß er seit fünfzehn Jahren mit einer Abhängigkeit gegenüber der Pornographie kämpfte. Er sagte mir auch, er sei in der Zeit, seit er das Seminar besuche, dreimal bei Prostituierten gewesen.

Dieser junge Mann war verheiratet, hatte Kinder und war außerdem Pfarrer in einer der örtlichen Gemeinden. Was mich erstaunte, war, daß er seine Besuche bei Prostituierten nicht als Ehebruch ansah. Ich war noch erstaunter, festzustellen, daß er gegenüber den Ansichten des *Fuller Seminary* über die Unfehlbarkeit der Schrift eine sehr viel heftigere Reaktion zeigte als gegenüber seinem eigenen Ehebruch. Er erregte sich emotional viel mehr wegen der Lehre der Unfehlbarkeit als wegen der Tatsache, daß er seit fünfzehn Jahren auf sexuellem Gebiet gebunden war und seiner Familie und seiner Gemeinde eine Lüge vorgelebt hatte.

Als später (auf seinen Wunsch hin) einige Männer aus einer örtlichen charismatischen Gemeinde für ihn beteten und Gott baten, die Macht der sexuellen Bindung, die auf seinem Leben lag, zu brechen, regte er sich auf, weil einer der Männer ganz leise in Sprachen betete. Wieder zeigte er größere Besorgnis über die Tatsache, daß jemand in Sprachen betete als darüber, daß er ein von seiner Sexualität geknechteter Ehebrecher war.[4]

In der Zeit, als ich versuchte, diesem jungen Mann zu helfen, dachte ich oft über seine Situation nach. Was mich am meisten beunruhigte, war nicht die Tatsache, daß er folgenschweren sexuellen Sünden verfallen war und unter der Macht seiner Triebhaftigkeit stand – das habe ich schon bei Christen aller Schattierungen erlebt.[5] Was mich bei diesem jungen Pfarrer am meisten beunruhigte, war die offensichtliche Tatsache, daß er Lehrmeinungen höher ansah als sein persönliches moralisches Verhalten. Diese Priorität entspringt nicht einem erlösten Herzen. Diese Priorität hatten ihm Lehrer unabsichtlich eingepflanzt. Er hatte diese Gewichtung von einigen der religiösen Vorbilder seines Lebens, welche die »Autorität der Lehre« zu ihrem höchsten Wert gemacht hatten. Diese Gewichtung läßt sich jedoch in der neutestamentlichen Lehre nirgendwo finden.

Diese Gewichtung pervertiert sogar die Aussagen des Neuen Testamentes, weil sie den Verstand höher ansieht als das Herz (d. h. die Gefühle) und behauptet, das Richtige zu glauben sei wichtiger als das Richtige zu tun. Dieser Pfarrer hatte das Wissen in seinem Leben zum höchsten Gut erhoben. Er hatte sein Streben nach Reinheit der Lehre über sein Streben nach Reinheit in seinem persönlichen Leben erhoben.

Nun sah ich die Früchte dieser Art von Dogma. Ein junger Pfarrer hatte die Fähigkeit verloren, über seine Sünden zu weinen, aber er besaß immer noch die Leidenschaft, die Autorität der Bibel zu verteidigen. Dieses intellektuelle Streben nach der Reinheit der Lehre auf Kosten der persönlichen Heiligung ist ein ebenso großer Mißbrauch wie all das, was in der charismatischen Bewegung an Negativem geschieht.

Ich möchte Ihnen noch ein weiteres Beispiel geben. Ich kenne einen Mann mit theologischer Ausbildung. Während seines Studiums und nach seinem Abschluß lebte er seine Homosexualität uneingeschränkt aus. Er war so geübt darin, ein Doppelleben zu führen, daß keiner seiner christlichen Freunde und niemand in der Gemeinde, der er angehörte, jemals Verdacht schöpfte. Er beteiligte sich an einigen der schlimmsten homosexuellen Perversionen.

Er führte diesen Lebensstil über Jahre hinweg. Dann erkrankte er plötzlich an einer lebensbedrohlichen Krankheit. Er fand sich im Krankenhaus wieder, auf dem Weg in den Operationssaal. Der zuständige Arzt sagte ihm, daß er aller Wahrscheinlichkeit nach nicht lebend aus dem Operationssaal kommen würde.

Als der Mann dies hörte, flehte er zu Gott um Gnade. Er bat Gott um Vergebung für das Doppelleben, das er geführt hatte, für seine Untreue Gott gegenüber und dafür, daß er seine Freunde betrogen hatte. Er bekannte die Sünde seiner Homosexualität und versprach, diesem Drang nie wieder nachzugeben. Dann bat er Gott, ihn zu heilen und ihm eine letzte Chance zu geben. Wie, glauben Sie wohl, hat Gott auf dieses Gebet reagiert? Unter diesen Umständen?

Gott verschonte sein Leben. Nicht allein das, er erholte sich sehr viel schneller von der Operation und kam viel zügiger wieder zu Kräften, als die Ärzte dies je angenommen hätten.

Ich würde seine schnelle Besserung nicht als Wunder bezeichnen wollen, aber es geschah ein anderes Wunder an ihm. Als die Operation vorbei war, waren alle homosexuellen Sehnsüchte von ihm gewichen. Der grausame Sklaventreiber, dem er so viele Jahre gedient hatte, war nicht mehr zu finden. Der Mann war frei. Die Kraft des Blutes Jesu hatte ein größeres Wunder an ihm vollbracht als jede körperliche Heilung, von der ich berichten könnte.

Nach seiner Entlassung aus dem Krankenhaus beschloß dieser Mann, sein Versprechen gegenüber Gott zu erfüllen. Er dachte, daß er am besten damit anfangen sollte, in seine Gemeinde zurückzukehren und seine Sünden und seinen Betrug offen zu bekennen. Er hatte sich inzwischen bereits mit Aids infiziert und so wollte er auch, daß die Ältesten ihn salben und gemäß dem Jakobusbrief, Kapitel 5, Verse 14-16 mit ihm beten sollten.

Man möchte meinen, die Ältesten der Gemeinde hätten Gott gepriesen, daß dieser verlorene Sohn nach Hause zurückgekehrt war. Doch das war nicht der Fall. Erstens stellten einige in Zweifel, daß er bekehrt sei. Zweitens forderten sie ihn auf, die Gemeinde zu verlassen. Drittens weigerten sie sich, mit ihm um Heilung zu beten; und als er niedergeschlagen die Gemeinde verließ, wollten einige ihm nicht einmal die Hand reichen aus Angst, sich mit Aids zu infizieren.

Ich weiß nicht, wie Sie es halten, aber wenn ich zu wählen hätte zwischen der schlimmsten, krassesten Form von übersteigerter Emotionalität in meiner Gemeinde und dem kaltherzigen Pharisäertum, das dieser Mann nach seiner Umkehr erfahren hat, ich würde mich für die übersteigerte Emotionalität entscheiden.

Vielleicht glauben Sie, dies seien einzelne Geschichten, doch dem ist nicht so. Solche Vorkommnisse sind nichts Ungewöhnliches in *dem* Bereich der heutigen Kirche, der anti-charismatisch ist und einen sehr hohen, vielleicht den höchsten Wert auf die Verbreitung der reinen biblischen Lehre legt. Ich habe über zwanzig Jahre in diesem Teil der Kirche gelebt und genügend Berichte über jede Art von Fehlentwicklungen angesammelt, daß ich mehrere Bücher damit füllen könnte.

Dieser spezielle Teil der Kirche hat sich genauso schuldig gemacht, Gottes Wort mißbraucht zu haben, wie alles, was im charismatischen Bereich geschehen ist. Es passiert nur auf unterschiedliche Weise. Da sie ja nicht an Prophetie glauben, können sie diese auch nicht als Mittel benutzen, um Menschen zu kontrollieren und zu manipulieren. Aber sie benutzen Gottes Wort und dessen – oft sehr eigenwillige – Auslegung, um ihre Gemeindeglieder zu kontrollieren und zu manipulieren.

J. I. Packer hat diese Gruppe beschrieben:

> *»Trotz der Geringschätzung, die viele konservative Christen für alle ›menschlichen Traditionen‹ übrig haben, bestehen sie doch darauf, daß erwachsene Menschen Glaubenstraditionen und -praktiken wie Kinder akzeptieren sollen, denen man sagt, sie sollen die Augen zu- und den Mund aufmachen und alles schlucken, was man ihnen gibt. Eine solche Haltung führt niemals zur Reife; sie führt im besten Fall zu Borniertheit, im schlimmsten Fall zur Kultbegeisterung.«*[6]

Der Teil der Kirche, den Packer beschreibt, würde sich mit Sicherheit über die Unfehlbarkeit des Papstes lustig machen. Doch ihre eigenen auslegenden und erläuternden Traditionen betrachten sie durchaus als unfehlbar. Und sie entehren die Schrift noch weiter, indem sie kontroverse Passagen auf lächerlichste Weise auslegen, wenn diese mit ihren eigenen Praktiken oder Auslegungen nicht übereinstimmen.

Wenn der Fundamentalismus zum Mißbrauch führt

Ich möchte nicht, daß Sie die vorangegangenen Beispiele mißverstehen. Ich kritisiere nicht meine theologische Fakultät. Ich verdanke dem *Dallas Theological Seminary* mehr, als ich je zurückerstatten könnte. Meine Lehrer haben mir eine Liebe zum und eine heilige Ehrfurcht vor dem Wort Gottes vererbt, die mit zu meinen teuersten Schätzen geworden sind.

Ich erfuhr Freundlichkeit, Liebe und Bestätigung durch meine Lehrer. Ich würde meine Ausbildung und meine Jahre als Dozent am *Dallas Seminary* gegen nichts eintauschen wollen.

Ich kritisiere weder meine Fakultät noch andere nicht-charismatische Teile der heutigen Kirche. Was ich kritisiere, ist ein *Fundamentalismus*, der zu einer Fehlhaltung wird. Ich habe bereits zugestimmt, daß Mißbrauch in den charismatischen Gemeinden vorkommt und schwerwiegend ist. Dies habe ich hier nur am Rande beschrieben. Eine Flut von anti-charismatischen Büchern hat dies bereits zur Genüge getan. Was diese Bücher jedoch nicht geleistet haben, ist, ihre eigenen Fehlentwicklungen zuzugeben, die nicht minder schwerwiegend sind. Mißbrauch von der Art, wie ich ihn oben beschrieben habe, ist in fundamentalistischen Gemeinden nicht ungewöhnlich, oder in anderen Gemeinden, deren höchster Wert die Rechtgläubigkeit der Lehre ist.

Alle Kirchen haben ihre eigene, spezielle Art von Mißbrauch. Einige Gemeinden neigen mehr zu übersteigerter Emotionalität, andere mehr zu kaltem, gesetzlichem, selbstgerechtem Pharisäertum. Beide Arten sind ernst zu nehmen und unrecht. Wir sind oft unserem eigenen Mißbrauch gegenüber blind, weil Mißbrauch meist von einer falschen Gewichtung oder Anwendung einer guten Sache herrührt. Wir mißbrauchen nicht unsere Schwächen; wir mißbrauchen unsere Stärken. Deswegen fällt es uns so schwer, unseren eigenen Mißbrauch zu erkennen – es ist der Mißbrauch einer Stärke, von etwas, das uns und andere zum Segen geworden war.

Unsere Haltung geistlichem Mißbrauch gegenüber

Ziel dieses Kapitels ist nicht, den Mißbrauch der Charismatiker oder Pfingstler zu entschuldigen oder die Fehlhaltungen einiger traditioneller Gemeinden zu verurteilen. Vielmehr müssen wir eine gottesfürchtige und biblische Haltung gegen jede Art geistlichen Mißbrauch pflegen – egal, wo er geschieht.

Wir können zwei unterschiedliche Haltungen gegenüber geistlichem Mißbrauch in der Kirche einnehmen. Wir können versuchen, ihn unter Kontrolle zu bringen, indem wir das, was mißbraucht worden ist, ausstoßen. Wir könnten, zum Beispiel, den Mißbrauch des Sprachengebets eliminieren, indem wir den Leuten verbieten, in Sprachen zu beten. Wir könnten auch den Mißbrauch verschiedener Freiheiten vermeiden, indem wir diese Freiheiten selbst unter Verbot stellen. Obwohl die Schrift diesen Ansatz ausschließt, ist er von den Anfängen der Kirchengeschichte bis heute weit verbreitet.

Doch wie kann eine Gruppierung, die sich zum Glauben an die Bibel bekennt, so etwas tun? Ganz einfach: Das besondere biblische Gebot, um das es geht, wird wegargumentiert. Wenn Paulus sagt, man solle das Sprachengebet nicht verbieten, im Gegenteil, dann argumentieren einige einfach, daß dies für die heutige Zeit nicht mehr gelten würde.

Das Problem bei dieser Methode besteht – abgesehen davon, daß es eine Mißachtung der Schrift bedeutet – darin, daß diese Art von autoritärer Kontrolle die Spontaneität unterbindet und das Leben der Kirche lahmlegt. Es treibt die Sünde und irgendwelche Fehlentwicklungen in den Untergrund, wo es sehr viel schwerer ist, damit fertig zu werden. Ich habe bei autoritären fundamentalistischen Gemeinden sehr viel mehr Boshaftigkeit und versteckte Sünde beobachtet als irgendwo sonst im Spektrum der christlichen Kirchen heute.[7]

Der bessere Ansatz ist meiner Meinung nach, Mißbrauch und Verirrungen der Lehre diesseits des Himmels als unvermeidlich anzusehen. Statt schockiert zu sein, wenn wir sie erleben, sollten wir sie barmherzig und geduldig korrigieren. In manchen Fällen werden wir sogar feststellen, daß das, was wir als Mißbrauch angesehen haben, gar keiner war, sondern ein Schritt nach vorne.

Die Geistlichen in den Tagen George Whitefields (1714-1770) haben zum Beispiel Predigten auf freiem Feld als eine Entehrung der Frohen Botschaft von Jesus Christus angesehen. Doch schließlich hat die Kirche erkannt, daß diejenigen, die gegen Whitefield waren, das Evangelium entehrten, und sie akzeptierte die Predigt auf freiem Feld als ein gültiges Mittel, Menschen für Christus zu gewinnen.

Wir alle benötigen ein gesundes Maß an Demut. Wir müssen erkennen, daß unsere Herzen arglistig und unverbesserlich sind (Jer 17,9). Wir müssen erkennen, daß weder unsere Auslegungen noch unsere Praktiken unfehlbar sind. Wie J. I. Packer gesagt hat, wir sind »Opfer und Nutznießer unser eigenen Traditionen«.

Nur wenn wir wirklich mit unserer eigenen »Bereitschaft«, uns betrügen zu lassen, rechnen, beginnen wir wenigstens im Ansatz, die Dinge klar zu erkennen. Nur wenn wir Gott bitten, uns unsere Fehler zu offenbaren, werden wir von mancherlei Blindheit erlöst werden, die uns unser ganzes Leben als Christen verfolgt hat. David bekannte seine schonungslose Blindheit, als er betete:

»Erforsche mich, Gott, und erkenne mein Herz,
prüfe mich und erkenne mein Denken!
Sieh her, ob ich auf dem Weg bin, der dich kränkt,
und leite mich auf dem altbewährten Weg!« (Ps 139,23-24).

Wenn der »Mann nach Gottes Herzen«, der sogar das Privileg hatte, eine große Zahl der Psalmen zu schreiben, die Notwendigkeit dafür einsah, daß Gott ihm seine Fehler und Sünden offenbarte, wieviel mehr sollten wir den Dienst des Prophetischen suchen?

Ich habe die Beobachtung gemacht, daß Gott gewöhnlich die Vorurteile religiösen Stolzes nicht antastet. Viele Pharisäer starben mit der festen Überzeugung, daß ihre eigenen Traditionen und Vorurteile rechtmäßig waren. Ihr religiöser Stolz verschloß sie gegenüber der Korrektur, die Gott ihnen so bereitwillig gegeben hätte, denn »Gott tritt den Stolzen entgegen, den Demütigen aber schenkt er seine Gnade« (1 Petr 5,5).

Das Tragische dabei ist, daß viele ihrer Lehren wahr und biblisch waren. Doch ich möchte lieber ein paar falsche Lehrmeinungen und dafür Demut haben, statt eine in allen Punkten perfekte Orthodoxie zu besitzen, dafür aber keine Demut. Ein Mensch mit einer falschen Lehre und Demut kann korrigiert werden. Einem Menschen, der fast nur richtige Lehren besitzt, aber keine Demut, tritt der Gott entgegen, dem er zu dienen behauptet.

Kapitel 7

Vom Heiligen Geist zu Tode erschreckt

Am 18. April 1906 berichtete die *Los Angeles Times* von einer merkwürdigen neuen Erweckungsbewegung in dieser Stadt. Unter der Schlagzeile »Verrücktes Babel neuer Sprachen« berichtete ein Reporter der Zeitung:

»Die Versammlungen finden in einer verfallenen Hütte in der Azusa-Straße, nahe der San-Pedro-Straße statt, und die Anhänger der unheimlichen Lehre praktizieren höchst fanatische Rituale, predigen die wildesten Theorien und steigern sich in ihrem Eifer in einen Zustand wirrer Erregung hinein. Die Versammlung besteht aus Farbigen und ein paar vereinzelten Weißen. In der ganzen Nachbarschaft wird die Nacht zum Grauen durch das Heulen der Anbeter, die Stunden damit zubringen, sich in einer nervtötenden Schaukelbewegung mit Gebet und Flehen hin und her zu wiegen. Sie behaupten die ›Gabe des Sprachengebets‹ zu besitzen und fähig zu sein, das Babel der Sprachen zu verstehen.«[1]

Am gleichen Tag zerstörte das große Erdbeben von San Francisco große Teile dieser Stadt. Als die Menschen, die sich in der *Azusa*-Straße versammelt hatten, die Erschütterungen des Erdbebens spürten, durchfuhr ein »geistliches Erdbeben« die Versammlung und erreichte fast den Punkt einer Hysterie.[2]

Die Erschütterungen des Bebens von San Francisco waren entlang der ganzen kalifornischen Küste zu spüren, dagegen breiteten sich die Erschütterungen dieses geistlichen Erdbebens über das ganze Land aus. Die Erwekkung dauerte über drei Jahre – Tag und Nacht – und wurde zur Geburtsstunde der modernen Pfingstbewegung. Doch von Anfang an wurden die körperlichen Phänomene während der Erweckung als »Raserei eines religiösen Eifers« lächerlich gemacht und von denen, die in Sprachen beteten, wurde gesagt, sie »lallten ohne Worte vor sich hin«.

Ungewöhnliche körperliche Manifestationen gab es in der gesamten Kirchengeschichte, besonders zu Zeiten der Erweckung. Manchmal zeigten sich diese Manifestationen unter den unwahrscheinlichsten Umständen.

Während der evangelikalen Erweckung in England in den späten Dreißiger- und frühen Vierzigerjahren des achtzehnten Jahrhunderts erlebte John Wesley während seiner Predigten unzählige »äußere Zeichen«. Am 17. Juni 1739 zum Beispiel geschah folgendes, während Wesley im Freien predigte und

> *»... alle Sünder mit Nachdruck einlud, auf diesem ›neuen und lebendigen Weg‹ in ›das Allerheiligste einzutreten‹, begannen viele von denen, die zugehört hatten, Gott anzurufen mit lautem Rufen und unter Tränen. Manche sanken zu Boden und blieben ohne Kraft liegen; andere zitterten und bebten über die Maßen: Manche wanden sich am ganzen Körper unter Krämpfen, und dies so stark, daß oft vier oder fünf Männer nicht ausreichten, um sie festzuhalten.* [3]

Als sein Freund und Prediger, George Whitefield, zum ersten Mal von diesen Zeichen hörte, äußerte er heftige Bedenken. Doch am 17. Juli 1739 notiert Wesley in sein Tagebuch:

> *»Ich hatte Gelegenheit, mit ihm über diese äußeren Zeichen zu sprechen, die sooft das inwendige Wirken Gottes begleitet hatten. Ich hatte den Eindruck, seine Einwände gründeten sich hauptsächlich auf grobe Fehlinterpretationen der Tatsachen. Doch am nächsten Tag hatte er Gelegenheit, sich eines Besseren belehren zu lassen: Denn kaum hatte er (in Anwendung seiner Predigt) begonnen, alle Sünder zum Glauben an Christus einzuladen, so sanken schon vier Menschen ganz in seiner Nähe und fast gleichzeitig zu Boden. Einer lag ohne Besinnung unbewegt da. Ein zweiter zitterte außerordentlich. Der dritte hatte am ganzen Körper starke Krämpfe, gab jedoch außer Stöhnen keine Laute von sich. Der vierte, ebenso in Krämpfen, rief Gott unter lauten Rufen und Tränen an.«*

Wesley schließt seine Tagebuchnotizen an diesem Tag mit dem Satz: »Von heute an, glaube ich, werden wir es ertragen müssen, daß Gott sein Werk so zu Ende führt, wie es ihm gefällt.«[4]

Wer hätte gedacht, daß in dem gleichen Zeitraum »Zeichen« dieser Art auch in der strengen Atmosphäre Neu Englands auftraten? Heute sieht man diese Periode als eine der bedeutendsten Erweckungsbewegungen der amerikanischen Geschichte an, die sogenannte »Große Erweckung« (*Great Awa-*

kening). Tatsächlich kam es bei den Versammlungen Jonathan Edwards, der von vielen als der bedeutendste Theologe Amerikas angesehen wird, regelmäßig zu solchen Manifestationen. Edwards beschreibt eine der Versammlungen in seiner Gemeinde wie folgt:

> »*Die Gefühlsregung verbreitete sich schnell im ganzen Raum; viele der jungen Leute und Kinder ... schienen überwältigt von der Größe und Herrlichkeit des Göttlichen, und mit Bewunderung, Liebe, Freude und Lobpreis und mit Barmherzigkeit gegenüber denen erfüllt, die sich selbst im Stande der Natur* [unerlöst] *sahen; und zu gleicher Zeit wurden viele andere überwältigt von Verzweiflung über ihren sündigen und erbärmlichen Zustand;* so daß der ganze Raum von nichts anderem erfüllt war als lauter Aufschreien, Ohnmachtsanfällen und ähnlichem.« (Hervorhebung des Autors)[5]

Im Herbst des gleichen Jahres schreibt Edwards:

> »*Sehr häufig konnte man beobachten, daß ein ganzes Haus von Schreien, Ohnmachtsanfällen, Krämpfen und ähnlichem erfüllt war, sowohl aus Verzweiflung heraus als auch aus Erstaunen und Freude. ...* Häufig gab es einige, die so ergriffen und deren Körper so überwältigt waren, daß sie nicht nach Hause gehen konnten, sondern die ganze Nacht bleiben mußten, wo sie waren.« (Hervorhebung des Autors)[6]

An anderer Stelle beschreibt Edwards den Dienst Mr. Buells,

> »*der hier noch zwei oder drei Wochen fortfuhr, nachdem ich zurückgekehrt war: Immer noch begleiteten großartige Erscheinungen seine Mühen; manche wurden in ihren religiösen Regungen weit über das hinausgehoben, was sie je erlebt hatten;* einige Male lagen Menschen wie in Trance am Boden, wo sie unter Umständen ganze vierundzwanzig Stunden bewegungslos liegen blieben, *und mit verschlossenen Sinnen; doch zur selben Zeit hatten sie heftige Vorstellungen, als ob sie in den Himmel kämen und dort herrliche und schöne Dinge sahen. Doch wenn die Menschen soweit erhoben worden waren, nutzte der Satan seinen Vorteil und sein Einwirken wurde in vielen Fällen bald offenbar: Und es bedurfte großer Vorsicht und Mühe, um die Leute, viele von ihnen, davon abzuhalten, völlig außer sich zu geraten.«* (Hervorhebung des Autors)[7]

Manifestationen dieser Art erregen in zweierlei Hinsicht Besorgnis. Wie Edwards in seinem letzten Absatz andeutet, kann es sein, daß Manifestationen, die eine durchaus denkbare Reaktion auf das authentische Wirken des Heiligen Geistes sind, durch den Satan pervertiert werden, um die Menschen irrezuführen.

Andererseits führten diese Manifestationen dazu, daß eine Reihe von konservativen Geistlichen Jonathan Edwards und seine Versammlungen als Werke des Fleisches oder des Teufels kritisierten. Manche waren sich in den Tagen Jonathan Edwards völlig sicher, daß diese Art von Manifestationen bewies, daß ein solches Werk nicht von Gott sein konnte.

Edward Gross ist einer derjenigen, die heute die Meinung der Gegner Edwards vertreten und dessen Verständnis der körperlichen Manifestationen widersprechen. Gross zitiert Charles Hodge, der zu dem Schluß kam,

> *»... daß es in der Bibel nichts gibt, das uns dazu führt, diese körperlichen Erregungen als legitime Auswirkungen religiöser Gefühle anzusehen. Keine dieser Auswirkungen begleitete den Dienst Jesu oder der Apostel. Wir hören nichts von allgemeinem Aufschreien, Ohnmachtsanfällen, Krämpfen oder phantastischem Gerede in den Versammlungen, denen sie predigten.«*[8]

Im Gegensatz zur Aussage Hodges gibt es in der Bibel viele Belege dafür, daß »körperliche Erregungen« legitime Auswirkungen des Heiligen Geistes sein können. Solche körperlichen Manifestationen gibt es sowohl im Alten als auch im Neuen Testament.

Körperliche Manifestationen in der Schrift

Nach den Aussagen der Schrift bewirkt der Heilige Geist manchmal körperliche Reaktionen bei Menschen. Diese Reaktionen reichen von Zittern, Geschütteltwerden und Trancezuständen bis hin zur Erkrankung und zum Kollaps.

Man kann das göttliche Wirken, das diese Reaktionen hervorruft, in zwei Kategorien einteilen. Auf der einen Seite werden diese Reaktionen durch spektakuläre und sichtbare Phänomene bewirkt, die mit dem Wirken des Heiligen Geistes in Verbindung gebracht werden. Die oben genannten körperlichen Manifestationen können von einer Theophanie (Gotteserscheinung)[9] (Ex 19,16-25), Engelserscheinungen (Mt 28,4), der vernehmbaren Stimme Gottes (Mt 17,6-7), Visionen (Dan 8,27; 10,1-11; Apg 10,10-23),[10] einer Reaktion auf das irdische Wirken Jesu (Joh 18,6) und der Erscheinung des verherrlichten Christus (Apg 9,1-9) herrühren. Alle diese soeben aufgelisteten Phänomene sind mehr oder weniger greifbare und sichtbare Erlebnisse.

Die Schrift nennt auch bei weniger sichtbarem Wirken Gottes körperliche Manifestationen. Menschen zittern in der Gegenwart Gottes, obwohl es kein sonstiges sichtbares oder greifbares Phänomen gibt, das mit seiner Gegenwart in Verbindung gebracht werden könnte (keine Theophanie, Engelserscheinung, hörbare Stimme und so weiter). Manchmal zittern die Psalmisten, wenn sie die Gegenwart Gottes als »Furcht vor dem Herrn« erleben. Der Verfasser des Psalms 119 schreibt: »Aus Ehrfurcht vor dir erschauert mein Leib, vor deinen Urteilen empfinde ich heilige Scheu« (Vers 120).

Es war nichts Ungewöhnliches, daß das Volk Gottes in seiner Gegenwart erzitterte. Der Herr erwartete diese Reaktion sogar von seinem Volk. Durch den Mund seines Propheten Jeremia sagte er: »Fürchtet ihr mich denn nicht – Spruch des Herrn –, zittert ihr nicht vor meinem Angesicht?« (Jer 5,22).[11]

Es ist wichtig zu erkennen, daß die nicht-greifbare Gegenwart des Herrn unter denen, die ihn fürchten, zu diesem Zittern führt (vgl. auch Jesaja 66,2 und Esra 9,4). Diejenigen, die den Herrn nicht fürchten, reagieren womöglich ganz und gar nicht auf diese Weise.

Das Weinen ist eine weitere Manifestation als Antwort auf die nicht greifbare Gegenwart des Herrn. Als Esra dem Volk das Gesetz vorlas, fingen sie spontan an zu weinen, als sie den Wortlaut des Gesetzes hörten (Neh 8,9). Ihr Weinen war nicht das Ergebnis einer Hysterie oder einer psychologischen Manipulation, denn die Leiter der Versammlung wollten nicht, daß die Leute weinten und versuchten, es zu unterbinden (Neh 8,9).

Die Fähigkeit, zu weinen über die Worte der Schrift und unser Versagen, Gottes Wort zu halten, ist etwas, das auch heute kultiviert und gesucht werden sollte. Es ist kein Zeichen von Schwäche oder emotionaler Instabilität. Es ist vielmehr ein Zeichen der Sensibilität dem Wort Gottes gegenüber und ein Zeichen des Erschreckens vor unserer Sünde. Es ist auch ein Zeichen geistlicher und emotionaler Gesundheit. Die Unfähigkeit, über solche Dinge zu weinen, ist dagegen ein Zeichen für ein verwundetes und/oder verhärtetes Herz.

Eine Trance kann ebenfalls eine Antwort auf die Gegenwart Gottes sein. Paulus fiel zum Beispiel während eines ganz gewöhnlichen Gebetes in Trance. Er erklärte seine Erfahrung folgendermaßen: »Als ich später nach Jerusalem zurückgekehrt war und im Tempel betete, da geriet ich in eine Verzückung. Und ich sah ihn, wie er zu mir sagte: Beeil dich, verlasse sofort Jerusalem; denn sie werden dein Zeugnis über mich nicht annehmen« (Apg 22,17-18). Als Ergebnis seiner Trance-Erfahrung besaß Paulus keine neue

Offenbarung über die Person oder das Werk des Herrn Jesus, sondern er erhielt Anweisung, sein Leben zu retten und die Blickrichtung seines Dienstes zu ändern (vgl. auch Apg 22,19-21).

Manchmal verfallen Gläubige als Antwort auf die Gegenwart Gottes in einen Zustand, der einer Trunkenheit ähnlich scheint. Dies geschah Hanna, während sie betete (1 Sam 1,12-17). Und König Saul schien eindeutig betrunken zu sein, als der Geist über ihn kam – obwohl der Text den Ausdruck betrunken nicht verwendet –; er entledigte sich aller seiner Kleider und lag einen ganzen Tag nackt da (1 Sam 19,23-24).

Am Tag des ersten Pfingstfestes nahmen einige der Zuschauenden an, daß die, die da von Heiligen Geist erfüllt waren, betrunken wären. Ihre vermeintliche Trunkenheit kam nicht daher, daß sie in fremden Sprachen redeten. Das war an sich ein Zeichen von Intelligenz und nicht von Trunkenheit. Vielmehr erweckte ihre Reaktion auf den Heiligen Geist in manchem den Eindruck, den man normalerweise bei Betrunkenen hat.

Schließlich gibt es noch eine weitere Kategorie des Wirkens des Heiligen Geistes, welche häufig, jedoch nicht immer, eine ganze Reihe körperlicher Manifestationen hervorruft. Ich beziehe mich auf das Austreiben von Dämonen, was unter anderem manchmal zu Kreischen, Krämpfen und zur Bewußtlosigkeit führt (vgl. Mk 1,23-28; 9,14-29).

Alle diese Reaktionen ergeben einen Sinn, wenn wir erkennen, daß der Mensch aus mehr besteht als dem Verstand und dem Willen und daß Gott unsere Emotionen und unseren Körper genauso berühren kann wie unseren Verstand. Im Moment möchte ich allerdings nur einen Schluß aus dem hier Aufgezeigten ziehen – die Bibel stützt die Tatsache, daß körperliche Reaktionen auf das Wirken des Heiligen Geistes in vielerlei Gestalt erscheinen können.

Der Heilige Geist bringt Ordnung in das Chaos

In den Tagen Jonathan Edwards erkannten manche die »Große Erweckung« nicht als ein Werk des Heiligen Geistes, weil sie sagten, Gott ist ein Gott der Ordnung, nicht der Verwirrung (1 Kor 14,33.40). Sie hatten den Eindruck, daß Gott auf keinen Fall für die körperlichen Manifestationen bei diesen Versammlungen verantwortlich sein konnte, da sie in einer allgemeinen Verwirrung endeten. Dieser Vorwurf wird auch heute noch bei ähnlichen Versammlungen erhoben. Edward Gross zitiert hier wieder Charles Hodge:

»Das Zeugnis der Schrift ist in dieser Frage nicht nur negativ. Ihre Autorität stellt sich all dieser Unordnung direkt entgegen. Sie ordnet an, daß alle Dinge ehrbar und ordentlich vor sich gehen sollen. Sie lehrt uns, daß Gott nicht der Urheber des Chaos ist, sondern von Frieden in allen Gemeinden der Heiligen (1 Kor 14,33.40). Diese Passagen haben eine besondere Bedeutung für die Art der Durchführung öffentlicher Gottesdienste. Sie verbieten alles, was nicht mit Ordnung, Nüchternheit und hingebungsvoller Aufmerksamkeit im Einklang steht. Es ist offensichtlich, daß lautes Aufschreien und Krämpfe mit solchen Dingen nicht in Einklang stehen und daher untersagt werden sollten. Sie können nicht von Gott sein, denn er ist nicht der Urheber von Verwirrungen.«[12]

Die Antwort, die Edwards auf die Vorwürfe seiner Kritiker gab, trifft auch für die Kritiker in heutiger Zeit zu:

»Doch wenn es Gott gefällt, das Gewissen von Menschen so zu überführen, daß sie gewaltige äußere Manifestationen nicht vermeiden können und sogar die öffentlichen Versammlungen stören oder unterbrechen, so denke ich nicht, daß dies eine Verwirrung oder eine unglückliche Störung ist, genauso wenig, als würde eine Gruppe sich im Freien treffen und um Regen beten, und würde dann in ihren Übungen durch einen reichlichen Regenguß unterbrochen.
Gebe Gott, alle öffentlichen Versammlungen in diesem Land würden am nächsten Sonntag durch solche Verwirrungen an ihren öffentlichen Übungen gehindert! Wir müssen nicht traurig sein, wenn unsere Ordnungen unterbrochen werden, weil wir das Ziel erreichen, auf das diese Ordnungen gerichtet sind. Wer einen Schatz bergen will, der sollte nicht betrübt sein, daß er aufgehalten wird, weil ihm der Schatz schon auf dem Weg begegnet.«[13]

Mit anderen Worten, Edwards sagt, daß Gott chaotische Mittel benutzen kann, um Ordnung zu stiften. Zu sehen, wie sich ein Mann auf dem Boden wälzt, während er von einem Dämon befreit wird, mag für die Zuschauenden nicht sehr geordnet wirken. Aber wenn der Mann wirklich von dem Dämon befreit wird, dann kommt dadurch Gottes Ordnung in das Leben dieses Menschen.

Es wäre also ein großer Fehler, wenn wir den Rat des Paulus, alles in Anstand und Ordnung geschehen zu lassen, so extrem auslegen würden, daß wir damit sogar das Feuer des Heiligen Geistes auslöschen.

Tests für ein authentisches Wirken Gottes

Manchmal ist das, was wir als geistlichen Mißbrauch ansehen, gar kein Mißbrauch, sondern ein authentisches Wirken des Heiligen Geistes. Doch wie können wir das Echte vom Falschen unterscheiden?

Die Kritik, die Jonathan Edwards während der »Großen Erweckung« erfuhr, veranlaßte ihn dazu, sein klassisches Essay »Unterscheidungsmerkmale für das Wirken des Heiligen Geistes« zu verfassen. In diesem Essay stellt Edwards Kriterien auf, um festzustellen, was ein authentisches Wirken des Heiligen Geistes ist. Sein erstes Problem bestand darin, die Bedeutung der körperlichen Manifestationen, die sich bei seinen Versammlungen ereigneten, festzulegen. Er schreibt:

> *»Ein Wirken* [des Heiligen Geistes] *sollte nicht an seinen Auswirkungen auf den Körper des Menschen beurteilt werden wie Tränen, Zittern, Stöhnen, lautes Schreien, körperliche Qualen oder das Versagen der Körperkraft. Der Einfluß, unter dem ein Mensch steht, darf nicht aufgrund solcher Auswirkungen auf den Körper so oder anders beurteilt werden; der Grund hierfür ist, daß uns die Schrift nirgendwo eine solche Regel gibt.«*[14]

Mit anderen Worten, die Manifestationen selbst beweisen überhaupt nichts. Der Hauptgrund, warum sie nichts beweisen, liegt darin, daß die Schrift uns keine allgemeinen Regeln aufzeigt, mit denen wir solche Manifestationen beurteilen könnten. Die Schrift läßt sicher die Möglichkeit zu, daß solche Manifestationen durchaus Reaktionen auf ein authentisches Wirken Gottes sein können. Aber die Bibel lehrt uns nicht, daß dies immer der Fall sein muß. In manchen Fällen mögen solche Manifestationen in keinster Weise dem Wirken des Heiligen Geistes entspringen, sondern einfach einem Wesenszug der menschlichen Natur, oder sie können sogar dämonischen Ursprungs sein. Es ist ebenso wahr, daß der Heilige Geist auf machtvolle Weise wirken kann, ohne daß solche Manifestationen festzustellen sind. Menschen können auch ohne Stöhnen, Zittern oder andere sichtbare körperliche Phänomene geheilt oder gerettet werden. Es ist sogar möglich, daß Dämonen ausgetrieben werden, ohne irgendeines dieser häufig damit verbundenen Phänomene.

Der erste und wichtigste Test für jeden Dienst, jedes Werk und jede Lehre ist die Frage, ob sie mit den Lehren der Bibel übereinstimmt. Wir müssen jedoch in solchen Fällen sicherstellen, daß tatsächlich die Schrift selbst und nicht ihre spezielle Auslegung durch uns den Maßstab bildet.

Es gab eine Zeit, in der es bei bestimmten fundamentalistischen Gruppierungen üblich war zu behaupten, daß Frauen, die Kosmetika benutzten, unanständig handelten und gegen die Anweisung des Paulus aus dem 1. Timotheusbrief, Kapitel 2, Vers 9 verstießen. Heute würde kaum noch jemand mit dieser Auslegung der Bibelstelle übereinstimmen. Frauen, die in der ersten Hälfte des zwanzigsten Jahrhunderts Make-up trugen, verletzten kein Gebot der Schrift, sondern vielmehr eine fundamentalistische Auslegung der Schrift. Bevor wir eine Verhaltensweise als unbiblisch bezeichnen, sollten wir uns ziemlich sicher sein, daß sie wirklich die klare, unmißverständliche Lehre der Schrift verletzt.

Edwards kam zu dem Schluß: Wenn die Schrift keine direkte Aussage zu einem bestimmten Thema macht, bleibt als Test für ein authentisches Handeln Gottes nur die Frage, ob das betreffende Wirken die Früchte des Heiligen Geistes aufweist.[15] Genau diesen Test hat Jesus uns auch genannt, damit wir zwischen einem echten und einem falschen prophetischen Reden unterscheiden können:

> »An ihren Früchten werdet ihr sie erkennen. Erntet man etwa von Dornen Trauben oder von Disteln Feigen? Jeder gute Baum bringt gute Früchte hervor, ein schlechter Baum aber schlechte. Ein guter Baum kann keine schlechten Früchte hervorbringen und ein schlechter Baum keine guten. Jeder Baum, der keine guten Früchte hervorbringt, wird umgehauen und ins Feuer geworfen. An ihren Früchten also werdet ihr sie erkennen« (Mt 7,16-20).

Die Frucht einer »Manifestation« zu prüfen, ist dort eine absolute Notwendigkeit, wo die Schrift schweigt. Dieser Test gilt auch in Fällen, wo Menschen für eine korrekte Lehre eintreten, die Früchte ihres Lebens und Dienstes jedoch zeigen, daß sie selbst dieser Lehre nicht entsprechen. Es mag der Versuch eines bewußten Betrugs sein, oder es mag sein, daß sie selbst betrogen sind. In beiden Fällen werden die Früchte ihres Dienstes es offenlegen.

Lassen Sie es mich noch einmal sagen: Wir sollen nicht etwas daran beurteilen, wie bizarr oder merkwürdig es uns erscheint. Fremdartigkeit ist kein biblisches Kriterium bei der Frage, ob ein Handeln oder Dienst von Gott ist. Nehmen wir einmal an, wir erleben, wie ein Mann, der Alkoholiker ist, seine Frau verprügelt und Gott lästert, bei einer religiösen Versammlung mit aller Kraft aufschreit, dann bewegungslos zusammenbricht und die nächsten vierundzwanzig Stunden so liegen bleibt. Was wäre, wenn dieser Mann wieder aufsteht und nie wieder trinkt oder seine Frau schlägt, sondern sie zu lieben beginnt, wie Christus die Gemeinde liebt, und Gott und sein Wort ebenso sehr liebt? Wie verrückt uns das auch erscheinen mag, wir müßten daraus schließen, daß im Leben dieses Mannes der Heilige Geist gewirkt hat. Weder der Teufel noch das Fleisch bringen Liebe zu Gott, Liebe zur eigenen Familie oder Freiheit von Sucht hervor. Genauso wie diese Dinge bei den großen Erweckungsbewegungen der Vergangenheit vorkamen, geschehen sie heute, wo Menschen sich weigern, das Feuer des Heiligen Geistes auszulöschen.

Wie wir auf körperliche Manifestationen heute reagieren können

Wenn es Gott gefällt, in heutiger Zeit körperliche Manifestationen zu schenken, sollten wir sie aus seiner Hand empfangen, aber wir sollten nicht den Fehler begehen, sie zu glorifizieren. Wenn wir die Manifestationen zu sehr in den Mittelpunkt stellen und die meiste Zeit damit zubringen, über diese zu reden, dann werden wir immer Menschen zu falschen Glaubensauffassungen und einer falschen Gewichtung verleiten. Denn schließlich ist nicht die Manifestation das eigentlich Wichtige, sondern vielmehr das Wirken des Heiligen Geistes. Die Manifestationen sind nur Reaktionen auf das Handeln des Heiligen Geistes. Wir wollen dem *Wirken* des Heiligen Geistes die Ehre geben, der überführt, vergibt, rettet, heilt und erlöst – nicht den körperlichen Reaktionen auf sein Wirken.

Wenn wir den Manifestationen große Bedeutung zumessen, werden die Leute die Manifestationen mit dem Wirken des Heiligen Geistes gleichsetzen und sie sogar als eine Auszeichnung für besondere Frömmigkeit ansehen. Wenn dies geschieht, werden unsichere Menschen oft solche Manifestationen imitieren, um die Aufmerksamkeit auf sich zu lenken und »geistlich« zu erscheinen.

Ein ebenso großer Fehler wäre der Versuch, solche Manifestationen zu unterdrücken. Stellen Sie sich einen Menschen vor, der vom Heiligen Geist seiner Sünden überführt worden ist und unter dem Eindruck von Höllenqualen einen solch starken Druck empfindet, daß er als Ergebnis dieser Überführung zu zittern anfängt. Können Sie sich vorstellen, wie über die Maßen dumm es wäre, auf einen solchen Menschen zuzugehen und ihm zu sagen, er solle endlich damit aufhören?! Wenn wir versuchen, eine echte körperliche Manifestation auf das Wirken des Heiligen Geistes zu unterdrücken, dann stehen wir in der Gefahr, das Feuer des Heiligen Geistes auszulöschen.

Wir sollten auch keine Angst vor authentischen körperlichen Manifestationen haben. Mir begegnen häufig Christen, für die es kein Problem ist zu glauben, daß Dämonen mit einer hörbaren Stimme sprechen, Gedanken beeinflussen, körperliche Empfindungen oder andere körperliche Folgen hervorrufen können. Aber sie glauben nicht, daß Gott diese Dinge heute tun kann oder will. Wann immer sie solche körperlichen Manifestationen sehen, gehen sie automatisch davon aus, daß diese ein Werk des Teufels sind.

Alle Angst vor dem Teufel ist irrational. Kein Christ sollte sich jemals vor Satan oder Dämonen fürchten. Das Neue Testament lehrt, daß die einzige Person, die ein Christ zu fürchten hat, Gott selbst ist. Wenn Gott der Verursacher dieser Manifestationen ist, wird er sie zum Guten benutzen. Wenn der Teufel der Urheber einer bestimmten Manifestation ist, dann kann diese durch die Kraft des Blutes Jesu unterbunden werden. In keinem der beiden Fälle haben wir irgendeinen biblischen Grund, warum wir die körperlichen Manifestationen fürchten müßten.

Schließlich sollten wir nie enttäuscht sein, wenn Gott bei einem authentischen Wirken seines Geistes keine körperlichen Manifestationen schenkt. Wir sollten auch nicht versuchen, sie durch Suggestion oder andere natürliche Mittel herbeizuführen. Gott braucht die Manifestationen nicht, um seine Ziele zu erreichen. Wenn wir versuchen, solche Reaktionen zu fördern, können wir das reine Wirken des Heiligen Geistes verunreinigen und es so weit bringen, daß dieses Wirken aufhört.

Ich möchte hier noch einen letzten Rat geben. Früher störte es mich, wenn Leute bei Versammlungen so taten, als ob sie körperliche Manifestationen hätten. Doch das geschah schon zu Edwards Zeiten und es geschieht eben auch heute. Es wird sogar überall passieren, wo sich authentische körperliche Manifestationen auf ein mächtiges Wirken des Heiligen Geistes zeigen. Das Authentische wird immer imitiert werden. Manchmal ist die Fälschung leicht zu erkennen, manchmal ist dies nicht so einfach. Meine Erfahrung mit solchen falschen Manifestationen hat mich zu der Ansicht geführt, daß sie bei weitem nicht so ernst sind, wie ich zunächst gedacht hatte.

Die Leute, die am Anfang eines Gottesdienstes absichtlich anfangen zu zittern, sind in der Regel keine »gefährlichen« Menschen. Meist sind es unsichere und einsame Gläubige. Unter der Woche kümmert sich kaum jemand um sie. Oft sind die Veranstaltungen der Gemeinde die einzige Zeit, in der ihnen Liebe und Zuneigung entgegengebracht wird, wenn jemand zu ihnen geht, ihnen die Hände auflegt und für sie betet. Oft benutzen sie das Zittern oder Geschütteltwerden oder andere körperliche Zeichen, um die Aufmerksamkeit auf sich zu lenken und so den Dienst anderer Glieder des Leibes Christi zu erhalten. Ich habe dieses Phänomen in den letzten Jahren genau beobachtet und habe selten festgestellt, daß es für irgend jemanden wirklich ein ernsthaftes Problem darstellt. Kaum einer läßt sich davon in die Irre führen, und die einzigen, die sich wirklich daran stoßen, sind nicht zur Gemeinde gehörende Besucher, die den Gottesdienst ohne großes Verständnis für diese Dinge beobachten. Wenn die Besucher es ernst meinen und nicht nur gekommen sind, um zu kritisieren, können sie jederzeit jemanden fragen, der die Dynamik solcher »falschen Reaktionen« versteht und für das, was sie beunruhigt, eine angemessene Erklärung bekommen.

In den wenigen Fällen, in denen das Verhalten eines Menschen wirklich absonderlich und exhibitionistisch ist, sollten die Hirten der Gemeinde auf diese Person zugehen und deren Verhalten sanft, aber entschieden unterbinden. Ich habe herausgefunden, daß dort, wo wir über die biblische Bedeutung der körperlichen Manifestationen reden und sie offen diskutieren, nur wenig Mißbrauch auf diesem Gebiet geschieht.

Kapitel 8

Waren die Wunder als ein vorübergehendes Phänomen gedacht?

Kein Mensch hat bisher einfach nur die Bibel in die Hand genommen, zu lesen angefangen und ist dann zu dem Schluß gekommen, daß Gott heute keine Zeichen und Wunder mehr tut und daß die Gaben des Heiligen Geistes der Vergangenheit angehören. Diese Lehrmeinung, die als »Cessationismus« bezeichnet wird, entspringt nicht einem sorgfältigen Schriftstudium. Diese Lehre entspringt der Erfahrung.

Das Fehlen von Wundern im eigenen Erfahrungshorizont wie auch in der Geschichte drängte nach einer Erklärung. Wie wollen Sie das Fehlen von Wundern in Ihrem Leben erklären, wenn das Neue Testament voll von Wundern ist? Es gibt im Grunde drei Möglichkeiten. Erstens, mit Ihrer Erfahrung könnte etwas nicht stimmen. Zweitens, Gott schenkt keine Wunder mehr, weil er sie nur als Übergangslösung gedacht hatte. Drittens, die Antwort verbirgt sich hinter einem göttlichen Geheimnis, wie das Geheimnis der Erwählung oder der Prädestination. Die erste Antwort würde dazu führen, daß Sie Wunder erwarten würden, sobald Ihre Erfahrung korrigiert wurde. Die zweite Antwort würde dazu führen, daß Sie überhaupt nichts Übernatürliches erwarten. Die dritte Antwort läßt diese Frage offen.

Soweit ich weiß, hat bisher niemand ernsthaft versucht, für die dritte Erklärungsmöglichkeit Argumente zu finden. Seit den Tagen der Reformation haben viele protestantische Theologen für die zweite Antwort plädiert, daß die Geistesgaben ihrem Wesen nach nur eine vorübergehende Erscheinung waren. Die Reformatoren hatten vor allem zwei Beweggründe, warum sie theologische Argumente gegen Wunder in der nachapostolischen Kirchengeschichte formulierten und systematisierten. Erstens beriefen sich ihre Feinde, die Katholiken, auf katholische Wunder, um die katholische Lehre zu stützen. Im Prinzip sagten sie: »Wir haben Wunder, die zeigen, daß Gott unsere Lehre gutheißt. Außerdem haben wir eine lange Tradition von Wundern, die bis in die Zeit des Neuen Testaments zurückreicht. Welche

Wunder könnt ihr denn schon vorweisen, die zeigen könnten, daß Gott eure Lehre für gut hält?« Dieser Vorwurf führte dazu, daß die Reformatoren sowohl die Rechtmäßigkeit der katholischen Wunder leugneten als auch eine theologische Argumentation gegen Wunder hier und heute ausarbeiteten.[1]

Doch ich denke, dies war nicht der Hauptgrund, warum die Reformatoren versuchten, die Schrift als Argument gegen zeitgenössische Wunder heranzuziehen. Ich glaube, der Hauptgrund bestand darin, daß es ihnen an Erfahrungen mit dem Übernatürlichen fehlte. Wären sie Zeugen von echten Wundern geworden, hätten sie niemals versucht, Wunder nur als eine vorübergehende Erscheinung darzustellen.

So standen die Reformatoren vor der Wahl: Beruhte ihre fehlende Erfahrung mit dem Übernatürlichen auf einem Fehler in ihrer Erfahrung oder auf einem gottgewollten Aussterben des Übernatürlichen? Sie entschieden sich für letztere Ansicht. Nun lag die monumentale Aufgabe vor ihnen zu erklären, warum Gott der Kirche des ersten Jahrhunderts so freizügig Wunder geschenkt hatte und in all den folgenden Jahrhunderten mit Wundern so knauserig umgegangen war. Der Haken an der Sache war zu beweisen, daß die Wunder nur einem Zweck dienen sollten, der zeitlich auf das erste Jahrhundert begrenzt war. Aber wie sollten sie dies beweisen?

Es standen ihnen im Grunde drei Wege offen, um dies zu beweisen. Der erste und bei weitem beste Weg wären genaue biblische Aussagen, die zeigen, daß Gott die Wunder nur als etwas Vorübergehendes gedacht hatte. Der zweite Weg war eine theologische Ableitung. Diese Argumentationsweise ist nicht so eindeutig wie klare biblische Aussagen, aber es ist eine zulässige Art, Lehrmeinungen zu beweisen. Die dritte Nachweismöglichkeit war die Erfahrung. Sie konnten aus ihrer eigenen Erfahrung oder den Erfahrungen anderer in der Vergangenheit Schlußfolgerungen ziehen. So konnten sie die vorangegangenen eintausenddreihundert Jahre der Kirchengeschichte untersuchen, um zu sehen, ob es in den vorangegangenen Jahrhunderten klare Beweise für die Gaben des Heiligen Geistes unter Christen gegeben hat.

Von der Erfahrung ausgehend zu argumentieren, ist ohne Zweifel die schwächste der drei Argumentationsweisen. Wenn wir die Vergangenheit untersuchen, können wir uns oft nicht auf die Fakten oder die Interpretation derselben verlassen. Außerdem, wenn wir unsere eigene Erfahrung anschauen, kennen wir zwar meist die Fakten, aber oft nicht die Gründe, die hinter den Fakten stehen. Wir wissen zum Beispiel, daß wir deprimiert sind, aber nicht warum. Haben wir irgend etwas getan, das eine Depression ausgelöst hat? Ist sie das Ergebnis von Umständen, die unserer Kontrolle entzogen sind? Selbst wenn wir also die Fakten klar belegen können, wissen wir unter Umständen nicht, welche Gründe dahinterstehen.

Die Reformatoren ließen keinen Zweifel daran, welchen der drei Argumentationswege sie bevorzugten. *Sola Scriptura* (»die Schrift allein«) hieß einer der großen Schlachtrufe der Reformation. Doch an dieser Stelle hatten sie es nicht nur mit einem gewaltigen Hindernis zu tun, sondern mit einem unüberwindbaren. Denn sie konnten nicht eine spezifische Bibelstelle nennen, die lehrte, daß Wunder oder Geistesgaben auf die Zeit des Neuen Testamentes begrenzt seien. Auch sonst konnte bisher keiner eine solche Aussage der Schrift aufzeigen.[2]

Nachdem ihnen die mächtigste Waffe in ihrem Arsenal, nämlich spezifische Aussagen der Schrift, genommen war, mußten die Reformatoren sich auf theologische Ableitungen berufen. Doch wie sollten sie jemals aus einem Buch, das von Anfang bis Ende mit Wundern vollgepackt ist, die Theorie ableiten, daß Wunder nur als ein vorübergehendes Phänomen gedacht waren?

Das Hauptargument der Gegner der Geistesgaben

Und so haben sie's gemacht. Die Reformatoren argumentierten, daß der Hauptzweck der Wunder im Neuen Testament war, die Apostel als vertrauenswürdige Verfasser der Heiligen Schrift zu bezeugen. Wie kann dieses Argument beweisen, daß die Wunder nur etwas Vorübergehendes waren? Weil nach dem Verfassen des Neuen Testamentes durch die Apostel die Wunder ihren Zweck erfüllt hätten und nicht mehr nötig gewesen wären, denn nun besaß die Kirche ja für alle Zeiten das auf übernatürliche Weise bezeugte, schriftlich niedergelegte Wort Gottes.[3] Dies ist bis heute das Hauptargument der Gegner der Geistesgaben geblieben.

Es hätte keinen Sinn, wenn die Gegner der Geistesgaben den Versuch wagen würden zu beweisen, daß die Wunder Jesus selbst bestätigen sollten. Denn wenn das wahr wäre, dann gäbe es keinen Grund mehr, warum die Apostel Wunder wirkten. Wenn der Hauptzweck von Wundern gewesen wäre, den Herrn Jesus als Sohn Gottes zu bestätigen, warum mußten dann die Apostel noch Wunder tun? Warum konnten sie nicht einfach über die Wunder Jesu reden, so wie viele Prediger heute?

Die Gegner der Geistesgaben können auch nicht behaupten, Hauptzweck der Wunder sei gewesen, die Botschaft über Jesus zu bezeugen. Wenn das der Fall gewesen wäre, dann gäbe es keine Erklärung dafür, warum man die Wunder heute nicht auch noch braucht, um die Botschaft über Jesus zu bezeugen. Mit anderen Worten, wenn die Neubekehrten des ersten Jahrhunderts eine übernatürliche Bestätigung der Botschaft des Evangeliums gebraucht hatten, warum sollten die folgenden Generationen von potentiellen Bekehrten diese übernatürliche Bestätigung nicht ebenfalls benötigen?

Der einzige Standpunkt, der sinnvoll verteidigt werden kann, ist zu behaupten, die Wunder seien eine Bestätigung der Apostel gewesen. Wenn nun jemand fragt, warum nur die Apostel eine solche Bestätigung benötigten, um in ihrem Zeugnis glaubwürdig zu sein, und warum nicht auch nachfolgende Generationen von Zeugen, dann haben die Gegner der Geistesgaben eine Antwort parat. Die Apostel waren nicht nur einfach Zeugen. Sie hatten die einzigartige Aufgabe, die Heilige Schrift zu verfassen. Deshalb benötigten sie eine stärkere Bestätigung ihrer Glaubwürdigkeit als irgend jemand sonst in der Geschichte. Daher war der Zweck der Wunder nicht nur, die Apostel als verläßliche Zeugen Jesu zu bestätigen. Die Wunder bezeugten auch, daß sie vertrauenswürdige Lehrer waren, und sie bezeugten schlußendlich, daß sie von Gott selbst eingesetzte menschliche Verfasser der Schrift waren.

Praktisch bedeutet dies, daß der eigentliche Zweck der Wunder eine Bezeugung oder Bestätigung der Schrift war. Nachdem die Apostel das Neue Testament niedergeschrieben hatten, waren Wunder nicht mehr nötig, denn nun besaß die Kirche das geschriebene Wort Gottes.

Um ihre Argumentation hieb- und stichfest zu machen, müssen die Gegner der Geistesgaben zwei Dinge beweisen. Erstens müssen sie zeigen, daß die Wunder die Apostel bestätigen. Zweitens müssen sie aufzeigen, daß dies der Hauptzweck der Wunder war. Wenn es gelänge zu zeigen, daß die Wunder die Apostel nicht bestätigten oder daß es noch andere gleich wichtige Zwecke für die Wunder oder die übernatürlichen Gaben des Heiligen Geistes gab, dann würde ihre gesamte Argumentation zusammenbrechen.

Wie die meisten in meinen theologischen Kreisen hatte ich die Erklärungen der Gegner der Geistesgaben über Wunder akzeptiert, besonders, da diese Erklärung von Benjamin Breckenridge Warfield formuliert worden war. Wie andere Fundamentalisten war ich mir sicher, daß ich aufgrund biblischer Lehre zu diesem Glauben gekommen war.

Wenn ich auf diesen Lebensabschnitt zurückschaue, weiß ich heute, daß ich dies nicht glaubte, weil die Schrift es lehrte. Ich glaubte es, weil ich keine Wunder erlebt hatte, und ich brauchte für diesen Mangel eine biblische Rechtfertigung. Jenes zwanzigminütige Telefonat mit Dr. White brachte mich dazu, die Argumente der Gegner der Geistesgaben unvoreingenommen zu untersuchen. Und dieses Mal schienen mir diese Argumente so viel Kraft zu haben wie ein Spatz im Wirbelsturm. Was ich für mein stärkstes Argument gegen das Auftreten der übernatürlichen Geistesgaben heute angesehen hatte, entpuppte sich als meine »stärkste Schwäche«.

Nach meinem ersten Gespräch mit Dr. White war ich entschlossen, jede Bibelstelle zu Heilungen und Wundern nachzulesen, die es im Neuen Testament gab. Ich wollte genau wissen, was die Bibel über den Zweck der Wunder sagte! Was ich fand, überzeugte mich davon, daß Heilungen und Wunder nicht als etwas Vorübergehendes gedacht waren.

Wunder – unter die Lupe genommen

Als erstes bemerkte ich, daß es nur sehr wenige direkte Aussagen im Neuen Testament über den Zweck von Wundern gibt. Ich fand keine einzige Stelle, die in etwa sagt: »Gott schenkte die Wunder, um …« Ich entdeckte, daß der Zweck der Wunder manchmal durch Wörter angegeben wird, die eine »Funktion« ausdrücken und die Wunder begleiten. Markus sagt zum Beispiel, daß Wunder »bekräftigen« (Mk 16,20). Johannes sagt, sie »legen Zeugnis ab« (Joh 5,36). Petrus sagt, daß Jesus durch Wunder »beglaubigt« wurde (Apg 2,22). An anderen Stellen muß der Zweck der Wunder oft aus dem Kontext oder durch das Ergebnis des Wunders erschlossen werden.

Ein eindeutiger Zweck von Wundern bestand darin, den Charakter Jesu und seine Beziehung zu seinem himmlischen Vater zu bezeugen. In dieser Hinsicht zeigen die Wunder folgendes: Gott ist mit Jesus (Joh 3,2); Jesus ist von Gott ausgegangen (Joh 3,2; 9,32-33); Gott hat Jesus gesandt (Joh 3,2); Jesus hat auf Erden die Vollmacht, Sünden zu vergeben (Mk 2,10-11; Mt 9,6-7; Lk 5,24-25); Jesus ist von Gott anerkannt (Apg 2,22); der Vater ist in Jesus und Jesus im Vater (Joh 10,37-38; 14,11); in Jesus ist das Reich Gottes herbeigekommen (Mt 12,28; Lk 11,20) und Jesus ist der Messias (Mt 11,1-6; Lk 7,18-23) und Gottes Sohn (Mt 14,25-33).

Ein zweiter Zweck der Wunder war, die Botschaft über Jesus zu bezeugen. Dies war die Hauptfunktion von Wundern, soweit sie den Dienst der Apostel betrafen. Markus sagt, der Herr »bekräftigte die Verkündigung [durch die Predigt der Apostel] durch die Zeichen, die er geschehen ließ« (Mk 16,20).[4] Als Lukas den Dienst von Paulus und Barnabas in Ikonion beschrieb, sagte er, daß der Herr »Zeugnis [ablegte] für das Wort seiner Gnade, indem er durch die Hände der Apostel Zeichen und Wunder geschehen ließ« (Apg 14,3). Bitte beachten Sie, daß in beiden Texten der Herr nicht die Apostel selbst bestätigt, sondern vielmehr »die Verkündigung« beziehungsweise »das Wort seiner Gnade«, das die Apostel predigen. Zeichen und Wunder bezeugen nicht die Apostel, sondern die Botschaft der Erlösung, welche die Apostel predigen. Die beiden wichtigsten Dinge, die durch Wunder bezeugt werden, sind also der Herr Jesus und die Botschaft über den Herrn Jesus.

Als ich all diese Verweisstellen aufschlug, war ich erstaunt zu entdecken, daß keine einzige der angegebenen Stellen aussagte, die Wunder hätten die

Apostel bezeugt[5], bekräftigt[6] oder bestätigt.. Kurz gesagt, Wunder bestätigen die Apostel nicht! Und wenn wir über die Theologie des Neuen Testamentes nachdenken, ist dies auch völlig einleuchtend. Mit dem Kommen Jesu will Gott, daß alle Aufmerksamkeit auf seinen Sohn gerichtet ist. Die Hauptaufgabe des Heiligen Geistes ist, Jesus Christus zu erheben. Gott hat kein Interesse daran, seine Diener zu bezeugen, sondern vielmehr seinen Sohn und die Botschaft, die von ihm erzählt.

Ein Argument aus dem Korintherbrief

Manchmal berufen sich Leute auf den 2. Korintherbrief, Kapitel 12, Vers 12 als einen Text, der auszusagen scheint, daß Zeichen und Wunder die Apostel bestätigten. Manche Bibelübersetzungen vermitteln diesen Eindruck: »Das, woran man den Apostel erkennt, wurde mit großer Ausdauer unter euch vollbracht: Zeichen, Wunder und machtvolle Taten« (Einheitsübersetzung; vgl. ebenso die »Gute Nachricht«). Eine solche Übersetzung ist jedoch ungenau. Näher am griechischen Urtext ist in diesem Fall folgende Übersetzung: »Denn es sind ja die Zeichen eines Apostels unter euch geschehen in aller Geduld, mit Zeichen und mit Wundern und mit Taten« (Übersetzung nach Luther).

In diesem Vers benutzt Paulus das Wort »Zeichen« (*semeion*) auf zwei verschiedene Weisen. Der erste Gebrauch von »Zeichen« in dem Ausdruck »Zeichen eines Apostels« kann sich nicht auf Wunder beziehen, denn dann würde Paulus sagen, daß »die Wunder eines Apostels unter euch geschehen mit Zeichen und mit Wundern und mit Taten.« Was sollte der Sinn einer solchen Aussage sein? Paulus sagt jedoch nicht, daß Wunder »die Zeichen eines Apostels» sind, sondern daß »die Zeichen eines Apostels« von Zeichen, Wundern und Taten begleitet werden.[7] Hätte Paulus ausdrücken wollen, daß Zeichen und Wunder und Taten die Zeichen seines Apostelamtes sind, dann hätte er im Griechischen eine andere Satzkonstruktion gewählt.[8]

Was waren aber dann die Zeichen des Apostelamtes bei Paulus? Im Gegensatz zu den falschen Aposteln (2 Kor 11,13-15) beruft sich Paulus auf sein Leiden als einer Bestätigung seines Apostelamtes (2 Kor 11,16-33; vgl. Gal 6,17; 1 Kor 4,9-13; 2 Kor 6,3-10).[9] Hughes meint, das tadellose Leben des Paulus sei ein Zeichen für sein Apostelamt gewesen.[10] Plummer hält ferner die Effektivität der Predigten des Paulus, das heißt, die vielen Bekehrungen unter seinen Zuhörern für ein Zeichen seines Apostelamtes.[11] Zusätzlich zu diesen Zeichen nennt Martin noch die Berufung durch Gott (1 Kor 1,1; 2 Kor 1,1).[12]

Da Wunder von falschen Aposteln nachgemacht werden können, besteht Paulus, Martin zufolge,

> *»im Kapitel 12, Vers 12 darauf, daß solche Zeichen nicht das Hauptkriterium für die Entscheidung sind, ob jemand ein Apostel ist oder nicht. Statt dessen meint er, daß die wahren Zeichen eines Apostels – sein Leben und sein Dienst – die Zeichen sind, die am meisten Bedeutung haben. ... Zu sagen, daß ›Zeichen, Wunder und machtvolle Taten‹ die wichtigsten Merkmale eines Apostelamtes seien, steht der Lehre des Paulus in den Kapiteln 11-13 (wie auch in den Kapiteln 1-9) entgegen.«*[13]

Ich stimme mit Martins Schlußfolgerung überein, daß »die Taten des Paulus (in Vers 12) Begleiterscheinungen und nicht der Beweis seines authentischen Apostelamtes sind.«[14]

Als ich wirklich ernsthaft über den Gedanken nachdachte, die Wunder seien gegeben worden, um die Apostel und ihren Dienst zu bezeugen, sah ich, daß diese Idee nicht nur unbiblisch, sondern auch unlogisch war. Wenn der Hauptzweck von Zeichen, Wundern und Taten gewesen wäre, die Apostel zu bestätigen, warum haben dann Stephanus und Philippus Zeichen und Wunder getan? Wenn jemand behauptet, dies geschah, weil die Apostel Stephanus und Philippus die Hände aufgelegt hatten, so beantwortet dies noch nicht die Frage. Wenn der Hauptzweck der Wunder war, die Apostel zu bezeugen, warum sollte dann irgend jemand außer den Aposteln einen Auftrag haben, Zeichen und Wunder oder Taten zu tun? Warum hat Gott den Gemeinden die Gabe der Heilung und die Gabe, Wunder zu tun, gegeben (1 Kor 12,7-10; Gal 3,5)? Ich habe nie eine zufriedenstellende Antwort auf diese Frage gehört oder gelesen.

Mit dieser ganzen Argumentation kommt noch ein weiteres schwerwiegendes Problem. Gehen wir noch einmal ein paar Schritte zurück: Wenn die Wunder Jesu ausgereicht haben, um ihn als den Sohn Gottes zu bezeugen und um seine Botschaft zu bestätigen, warum mußten dann die Apostel Wunder tun? Die Standardantwort hierauf ist: Sie mußten Wunder tun, um zu zeigen, daß sie vertrauenswürdige Zeugen Jesu Christi und vertrauenswürdige Lehrer waren. Aber warum konnten sie dann nicht einfach über die Wunder predigen, wie das in einem Großteil der heutigen Kirche geschieht? Können wir heute nicht als vertrauenswürdige Zeugen angesehen werden, wenn wir keine Wunder tun? Und wenn wir so angesehen werden können, warum benötigten die Apostel dann Wunder? Die Reformatoren haben geantwortet, daß die Apostel mehr waren als nur einfache Zeugen, sie waren die inspirierten Verfasser der unfehlbaren Schrift. Die Wunder waren nötig, um das, was sie geschrieben hatten, als *die Schrift* zu bezeugen. Das ist die Annahme, die der ganzen Argumentation zugrundeliegen. Aber ist dies eine biblisch begründete Annahme? Waren Wunder nötig, um die Schrift zu bestätigen?

Beruht die Autorität der Bibel auf Wundern?

Keiner der Verfasser der Bibel hat sich jemals auf Wunder berufen, um den Anspruch zu untermauern, das Geschriebenc sei wahrhaftig die Heilige Schrift. Sie wußten mit Gewißheit, daß sie die Heilige Schrift verfaßten. Paulus, zum Beispiel, schrieb: »Wenn einer meint, Prophet zu sein oder geisterfüllt, soll er in dem, was ich euch schreibe, ein Gebot des Herrn erkennen« (1 Kor 14,37; vgl. 1 Thess 4,15). Paulus berief sich jedoch nicht auf die Wunder, die seinen Dienst begleiteten, um die Tatsache zu stützen, daß er die Heilige Schrift verfaßte. Auch Petrus tat dies nicht, als er sich auf Schriften des Paulus bezog und sie dabei unterschiedslos zu den heiligen Schriften rechnete (2 Petr 3,16).

Kein Text in der Bibel besagt, daß die Autorität der Schrift auf Wundern beruht! In Wirklichkeit ist es genau umgekehrt. Die Schrift ist der Prüfstein für Wunder, nicht Wunder ein Prüfstein für die Schrift. Selbst Mose hatte dies in seinen Tagen deutlich gemacht. Er warnte das Volk davor, ein Wunder oder Zeichen – angekündigt von einem Propheten oder Traumseher – zu akzeptieren, wenn es dem widersprach, was ihnen bereits offenbart worden war (Dtn 13,1-5). Wenn die Hauptfunktion der Wunder wäre, die Schrift zu bestätigen, wie sollten wir dann die Wunder eines falschen Propheten (Mt 7,15-23), eines falschen Messias und seiner Propheten (Mt 24,24) oder des Antichristen (2 Thess 2,9) prüfen?

Diese Theorie stimmt auch nicht mit dem tatsächlichen Kanon der Schrift überein. Wir haben Verfasser der Schrift, die keine Apostel waren und nie ein schriftlich fixiertes Wunder gewirkt haben! Dazu gehören Markus, Lukas und Judas (der »Bruder des Herrn«, auf den der Judasbrief zurückgeführt wird). Der Verfasser des Hebräerbriefes ist sogar anonym geblieben! Alle diese Verfasser waren keine Apostel, und über keinen von ihnen wird uns ein Wunder berichtet. Besitzen diese Bücher weniger Autorität als die Paulusbriefe? Wenn die Autorität der Schrift auf den Wundern beruht, die ihre Verfasser vollbracht haben, dann besäßen diese Teile der Bibel gezwungenermaßen eine geringere Autorität.

Wenn die Vertreter dieser Theorie antworten sollten, daß Lukas ein Freund und Mitstreiter des Paulus war und daß seine Schriften darum als inspiriert angesehen werden sollten, dann müßten sie die Idee aufgeben, daß Wunder notwendig sind, um die Authentizität der Schrift zu bestätigen. Sie müßten noch ein zweites Kriterium für die Zugehörigkeit zum Kanon hinzufügen: Freundschaft zu oder Mitarbeit bei den Aposteln. Dieses Kriterium für die Zugehörigkeit zum Kanon entbehrt ebenso jeder biblischen Grundlage. Sollten sie argumentieren, daß Petrus Markus beauftragte, das Markusevangelium zu schreiben, dann würden sie sich, statt auf die Schrift selbst, auf die Tradition verlassen. Dann wären sie aber in der unangenehmen Lage, daß die Tradition die Autorität der Bibel bestimmen würde, und die Schrift wäre dann nicht mehr unsere höchste Autorität.

Wie dem auch sei, wir besitzen fünf Bücher – das Markusevangelium, das Lukasevangelium, die Apostelgeschichte, den Brief des Judas und den Hebräerbrief –, die einen großen Anteil des Neuen Testamentes ausmachen und die nicht durch die Theorie erklärt werden können, daß Wunder nötig waren, um die Autorität der Bibel nachzuweisen.

Die orthodoxe Theologie vertritt schon seit langem die Meinung, daß die Autorität der Schrift nicht auf Wundern beruht. Die Autorität der Schrift beruht auf ihrem Schöpfer.[15] Obwohl es eine Reihe von Faktoren gibt, die helfen, daß wir uns von der Autorität der Schrift überzeugen lassen, werden wir letztlich durch das Zeugnis des Heiligen Geistes in uns von ihrer Autorität überzeugt.[16]

Waren Wunder notwendig, um die Kirche »in Gang zu setzen«?

Einige Leute lehren, daß die Wunder nötig waren, um der guten Botschaft im ersten Jahrhundert Gehör zu verschaffen. Sie sehen die Wunder und Heilungen Jesu und der Apostel als eine Art Initialzündung, um die Kirche »in Gang zu setzen« und der Botschaft der Evangelien Gehör zu verschaffen. Später, nachdem die Kirche etabliert war und die Botschaft ihren Platz unter den Weltreligionen gefunden hatte, konnte man auf diese Initialzündung verzichten, ohne daß dies für die Kirche ein großer Verlust gewesen wäre.
Thomas Edgar vertritt diese Haltung. Er schreibt:

> *»Zu Beginn befand sich die Kirche in einer anderen Situation als später, nach dem ersten Jahrhundert. Am Ende des ersten Jahrhunderts waren die Kirche und das Christentum in allen wichtigen Zentren der damals bekannten Welt etabliert.* [...] *In der Anfangsphase besaß das Christentums jedoch keinen Hintergrund, von menschlicher Perspektive aus gesehen. Die Botschaft war ungewöhnlich und erstaunlich. Ein Mann, der in einem sehr unbedeutenden Land hingerichtet worden war, wurde als der Sohn Gottes präsentiert, der für alle Menschen gestorben war; denen,*

die ihm vertrauten, würde Gott gewiß Gnade schenken, indem er ihnen ihre Sünden vergab. Nur wenige Menschen außerhalb Israels hatten jemals von Jesus gehört. Er starb, bevor die Kirche gegründet worden war. Er wurde bereits nach einer sehr kurzen Karriere hingerichtet. Solche Tatsachen zeigen uns wenigstens, mit welchen Schwierigkeiten die frühen Evangelisten zu kämpfen hatten. Wer konnte eine solche Botschaft annehmen?

Doch die übernatürlichen Gaben stellten diese ganze Botschaft in ein anderes Licht, denn die Wunder waren ein Beweis dafür, daß die Botschaft von Gott war. Die Situation hat sich seit dem ersten Jahrhundert grundlegend verändert. Missionare, die heute in Dschungelgebiete gehen, verweisen auf eine Person, die in der ganzen Welt berühmt ist, auf eine anerkannte Religion und eine religiöse Gestalt von Bedeutung, soweit es die Welt betrifft. Diese Missionare kommen aus Gruppen von Gläubigen in Ländern, in denen das Christentum vorherrscht. Es mag von vielen heute als hilfreich angesehen werden, wenn das Evangelium auf übernatürliche Weise bestätigt wird. Dies mag zutreffen oder auch nicht, da eine vollgültige und gut bezeugte Bestätigung bereits durch Christus und die Apostel gegeben wurde und immer noch von denen ignoriert wird, die in Ländern leben, wo diese Botschaft wohlbekannt ist. Doch es kann kaum ein Zweifel bestehen, daß die Notwendigkeit für eine Bestätigung am Anfang größer war als dies heute der Fall ist.«[17]

Mit anderen Worten, die gerade erst geborene Kirche brauchte Wunder, damit sie erwachsen werden konnte, doch die reife Kirche benötigt so etwas nicht mehr. Dieses Argument trägt einen Widerspruch in sich, den Edgar erst gar nicht zu lösen versucht. Wenn die Kirche im ersten Jahrhundert Wunder brauchte, um zu wachsen und sich auszubreiten, warum sollte sie dies im zwanzigsten Jahrhundert nicht mehr benötigen? Wenn Wunder damals für die Kirche gut gewesen waren, warum heute nicht mehr? Vor langer Zeit machte Warfield den Vorwurf, diese Erklärung sei unbiblisch.[18] Tatsächlich zitiert Edgar in seiner gesamten Darlegung nicht eine einzige Bibelstelle, um seine Theorie zu untermauern. Warfield zeigte außerdem auf, daß dieser ganze Gedankengang unlogisch war und verspottete ihn als »hilflos«.[19]

Edgars Erklärung ist auch deshalb falsch, weil sie Gottes Kraft durch weltliche Anerkennung ersetzt. Edgar behauptet, das Christentum brauchte die Kraft von Wundern nicht mehr, nachdem es »zu einer anerkannten Gruppierung mit einem *gewissen Maß an Reputation* geworden war« (Hervorhebung des Autors). Wer würde die übernatürliche Kraft Gottes eintauschen wollen gegen weltliche Reputation? Warfield, der auf eine etwas andere Version dieser Theorie antwortet, schreibt: »Es schien der Gedanke zu bestehen, daß die Kraft Gottes nicht mehr nötig war, nachdem erst einmal der Schutz durch die stärkste Macht auf Erden [d. h. das Römische Reich] gesichert war.«[20] Wo in der Bibel könnte man eine Aussage finden, die diesen Gedanken unterstützt?

Schließlich gibt es noch etwas an dieser Argumentation, das mich beunruhigt. Ich habe bereits festgestellt, daß eine der rechtmäßigen Funktionen der Wunder durch den Herrn und die Apostel war, Jesus und seine Botschaft zu bestätigen und zu bezeugen. Aber waren Wunder jemals notwendig, damit Menschen dem Evangelium Glauben schenken konnten? Edgar schreibt, als wäre dies der Fall gewesen, zumindest am Anfang der Kirchengeschichte. Warum? Nach Edgars Aussagen scheint die mangelnde historische Bekanntheit und die Neuheit der Botschaft des Evangeliums es nötig gemacht zu haben, daß sie durch Wunder bewiesen wurde. Er fragt: »Wer konnte eine solche Botschaft annehmen?«

Dies kommt einer Leugnung der im Wesen des Evangeliums beruhenden Kraft gefährlich nahe. Ohne Frage war das Evangelium, welches »die Kraft Gottes ist zu erlösen«, auch ohne Wunder wirksam genug. Ohne Frage mußte Gott keine Wunder tun, um seine Ziele zu erreichen.

Das größte Wunder, das es gibt, ist, daß Gott uns liebt und daß sein Sohn für uns gestorben ist. Diese Liebe zu uns ist ein unerklärliches Geheimnis, und wird dies auch immer bleiben. Das erstaunlichste übernatürliche Ereignis, das je stattgefunden hat, war die Menschwerdung und das Sterben des Sohnes Gottes anstelle der sündigen Menschheit, gefolgt von seiner körperlichen Auferstehung. Ohne Zweifel ist das größte Wunder dies: daß wir allein durch den Glauben an Jesus Christus das ewige Leben geschenkt bekommen. Ohne Zweifel ist die größte Kraft, die ein Mensch je erleben kann, die Kraft des Kreuzes Jesu Christi. Durch das Kreuz erhalten wir nicht nur Vergebung, sondern auch den Zugang zur herrlichen Gegenwart Gottes.

Die Macht der Sterbens Jesu ist so groß, daß kein Christ in irgendeiner Gebundenheit leben muß. Kein Christ muß Süchten, Zorn, Sünde, Angst, Tod oder dem Satan unterworfen sein. Ohne Zweifel ist diese gute Nachricht die beste, die uns je erreicht hat. Ohne Zweifel ist diese Botschaft gewaltiger als jedes Wunder, von dem sie begleitet wird. Ohne Zweifel ist das Evangelium in der Lage, die Herzen der Menschen in seinen Bann zu schlagen, ohne dafür die Bestätigung durch Wunder zu benötigen!

Als ich siebzehn Jahre alt und ziemlich rebellisch war, wurde mein Herz völlig von Jesus ergriffen, als mir ein Freund von der unvorstellbaren Gnade der guten Botschaft des Evangeliums erzählte. Ich wußte nichts vom Rest des Neuen Testamentes, nichts von den übrigen Wundern, und doch wurde ich in dieser Nacht des 18. Dezember 1965, um zwei Uhr morgens allein durch den Glauben an den Herrn Jesus Christus eine »neuen Schöpfung«. Der Apostel Paulus schreibt über das Evangelium, daß es genau dies erreichen werde:

> »Denn ich schäme mich des Evangeliums nicht: Es ist eine Kraft Gottes, die jeden rettet, der glaubt, zuerst den Juden, aber ebenso den Griechen. Denn im Evangelium wird die Gerechtigkeit Gottes offenbart aus Glauben zum Glauben, wie es in der Schrift heißt: Der aus Glauben Gerechte wird leben« (Röm 1,16-17).

Paulus hatte ein außerordentliches Vertrauen in das gewaltige und herrliche Evangelium Jesu Christi. Er setzte sein Vertrauen nicht auf Wunder, auf menschliche Fähigkeiten oder gar in die Göttlichkeit des Menschen. Diese gute Botschaft ist die herrlichste, die jemals von Menschen gehört wurde. Sie ist die einzige Antwort auf das Dilemma des Menschen.

Edgar fragt: »Wer konnte eine solche Botschaft annehmen?« Lydia und ihre Familie hatten überhaupt keine Probleme, diese Botschaft anzunehmen, als Paulus sie ohne irgendein begleitendes Wunder predigte (Apg 16,14-15). Im ersten Jahrhundert war der Heilige Geist durchaus in der Lage, Umkehr und Glauben auch ohne Wunder hervorzubringen (Joh 16,8). Der Dienst Johannes des Täufers führte ebenso zu Sündenerkenntnis und Umkehr, aber Johannes tat keine Wunder (Joh 10,41). Selbst die Weltreligionen und die Kulte wurden ins Leben gerufen und blühen, ohne die Kraft von Wundern. Wollen wir ernsthaft etwas geringeres von der Kraft des Evangeliums Jesu Christi behaupten?

Ich glaube, daß Wunder in der Tat eine zeugnishafte Funktion haben, und ich werde später argumentieren, daß sie durchaus Türen öffnen können für die Predigt des Evangeliums und sogar Menschen zur Umkehr bewegen können. Doch die einfache Predigt des Evangeliums konnte und kann all dies jederzeit auch ohne Wunder bewirken. Wenn Gott Wunder schenkt, um die Predigt des Evangeliums zu bestätigen, geschieht dies auf der Basis der Gnade und nicht aus einer »Zwangslage«, um die Schwächen der guten Botschaft des Evangeliums wettzumachen. Wunder sind ein Gnadengeschenk Gottes, welches viele Funktionen haben kann, aber wir sollten nie eine Funktion herausdestillieren und sie als den höchsten und notwendigen Zweck für Wunder ansehen, wenn wir dafür keinen klaren biblischen Beweis haben.

Die Evangelien und die Apostelgeschichte als Beleg für Wunder in der heutigen Zeit

Es wurde gesagt, wir können die Evangelien und die Apostelgeschichte nicht als Beleg dafür verwenden, daß Gott auch heute noch heilt oder Wunder tut, weil sie Bücher des »Übergangs« waren. Die Apostelgeschichte gibt uns einen Bericht vom Übergang aus dem Zeitalter des Alten Testamentes in das Zeitalter des Neuen Testamentes. Sie zeigt uns die Kirche in ihrer Geburtsstunde, ihrer »Phase der Unreife«. Daher können wir auf der Basis der Apostelgeschichte – so wird jedenfalls behauptet – nicht feststellen, was im Leben der Kirche das Normale sein soll. Wir können nur feststellen, was *in dieser* unreifen Phase das Normale war. Vor allem können wir aus der Apostelgeschichte keine fest umrissenen Lehren ablesen. Die kirchliche Lehre könne nur aus den Paulusbriefen gewonnen werden.

Wenn dieses Argument zuträfe, würde es tatsächlich bedeuten, daß die Evangelien und die Apostelgeschichte uns nichts über Jesu Einstellung zu Heilungen und Wundern in der heutigen Zeit sagen können. Diese würden dann nur seine Haltung zur Zeit der Geburt der Kirche wiedergeben. Dieses Argument ist aus einer Reihe von Gründen falsch.

Erstens haben Theologen die Evangelien und die Apostelgeschichte immer für Lehraussagen herangezogen. Zum Beispiel haben reformierte Theologen seit den Tagen Calvins gerne die Stellen aus dem Johannesevangelium, Kapitel 6, Vers 44 und der Apostelgeschichte, Kapitel 13, Vers 48 benutzt, um die Lehre von der bedingungslosen Erwählung zu beweisen. Ebenso berufen sich die Anhänger des Dispensationalismus auf die Evangelien und die Apostelgeschichte, um ihre Lehre zu stützen. Das Johannesevangelium, Kapitel 1, Vers 17 wird von ihnen benutzt, um zu beweisen, daß es eine klare Unterscheidung zwischen den beiden »göttlichen Fügungen« (*dispensations*) des Gesetzes und der Gnade gibt. Professoren der Missions- und Evangelisationsgeschichte benutzen regelmäßig die Evangelien und die Apostelgeschichte, um über Mission und Evangelisation zu lehren. Die Evangelien und die Apostelgeschichte sind die Hauptquellen unserer Christologie. Sie sind Hauptquellen, wenn es darum geht, wie sich das Neue Testament auf das Alte bezieht. Die Apostelgeschichte ist ebenso wichtig, um festzulegen, was wir über die Leitung der Kirche glauben (vgl. Apg 20,17ff). Es ist einfach falsch zu behaupten, daß wir die Evangelien und die Apostelgeschichte nicht für dogmatische Fragen heranziehen können. Jeder tut dies.

Was dieses Argument eigentlich sagen will, ist, daß wir die Evangelien und die Apostelgeschichte nicht heranziehen dürfen, um eine Lehre über außerordentliche Ereignisse in der heutigen Kirche zu entwickeln. Mit anderen Worten, diejenigen, die dieses Argument benutzen, lesen die Apostelgeschichte von vornherein mit einer gegen das Übernatürliche eingestellten Hermeneutik.

Lassen Sie mich erklären, was ich damit meine, und es dann an Beispielen erläutern.

Hermeneutik ist die Wissenschaft der Interpretation, oder Auslegung. Sie befaßt sich mit den Regeln der Interpretation, das heißt mit der Frage, wie wir die Schrift (oder jeden anderen geschriebenen Text) interpretieren sollen. Eine gegen das Übernatürliche eingestellte Hermeneutik ist ein System der Auslegung, das die übernatürlichen Elemente der Bibel eliminiert. Deutsche liberale Theologen wie Bultmann haben dies getan, indem sie die Wunder des Neuen Testamentes »entmythologisiert« haben. Sie behaupten, die Wunder hätten überhaupt nicht stattgefunden; sie seien nur Geschichten, die man erfunden hätte, um den Mythen, die im antiken Nahen Osten verbreitet waren, Ausdruck zu verleihen.

Konservative Autoren, die es sich nie träumen lassen würden, die Schrift auf so anmaßende Art zu behandeln, haben auf andere Weise genauso eine gegen das Übernatürliche eingestellte Hermeneutik angewandt. Sie besitzen ein Interpretations-System, welches besagt, daß all diese Wunder damals geschahen, aber nicht für die heutige Zeit gedacht seien.

Wenn mir zum Beispiel einer meiner Studenten gesagt hätte, er wolle Missionar werden und Gemeinden gründen, weil er durch sein Studium der Lebensgeschichte des Paulus in der Apostelgeschichte dazu inspiriert worden sei, so hätte er meinen Segen dazu gehabt. Ich hätte keine Bedenken gehabt zu glauben, daß Gott die Lebensgeschichte des Paulus in der Apostelgeschichte dazu gebrauchen kann, einen jungen Mann dazu zu inspirieren, Missionar zu werden und Gemeinden zu gründen. Ich hätte dies als eine zulässige Anwendung der Schrift angesehen. Doch wäre der gleiche Student zu mir gekommen und hätte gesagt, er wolle, nachdem er die Apostelgeschichte gelesen habe, daß Gott ihn in einen Heilungsdienst sendet, so hätte ich ihn sofort zurechtgewiesen. Ich hätte ihm gesagt, daß dies eine falsche Anwendung der Schrift sei. Mit anderen Worten, ich hätte ein interpretierendes System angewandt, das besagt: »Du darfst Elemente in den Evangelien und der Apostelgeschichte nachzuahmen versuchen, die nicht übernatürlich sind, aber nicht die übernatürlichen Elemente.«

Ich habe früher die Evangelien und die Apostelgeschichte durch einen Filter gelesen, der von einer gegen das Übernatürliche eingestellten Hermeneutik gesteuert wurde. Jedesmal wenn ich auf eine übernatürliche Geschichte stieß, stimmte dieser Filter zwar zu, daß diese Geschichte wirklich geschehen sei, aber jegliche Anwendung des Übernatürlichen in dieser Bibelstelle auf die heutige Zeit wurde herausgefiltert.

Wie rechtfertigt man eine solche gegen das Übernatürliche eingestellte Hermeneutik? Wo in der Schrift wird uns gesagt, die Bibel so auszulegen? Wo in der Schrift wird uns eine Hermeneutik gegeben, die besagt, daß man die Dinge nachahmen darf, die nicht dem Übernatürlichen angehören, aber die übernatürlichen Ereignisse darf man nicht nachmachen wollen oder erwarten, daß sie in heutiger Zeit geschehen?

Dieses Argument ist noch aus einem zweiten Grund falsch. In der antiken Welt, besonders in der antiken Welt des Nahen Osten, der die Bibel angehörte, war die allgemein verbreitete Art der theologischen Kommunikation das Erzählen von Geschichten. Geschichten wurden geschrieben, um theologische Dogmen weiterzugeben. Manchmal behandeln moderne Autoren die Evangelien und die Apostelgeschichte so, als wären sie nur ein »Zeitungsbericht« über das, was damals geschah. Sie sind eindeutig mehr als das; sie sind selbst Theologie. Als Lukas das Evangelium und die Apostelgeschichte schrieb, wählte er sein Material genau aus, um seine Zuhörer ganz bestimmte theologische Wahrheiten zu lehren.[21]

Dies ist auch heute noch in der östlichen Welt verbreitet. Ich kam gerade von einer großen Konferenz in Singapur nach Hause. Einer der Pfarrer dort hatte mir gesagt, daß es bei einem der chinesischen Familienväter in seiner Gemeinde üblich sei, daß er die theologischen Fragen seiner Kinder mit einer Geschichte beantwortet. Wenn wir uns überlegen, wieviel des Alten und Neuen Testamentes aus erzählender Literatur besteht, müssen wir zu dem Schluß kommen, daß Gott diese theologische Unterrichtsmethode wohl auch sehr gut gefallen hat.

In einer Ausgabe der Einheitsübersetzung machen die Evangelien und die Apostelgeschichte hundertsechsundsiebzig Seiten aus, die paulinischen Briefe sechsundsiebzig Seiten, die übrigen Briefe fünfzig Seiten und die Offenbarung zweiundzwanzig Seiten. Die Evangelien und die Apostelgeschichte machen also etwa vierundfünfzig Prozent des Neuen Testamentes aus. Alle Briefe zusammengenommen machen etwa siebenunddreißig Prozent aus. Wenn das Argument stimmen würde, daß wir die Evangelien und die Apostelgeschichte nicht als Quellen für theologische Lehren heranziehen dürfen, dann müßten wir buchstäblich gut die Hälfte des Neuen Testamentes als dogmatisch wertlos ansehen. Dann blieben uns nur noch siebenunddreißig Prozent des Neuen Testamentes, um daraus die Lehren unseres Glaubens abzuleiten!

Natürlich glaubt dies kein Mensch. Sie meinen nur, man könne die Evangelien und die Apostelgeschichte nicht benutzen, um die Bedeutung der Wunder für die heutige Kirche festzustellen. Und das ist eine völlig willkürliche Entscheidung. Sie basiert nicht auf den Aussagen der Bibel, sondern auf persönlichen Vorurteilen.

Ein dritter Grund, warum dieses Argument falsch ist, liegt in seinem Widerspruch zur Schrift. Der Apostel Paulus sagt: »Denn alle Schrift, von Gott eingegeben, ist nütze zur Lehre [!], zur Zurechtweisung, zur Besserung, zur Erziehung in der Gerechtigkeit« (2 Tim 3,16; Übersetzung nach Luther). Paulus sagt hier: Alle Schrift – nicht nur die Briefe, sondern auch die Evangelien und die Apostelgeschichte – ist zur Lehre nütze.

Jenes Argument widerspricht der Schrift noch in einer anderen Hinsicht. Mindestens sechsmal fordert Paulus die Christen in seinen Briefen auf, seinem Beispiel zu folgen, so wie er dem Beispiel Christi folgt; beziehungsweise er heißt es gut, daß andere seinem Beispiel folgen (1 Kor 4,16-17; 11,1; Phil 3,17; 4,9; 1 Thess 1,6; 2 Thess 3,9). Paulus macht keine Unterscheidung zwischen den Elementen in seinem Leben, die übernatürlich waren und denen, die nicht als übernatürlich angesehen werden. Paulus versucht, Christus ähnlich zu werden. Christus hatte in seinem Leben übernatürliche Elemente, und so war es auch bei Paulus. Sollten wir nur die nicht-übernatürlichen Elemente im Leben von Jesus und Paulus nachzuahmen versuchen? Sollen beide nur ein Beispiel für ein moralisch einwandfreies Leben sein, aber nicht auch für einen Dienst mit übernatürlichen Folgen? Paulus macht eine solche Unterscheidung nicht, wenn er uns ermahnt, ihm nachzueifern.

Wir dürfen nicht vergessen, daß die Apostelgeschichte der einzige inspirierte Bericht ist, den wir über Kirchengeschichte besitzen, beziehungsweise jemals besitzen werden! Dies ist der einzige Zeitraum der Kirchengeschichte, bei dem wir völlig sicher sein können, daß unsere Aufzeichnungen darüber hundertprozentig richtig sind. Es ist der einzige Zeitraum in der Kirchengeschichte, von dem wir mit absoluter Sicherheit wissen, welche Meinung Gott zum Leben und Dienst der Kirche hat.

Die Apostelgeschichte ist die beste Quelle, die wir besitzen, um zu zeigen, wie das normale Leben in der Gemeinde aussehen soll, wenn der Heilige Geist gegenwärtig ist und in der Kirche wirkt. Hier finden wir eine Kirche, die eine Leidenschaft für Gott besitzt, die zu Opfern bereit ist – selbst bis hin zum Märtyrertod –, und es ist eine Kirche, die Wunder tut. Warum sollten wir glauben, daß Gott heute eine andere Kirche möchte? Gibt es jemanden, der ernsthaft die Kirche zu Calvins Zeiten oder die Kirche des zwanzigsten Jahrhunderts als das Modell für ein normales Gemeindeleben vorziehen würde?

Erinnern Sie sich an etwas, das ich weiter oben gesagt habe: Wenn man einen Neubekehrten nehmen würde, der vor seiner Bekehrung noch nichts über die Geschichte des Christentums oder das Neue Testament gehört hat, und ihn eine Woche lang mit einer Bibel in ein Zimmer sperren würde, käme er mit dem Glauben wieder heraus, er gehöre zu einer Gemeinschaft, die den

Herrn Jesus Christus leidenschaftlich liebt und die fortwährend Wunder erlebt und tut. Es bräuchte einen cleveren Theologen ohne Erfahrungen mit dem Übernatürlichen, um diesen frisch Bekehrten eines anderen zu belehren.

Welchen Zweck wir auch den Wundern des Neuen Testamentes zumessen, wir können nicht behaupten, Gott habe sie aus Notwendigkeit getan, um die Mängel der frühen Predigt des Evangeliums wettzumachen. Die Heilungen und Wunder entspringen ganz der Gnade Gottes. Die gute Botschaft wäre auch ohne irgendwelche Wunder geglaubt worden. Wir können auch nicht behaupten, daß Gott Wunder tat, um die Apostel zu bestätigen oder die Autorität der Schrift zu beweisen.

Doch das gesamte Neue Testament – einschließlich der Evangelien und der Apostelgeschichte – offenbaren, daß Gott Wunder getan hat, Menschen geheilt hat, und er verfolgte mit diesen Aktivitäten wichtige Ziele. Diese Ziele werden wir in den nächsten zwei Kapiteln genauer erkunden.

Kapitel 9

Warum heilt Gott?

Vor über achtzehn Jahren, an einem Freitag nachmittag, fanden wir heraus, daß meine Frau mit einem Kind schwanger war, das später unser ältester Sohn werden sollte. Wir feierten dieses Ereignis Freitag abend zusammen mit unserer Familie, doch Samstag morgen mußte Leesa plötzlich zum Arzt gebracht werden, weil die Gefahr einer Fehlgeburt bestand. Der Arzt, der auch ein guter Freund von uns war, sagte: »Ich will ehrlich sein. Ich weiß, wie sehr ihr euch auf dieses Kind gefreut habt, aber mit ziemlicher Wahrscheinlichkeit wird diese Schwangerschaft mit einer Fehlgeburt enden. Ich werde Leesa eine passende Medizin und Bettruhe verschreiben, aber ich glaube nicht, daß das viel helfen wird. Ich möchte nicht, daß ihr euch falsche Hoffnungen macht.«

Später am selben Tag saßen wir in unserem kleinen Apartment auf dem Sofa und weinten nur. Wir erlebten all die Emotionen, die mit einer solchen Tragödie verbunden sind. Doch dann kam mir mitten in all dem Schmerz ein Gedanke: »Moment mal. Bei theologischen Fragen vertraue ich doch auch nicht der Meinung eines einzelnen; warum sollte ich in der Medizin der Diagnose eines einzelnen Arztes vertrauen?«

Ich hatte noch einen weiteren Freund, der Arzt war und in einem anderen Bundesstaat lebte. Er hatte ein Lehrbuch über Gynäkologie geschrieben. Ich rief meinen Freund an und sagte: »Wir kommen gerade vom Arzt, und er meint, Leesa könne eine Fehlgeburt erleiden. Ich würde gerne deine Meinung dazu hören.«

»Welche Symptome zeigt sie?«, fragte mein Freund.

Ich beschrieb die Symptome.

»Die Diagnose ist korrekt. Mit achtzigprozentiger Wahrscheinlichkeit wird dieses Kind, falls es zur Welt kommt, so schwere körperliche oder geistige Schäden davontragen, daß ihr euer Leben und euer Geld dafür verwenden müßtet, für dieses Kind zu sorgen. Mit sehr großer Wahrscheinlichkeit wird Leesa eine Fehlgeburt haben, und letztendlich mag das ein Segen des Herrn sein. Ihr seid beide jung und ihr könnt auch weiterhin Kinder haben. Wenn ihr keine Christen wärt, würde ich euch sagen, das sei die Art, wie die Natur etwas vernichtet, das nicht stark genug ist zu leben. Aber weil ihr Christen seid, sage ich euch, daß Gott euch eine Menge Leid und Kosten erspart, wenn er zuläßt, daß dieses Kind abgestoßen wird.«

Vor achtzehn Jahren fand ich in diesen Worten Trost und fand mich damit ab, daß wir dieses Kind verlieren würden. Mit dem, was ich heute über das Wesen Gottes weiß, über seine Ziele und seine Kraft, würde ich in solchen Worten niemals Trost finden; und ich würde mich nicht damit abfinden, dieses Kind zu verlieren. Doch damals war ich ein anderer Mensch, mit einer »kleineren« Theologie und mit viel mehr Begrenzungen Gott gegenüber.

Ich legte den Telefonhörer auf und ging zu Leesa zurück. Ich wollte, daß auch sie in diesen Worten Trost fand. Sie saß immer noch weinend auf dem Sofa. Ihr Gesicht war rot und geschwollen, ihre Nase lief und ihre Augen waren fast geschlossen, so angeschwollen waren sie. Ich sagte: »Leesa, es wird alles gut werden. Ich habe gerade noch mit einem anderen Arzt gesprochen.« Dann erzählte ich ihr alles, was unser Freund gerade am Telefon gesagt hatte. Aber es schien, als würde Leesa gar nicht mitbekommen, was ich sagte.

Ich dachte, sie sei vielleicht zu aufgeregt, um zuzuhören. Also beugte ich mich näher zu ihr und wiederholte das Ganze noch einmal lauter. Noch immer weigerte sie sich, mich zur Kenntnis zu nehmen. Da wurde ich wütend, weil sie einfach nicht auf die Stimme der Vernunft hören wollte.

Doch ihre eigene Wut setzte meiner ein Ende. Obwohl ihre Augen dick angeschwollen waren, blitzte ihre Wut deutlich hervor. Sie sagte: »Es ist mir egal, was du sagst. Um nichts in der Welt könnte ich glauben, daß es ein Segen sein soll, dieses kleine Baby zu verlieren. Ich liebe dieses Kind von ganzem Herzen. Es wäre das Allerschlimmste, was mir passieren könnte, wenn ich dieses Kind verlieren würde. Mir ist egal, wie behindert dieses Kind ist oder auf welche Weise es zur Welt kommt. Ich werde mich den Rest meines Lebens um dieses Kind kümmern, wenn Gott es mir nur schenkt.«
Ich war völlig vor den Kopf gestoßen. Auch hatte ich das Gefühl, daß ich mich hier auf heiligem Boden bewegte. Ich beschloß, daß es besser sei, nichts mehr zu sagen, obwohl ich die Gefühle meiner Frau für dieses kleine Baby nicht verstehen, geschweige denn teilen konnte.

Wie konnte sie so für ein ungeborenes Kind empfinden? Sie wußte erst seit etwas mehr als vierundzwanzig Stunden, daß sie schwanger war. In diesen vierundzwanzig Stunden hatte dieses Kind ihr nichts anderes eingebracht als Übelkeit und eine lebensbedrohliche Situation. Und nun sagte sie mir, das

Allerschlimmste, was ihr passieren könne, wäre, dieses Kind zu verlieren? Woher nahm sie diese Liebe? Woher kam diese Barmherzigkeit? Während ich erstaunt dasaß und über diesen Fragen brütete, explodierte das Wort *raham* in meinem Verstand, als habe ein Engel aus dem Hinterhalt auf mich geschossen.

Gottes Barmherzigkeit wurde im Alten Testament meist mit dem hebräischen Wort *raham*, »Mutterleib«, ausgedrückt.[1] Warum in aller Welt benutzten die Hebräer das Wort »Mutterleib«, um Gottes Barmherzigkeit auszudrücken? Wahrscheinlich kam es daher, weil die hebräischen Ehemänner beobachteten, welche intensiven Gefühle ihre schwangeren Frauen den ungeborenen Kindern in ihrem Mutterleib entgegenbrachten. Sie wußten, daß ihre Frauen Gefühle und Zuneigung zu diesen Kindern empfanden, die sie noch nicht empfinden konnten.

Im Geist schaute ich zum Himmel auf und sagte: »Gott, dies ist nicht nur das Gefühl meiner Frau diesem ungeborenen Kind gegenüber, so fühlst du uns gegenüber, nicht wahr?«

Sehen Sie, wir sind wie dieses Kind im Mutterleib. Wir sind ethisch gesehen hilflos und unser Leben hängt ganz von Gott ab. Das Kind, das Leesa trug, hatte ihr Schmerzen verursacht und ihr Leben bedroht. Auch wir haben Gott Schmerzen bereitet. Und wir haben das Leben seines Sohnes nicht nur in Gefahr gebracht, wir haben ihn sogar getötet. Und doch läßt sich unser himmlischer Vater immer noch von unserem Leid berühren. Er haßt es, selbst »einen von diesen Kleinen« zu verlieren (Mt 18,6). Weil Gott barmherzig ist, hat er eine starke Sehnsucht nach seinem Volk und verlangt danach, den Seinen in allen Schwierigkeiten zu helfen.

Wenn Leute versuchen, mir beizubringen, daß Gott heute nicht mehr oder nur noch selten heilt, dann möchte ich sie fragen: »Wo ist die Barmherzigkeit des Herrn geblieben? Ist Jesus Christus in unseren Gemeinden nicht mehr gegenwärtig? Sieht er unseren Schmerz nicht mehr? Kümmert er sich nicht mehr um die Familien, deren Angehörige in psychiatrischen Kliniken sind oder deren Kinder mit verkrüppelten Körpern geboren werden?« Ich glaube, daß sich seine Barmherzigkeit in keinster Weise geändert hat. Ich glaube, er ist heute noch genauso bereit wie im ersten Jahrhundert, nicht nur unsere Seele, sondern auch unseren Körper anzurühren. Ich denke, die Kirche hat sich verändert, nicht Gott.

In diesem Kapitel möchte ich nicht nur Gottes Barmherzigkeit anschauen, sondern auch einige der übrigen Gründe, warum er in der Vergangenheit geheilt hat und warum er heute noch heilt.

Gott heilt aus Barmherzigkeit und Erbarmen

Der Heilungsdienst Jesu geschah aus Barmherzigkeit. Ein typisches Ereignis wird im Matthäusevangelium, Kapitel 14, Verse 13 und 14 geschildert:

> »Als Jesus all das hörte, fuhr er mit einem Boot in eine einsame Gegend, um allein zu sein. Aber die Leute in den Städten hörten davon und gingen ihm zu Fuß nach. Als er ausstieg und die vielen Menschen sah, hatte er Mitleid mit ihnen und heilte die Kranken, die bei ihnen waren.«

Barmherzigkeit bewegte Jesus dazu, Aussätzige (Mk 1,41-41), den besessenen Jugendlichen (Mk 9,22), den Blinden (Mt 20,34) zu heilen und sogar Tote aufzuerwecken (Lk 7,11-17). Die Speisung der Viertausend im Matthäusevangelium ist nicht von Jesu Verlangen her motiviert zu beweisen, daß er das Brot des Lebens ist, sondern kommt von seinem Mitgefühl für die Menge (Mt 15,32). Ähnlich verhält es sich, als Jesus den Blinden (Mt 9,27-31; 20, 29-34), den Besessenen (Mt 15,22-28; 17,14-21) und die Aussätzigen (Lk 17,13-14) heilt, weil sie zu ihm um Erbarmen flehten. Selbst die Heilung des Menschen im Neuen Testament, der am schlimmsten von Dämonen besessen war, wird letztlich dem Erbarmen Gottes zugeschrieben (Mk 5,19).

Allein die Zahl der soeben genannten Texte macht deutlich, daß Gottes Barmherzigkeit und Erbarmen wichtige Faktoren bei den Heilungen im Neuen Testament waren.[2] Während Jesus auf den staubigen Straßen Palästinas wanderte, war er angerührt von den Schmerzen und Krankheiten der Menschen um ihn herum. Er schreckte nicht voller Abscheu vor denjenigen zurück, deren Körper vom Aussatz zerfressen waren. Er legte sogar seine Hände auf ihre infizierten Körper und heilte sie. Er ließ sich von Herzen ergreifen, als er den Begräbniszug beobachtete, der den einzigen Sohn einer Witwe zu Grabe trug. Als sie den Lahmen und den Blinden und den Verkrüppelten zu ihm brachten, stand er nicht unnahbar über ihren Schmerzen. Er lieferte ihnen keine theologischen Platitüden; er heilte sie.

Christi Barmherzigkeit für die Kranken und die Leidenden zu begreifen, hat bedeutende praktische Auswirkungen. Ich treffe oft Menschen, die mit großem Enthusiasmus für Kranke beten. Sie widmen jede Woche einen beträchtlichen Teil ihrer Zeit dem Gebet mit den Leidenden. Aber manche von ihnen erleben nur sehr wenige Heilungen. Nach einem kurzen Gespräch ist es meist nicht schwer zu verstehen, warum sie so wenig Erfolg haben. Oft ist ihre Hauptmotivation beim Gebet mit den Kranken, daß sie etwas Aufregendes, Übernatürliches erleben wollen oder daß sie ihren theologischen Gegnern beweisen wollen, daß Gott doch noch heilt.

Dies sind keine Motive, die dem Neuen Testament entsprechen. Gott hat nichts damit zu schaffen, unsere Sehnsüchte nach etwas Spannendem zu erfüllen oder einigen seiner Kinder dabei zu helfen, andere bei einer Diskussion zu besiegen. Was ihn bewegt, ist die Barmherzigkeit. In dem Maße, wie Sie seine Barmherzigkeit für die Kranken und Leidenden mitfühlen können, können Sie zu einem Gefäß werden, durch das die heilende Kraft Jesu fließen kann. Wenn Sie wirklich in einen Heilungsdienst geführt werden wollen, dann bitten Sie Ihren himmlischen Vater, daß er Sie seine Barmherzigkeit für die Leidenden spüren läßt.

Wer behauptet, Jesus habe der heutigen Kirche seinen Heilungsdienst entzogen, der behauptet, Jesus habe der Kirche auch seine Barmherzigkeit entzogen. Doch wenn wir an einen barmherzigen Heiland glauben, dann sollten wir Vertrauen haben, daß er auch heute noch das Verlangen hat, in seiner Kirche Heilungen zu schenken.

Gott heilt, um sich und seinen Sohn zu verherrlichen

Manchmal wird als Grund für eine Heilung festgehalten, daß sie zu Gottes Ehre geschah. Das war einer der Hauptgründe, warum Lazarus von den Toten auferweckt wurde. Jesus sagte seinen Jüngern: »Diese Krankheit wird nicht zum Tode führen, sondern dient der Verherrlichung Gottes: Durch sie soll der Sohn Gottes verherrlicht werden« (Joh 11,4). Und dann sagte er zu Martha: »Habe ich dir nicht gesagt: Wenn du glaubst, wirst du die Herrlichkeit Gottes sehen?« (Joh 11,40). Natürlich hat dieses Wunder auch gezeigt, daß Jesus die Auferstehung und das Leben ist, aber der Zweck, der hier herausgestellt wird, ist die Verherrlichung Gottes. Und diese beiden Ziele widersprechen sich ja auch nicht. Als Jesus Lazarus von den Toten auferweckte, zeigte er, daß er die Auferstehung und das Leben ist, und dadurch wurden Gott und der Sohn Gottes verherrlicht.

Den gleichen Sinn sehen wir auch bei den Heilungen der Apostel. Petrus erklärt die Heilung des Gelähmten an der »Schönen Pforte« auf folgende Weise:

> »Als Petrus das sah, wandte er sich an das Volk: Israeliten, was wundert ihr euch darüber? Was starrt ihr uns an, als hätten wir aus eigener Kraft oder Frömmigkeit bewirkt, daß dieser gehen kann? Der Gott Abrahams, Isaaks, und Jakobs, der Gott unserer Väter, *hat seinen Knecht Jesus verherrlicht,* den ihr verraten und vor Pilatus verleugnet habt, obwohl dieser entschieden hatte, ihn freizulassen« (Apg 3,12-13; Hervorhebung des Autors).

Diese Heilung erfüllte den gewünschten Zweck, denn Lukas schreibt später über das Volk, daß »alle Gott wegen des Geschehenen priesen« (Apg 4,21).

Dies war eine normale Reaktion unter denen, die den übernatürlichen Dienst Jesu erlebten. Sie antworteten oft, indem sie den Gott Israels priesen und verherrlichten. So erzählt uns zum Beispiel Matthäus:

> »Da kamen viele Menschen und brachten Lahme, Krüppel, Blinde, Stumme und viele andere Kranke zu ihm; sie legten sie vor ihn hin, und er heilte sie. Als die Menschen sahen, daß Stumme plötzlich redeten, Krüppel gesund wurden, Lahme gehen und Blinde sehen konnten, waren sie erstaunt *und priesen den Gott Israels*« (Mt 15,30-31; Hervorhebung des Autors).

Dies ist ein häufiges Thema im Lukasevangelium. Die Leute priesen Gott, als sie sahen, wie Jesus den Gelähmten heilte, der durch das Dach heruntergelassen wurde (Lk 5,24-26), als Jesus den Sohn der Witwe von Naïn von den Toten auferweckte (Lk 7,16), als er die Frau heilte, deren Rücken seit Jahren von einem Dämon verkrümmt worden war (Lk 13,13.17) und als er den Blinden heilte (Lk 18,42-43). Lukas bringt dieses Thema zu einem angemessenen Abschluß, indem er schreibt: »Als er an die Stelle kam, wo der Weg vom Ölberg hinabführt, begannen alle Jünger freudig und mit lauter Stimme Gott zu loben wegen all der Wundertaten, die sie erlebt hatten« (Lk 19,37).

Jesus erwartete sogar, daß die Menschen, die die heilende Kraft Gottes erfahren hatten, ihn priesen. Nach der Heilung der zehn Aussätzigen, von denen nur einer zurückkehrte, um Jesus zu danken, sagte Jesus: »Es sind doch alle zehn rein geworden. Wo sind die übrigen neun? Ist denn keiner umgekehrt, um Gott zu ehren, außer diesem Fremden? (Lk 17,17-18).

Die Wunder, die Jesus in der Natur vollbrachte, dienten ebenfalls dazu, Gott zu verherrlichen. Johannes sagt, als Jesus Wasser in Wein verwandelte, habe dies seine Herrlichkeit offenbart (Joh 2,11).[3] Alle diese Texte zeigen, daß Wunder nicht nur geschenkt wurden, um Jesus und seine Botschaft zu bezeugen, sondern auch, um Gott, den Vater, und Gott, den Sohn, zu verherrlichen.

Wie Gottes Barmherzigkeit ist auch dieser Zweck nicht in vorübergehenden historischen Umständen verwurzelt. Es war zu allen Zeiten Gottes Anliegen, daß ihm und dem Sohn die Ehre zuteil wurde. Auch heute besitzt die Heilung diese gleiche Funktion. Ich habe bei vielen Gelegenheiten beobachtet, daß die Leute mit Lobpreis und Ehrerbietung antworten, wenn Gott einen

Menschen, im Verborgenen oder öffentlich, im Krankenhaus oder zu Hause, heilt.

Dieses Thema, daß der Herr durch Heilungen und Wunder verherrlicht wird, zeigte sich auch sehr deutlich im Dienst von William Duma. Dieser Mann war ein bekannter schwarzer Prediger in Südafrika, der bis zu seinem Tod 1977 von Gott für viele bemerkenswerte Wunder und Heilungen gebraucht wurde. Dumas Ruf war so groß, daß sogar Weiße zu seinen Gottesdiensten kamen, um von Jesus Christus geheilt zu werden. Und dies zu einer Zeit, als es für Weiße gesellschaftlich völlig inakzeptabel war, eine schwarze Gemeinde zu besuchen.

Duma war ein sehr heiliger Mann, der jedes Jahr eine Fastenzeit von einundzwanzig Tagen in völliger Einsamkeit einhielt, um von Gott Weisung für den Dienst des darauffolgenden Jahres zu erhalten. Doch er sah nicht seine Heiligkeit als den Schlüssel zu seinem Heilungsdienst an. Der Titel seiner Biographie zeigt den wahren Schlüssel: *Take Your Glory, Lord* – »Herr, nimm die Ehre, die dir gebührt«. Wenn er Kranken die Hände auflegte, so war sein Hauptgedanke, daß Gott dadurch verherrlicht werde. Der Herr ehrte diese Sehnsucht durch viele bemerkenswerte Wunder; eines davon war die Auferweckung eines jungen Mädchens von den Toten.[4]

Dies bringt mich zu einem der Haupthindernisse bei Heilungen in der heutigen Kirche. Ich sehe viele, die sich einen Heilungsdienst in ihrer Gemeinde wünschen. Oft sagen sie mir, daß sie Angst haben, wie dumm sie dastehen könnten, wenn sie ihre Hände auf Kranke legen, um für sie zu beten, und Gott keine Heilung schenkt. Dies ist besonders häufig der Fall, wenn Leute zum ersten Mal für Kranke beten.

Uns darüber Sorgen zu machen, wie wir dastehen, wenn wir für die Kranken beten, ist weder als Motivation noch als Methode dafür geeignet, unsere Gebete zu erhören. Das liegt daran, daß Gott sich sicherlich nicht sehr darum sorgt, wie wir bei dem Ganzen aussehen. Er ließ es zu, daß sein Sohn vor der Welt lächerlich gemacht wurde, als er am Kreuz starb (1 Kor 1,18-25). Er ließ auch zu, daß seine Apostel zum Gespött der Leute wurden (1 Kor 4,9-13). Warum sollten wir erwarten, daß Gott sich um unseren guten Ruf kümmert, wenn er die Apostel als »Tore um Christi Willen« (1 Kor 4,10) gelten ließ. Er wird niemanden heilen, nur damit wir nicht dumm dastehen. Er wird jedoch Menschen heilen, damit sein Sohn verherrlicht wird. Die Schrift zeigt dies, ebenso wie die Erfahrungen der Männer und Frauen, die von Gott gebraucht wurden, um auf übernatürliche Weise zu heilen.

Auch ich machte diese Angst durch, als ich anfing, für Kranke zu beten. Ich fragte mich, was meine Kollegen an der theologischen Fakultät wohl von mir denken würden. Ich fragte mich auch, was meine Freunde in der Gemeinde von mir dachten. Lange Jahre hatte ich ihnen beigebracht, daß Gott in unserer Zeit nur selten oder gar nicht mit übernatürlichen Mitteln heilt. Was würden sie über mich denken, wenn ich anfing, für Kranke zu beten und niemand geheilt würde?

In diesen Anfangstagen schloß der Herr ein »Abkommen« mit mir. Es war, als würde er sagen: »Wenn du nicht die Lorbeeren dafür einsteckst, daß jemand geheilt wird, dann mußt du auch nicht den Spott auf dich nehmen, wenn niemand geheilt wird.« Mit anderen Worten, wenn wir darauf achten, daß Gott die Ehre bekommt über jeder Heilung, jedem Wunder, jedem erhörten Gebet, dann ist er auch bereit, die volle Verantwortung zu übernehmen für diejenigen, die nicht geheilt werden.

Tatsächlich ist der Rummel um ihre Person, den manche Leute, die in besonderer Weise für Heilungen gebraucht wurden, geradezu genießen, meist der Grund für die Probleme, die man bei manchen Heilungsdiensten beobachten kann. Oft zeigen naive und irregeleitete Christen Ehrerbietung denen, die in einen Heilungsdienst gerufen wurden – oder die meinen, in einen solchen Dienst gerufen zu sein. Manchmal ermutigen Geistliche und Evangelisten zu einem solchen Verhalten, indem sie große Stories erzählen, bei denen sie selbst, und nicht der Herr Jesus, im Rampenlicht stehen. Diese Art, Menschen zu verherrlichen oder sich verherrlichen zu lassen, kann allen Beteiligten großen Schaden zufügen oder sogar zu ihrem Untergang beitragen (vgl. dazu die Zurückweisung der Pharisäer in Joh 5,44).

Ich glaube, daß manche, die mit großen Heilungen Werbung betreiben, Betrüger sind. Ebenso bin ich der Meinung, daß andere zu Beginn ihres Dienstes vom Herrn auf bedeutsame Weise durch Wunder und Heilungen gebraucht worden sind. Doch irgendwann haben sie es zugelassen, daß sie sich selbst betrogen; und nun machen sie mehr für sich selbst Werbung als für den Sohn Gottes. Solche Art der Werbung mag ein großes Publikum und viel Geld anlocken, aber es gefällt Gott nicht. Letzten Endes werden diejenigen, die sich selbst in den Vordergrund stellen, ihre Vollmacht und ihre innige Beziehung zum Herrn verlieren.

Wenn Sie bei Ihrem Gebet für Kranke von Gott auf bedeutsame Weise gebraucht werden möchten, dann pflegen Sie das Verlangen, den Sohn Gottes verherrlicht zu sehen. Die alleinige Verherrlichung des Sohnes zu unserem Ziel zu machen, ist der sicherste Weg, uns davor zu bewahren, daß wir betrogen und in die Irre geführt werden.

Gott heilt, weil er auf unser Vertrauen achtet

Eine Frau, die seit zwölf Jahren unter Blutungen litt, schlich sich von hinten an Jesus heran, berührte den Saum seines Gewandes und war augenblicklich von ihren Blutungen geheilt. Jesus, der gespürt hatte, daß eine Kraft von ihm ausgegangen war, drehte sich um, um die Frau zu finden. Nachdem er sie entdeckt hatte, sagte er zur ihr: »Hab keine Angst, meine Tochter, dein Glaube hat dir geholfen« (Mt 9,22).

Es war der Glaube der kanaanäischen Frau, der Jesus dazu bewegte, ihre besessene Tochter zu heilen. Er sagte ihr: »Frau, dein Glaube ist groß. Was du willst, soll geschehen« (Mt 15,28). Was brachte den Herrn Jesus dazu, den Gelähmten zu heilen, der in Kafarnaum durch das Dach eines Hauses heruntergelassen wurde? Die Schrift sagt, »als Jesus ihren Glauben sah« (Mt 9,2), heilte er den Gelähmten.[5]

Das gleiche Prinzip, daß Gott auf Glauben hin heilt, finden wir beim Dienst der Apostel. Lukas berichtet:

> »Und es war ein Mann in Lystra, der hatte schwache Füße und konnte nur sitzen; er war gelähmt von Mutterleib und hatte noch nie gehen können Der hörte Paulus reden. Und als dieser ihn ansah und merkte, daß er glaubte, ihm könne geholfen werden, sprach er mit lauter Stimme: Stell dich aufrecht auf deine Füße! Und er sprang auf und ging umher« (Apg 14,8-10; Übersetzung nach Luther).

Das Neue Testament lehrt eindeutig, daß Gott auf das Vertrauen, geheilt zu werden, antwortet.

Drei Heilungsgeschichten im Wirken Jesu haben für den Heilungsdienst des Herrn heute besondere Bedeutung. Die erste Geschichte beschreibt die Heilung von zwei Blinden, die zu Jesus kamen und um Heilung baten. Jesus fragte sie: »Glaubt ihr, daß ich euch helfen kann?« (Mt 9,28). Jesu Frage unterstreicht nicht nur, wie wichtig der Glaube für die Heilung ist, sondern sagt uns auch noch etwas über das Wesen des Glaubens. Glauben an eine Heilung durch Gottes Eingreifen zu haben, bedeutet, den Glauben zu besitzen, daß er die Fähigkeit hat zu heilen. Genau so, wie es eine Reihe Christen gibt, die davon überzeugt sind, daß Gott heutzutage nicht mehr heilt, so gibt es eine große Mehrheit unter den Christen, die selbstverständlich behaupten würden, daß er es könne, denn schließlich sei ja für Gott nichts unmöglich. Leider sagen sie das nur mit ihrem Mund und ihrem Verstand, aber nicht mit ihrem Herzen …

Ich saß einmal mit einigen Theologen am Tisch. Wir diskutierten und wir kamen auf »Heilungen« zu sprechen. Die Männer begannen, sich lustig zu machen. Sie zählten alles auf, wofür sie Gott nicht um Heilung bitten würden. Manche sagten, sie würden Gott nicht bitten, Blindheit oder Taubheit zu heilen. Andere sagten, sie würden Gott nicht bitten, Deformationen der Knochen zu heilen oder ihn bitten, amputierte Glieder nachwachsen zu lassen. Als sie mit ihrer Aufzählung fertig waren, blieb außer Schnupfen und Kopfschmerzen nichts mehr übrig. Noch bevor die Diskussion zu Ende war, hatten alle in dieser Professorenrunde buchstäblich bestritten, daß neutestamentliche Wunder auch heute noch möglich waren.

Jeder dieser Männer hätte sicher gesagt, daß Gott blinde Augen heilen *kann*, oder daß er Tote zum Leben erwecken *kann*. Mit dem Mund würden sie sogar bestätigen, daß Gott heute tatsächlich heilt. Doch die Tatsache, daß sie Gott um keine dieser Heilungen bitten würden, bedeutet, daß sie Gottes Fähigkeit, diese Dinge heute zu tun, für das konkrete Leben leugneten. Sie gaben ihre intellektuelle Zustimmung zu der Theorie, daß Gott heilen kann, aber in ihrem Herzen hatten sie kein echtes Vertrauen in die Person Gottes und darin, daß er etwas wirklich »Schwieriges« heilen würde. Sehen Sie, die Frage lautet nicht, ob Gott heilen *kann*, sondern ob er dies *tut*. Sie werden Gott niemals um etwas bitten, wenn Sie nicht überzeugt sind, daß er dies auch heute tun wird.

In der zweiten Geschichte kam ein Aussätziger zu Jesus und sagte zu ihm: »Herr, *wenn du willst,* kannst du machen, daß ich rein werde« (Mt 8,2; Hervorhebung des Autors). Dieser Mann glaubte ohne Zweifel an Jesu Fähigkeit, tödliche Krankheiten zu heilen. Offen bekannte er: »Du kannst machen, daß ich rein werde.« Aber er hatte noch etwas anderes über den Glauben begriffen. Er ging nicht davon aus, daß er automatisch geheilt werden würde, nur weil er an Jesu Fähigkeit zu heilen glaubte. Er sagte: »Herr, wenn du willst.« Der Glaube, den Gott verlangt, ist nicht eine psychische Gewißheit, daß er uns oder diejenigen, für die wir beten, heilen wird. Es ist der Glaube an seine Fähigkeit und seinen Willen zu heilen. Es ist das Vertrauen, daß Gott seine Kinder liebt und sie immer wieder auch heilt.

Es gibt in manchen Teilen der heutigen Kirche eine Lehre über Heilung, die an Vermessenheit grenzt. Diese Lehre geht davon aus, daß es Gottes Wille ist, alle Krankheiten in diesem Leben zu heilen. Gemäß dieser Lehre müssen wir nur unsere Heilung bekennen und beanspruchen, und dann ist Gott verpflichtet zu heilen. Der Aussätzige dachte da anders. Er wußte, daß Jesus ihn heilen konnte. Aber er fügte hinzu: »Herr, wenn du willst, kannst du machen, daß ich rein werde.« Jesus belohnte seinen Glauben, indem er antwortete: »Ich will es – werde rein!« (Mt 8,3). Der Aussätzige ging nicht davon aus, daß Jesus ihn heilen mußte, weil er Glauben hatte.[6]

Ich hörte einmal einen Bericht über eine Frau, die geheilt wurde, nachdem sie einhundertvierundachtzigmal bekannt hatte: »Ich bin geheilt.« Der Mann, der uns darüber berichtete, meinte: »Was wäre gewesen, wenn sie beim einhundertdreiundachtzigsten Mal aufgehört hätte?« Ich will nicht abstreiten, daß diese Heilung stattgefunden hat. Ich will nicht abstreiten, daß Gott diese Frau geheilt hat, nachdem sie einhundertvierundachtzigmal bekannt hatte, daß sie geheilt sei. Gott verlangt nicht, daß wir eine einwandfreie Theologie oder Glaubenspraxis besitzen, bevor er in unserem Leben wirkt. Ich glaube jedoch, daß eine solche Lehre zerstörerisch sein kann. Es legt dem Menschen, der geheilt werden möchte, die Last auf, anstatt das Vertrauen in die Güte und die Fähigkeiten Gottes zu setzen. Es zwingt einen Menschen dazu, sich zu einer psychischen Gewißheit der Heilung »aufzupeitschen«, eine Gewißheit, die Gott womöglich gar nicht gibt. Und es führt eine weitere Bedingung für die Heilung ein – psychische Gewißheit –, die Gott überhaupt nicht verlangt.

Ich weiß, es gibt Fälle, wo Gott eine solche psychische Gewißheit für die Heilung schenkt. Ich erinnere mich an eine ganze Reihe von Begebenheiten in den letzten Jahren, wo ich mit jemandem um Heilung gebetet habe und keinen Zweifel daran hatte, daß Gott heilen würde.

Vor etwa zwei Jahren rief mich Karen Hersom, eine junge Mutter aus unserer Gemeinde, an. Sie war so aufgeregt und weinte so sehr, daß ich sie kaum verstehen konnte. Karen war im sechsten Monat schwanger und war gerade beim Arzt gewesen. Das Sonogramm (Ultraschallbild) hatte gezeigt, daß sie ein Mädchen erwartete, daß jedoch eine der Nieren des Kindes verkümmert war und nicht mehr wuchs. Der Arzt hatte Karen gesagt, daß die Niere »abgestorben« sei und nicht funktionieren würde. Der Arzt beruhigte sie jedoch, daß die andere Niere völlig in Ordnung sei und das Kind ganz gut mit einer Niere würde leben können. Diese Nachricht konnte Karen aber nicht beruhigen und sie war krank vor Sorge um ihr Kind.

Während sie mir diese Dinge am Telefon berichtete, kam ein göttlicher Friede über mich, und ich hörte mich selbst zu Karen sagen: »Keine Sorge, Karen. Wir werden für Sie beten, und Gott wird Ihr Kind heilen.«

»Meinen Sie wirklich?«, fragte sie.

»Ja«, sagte ich, »Kommen Sie einfach vorbei. Es wird alles gut werden.« Als ich den Hörer auflegte, wurde mir bewußt, was ich gerade gesagt hatte. Ich hatte etwas getan, was ich beim Gebet mit Kranken nur äußerst selten tue. Ich hatte Karen die Heilung zugesagt.

Als Karen am nächsten Tag in mein Büro kam, beteten mein Freund, Steve Zarit, und ich mit ihr. Es zeigten sich sogar einige körperliche Manifestationen der Kraft Gottes bei Karen, während wir für sie beteten. Etwa zehn Tage später ging sie noch einmal zum selben Arzt und ließ ein zweites Sonogramm machen; die beiden Nieren des Babys hatten genau die gleiche Größe und waren beide normal und gesund. Drei Monate später wurde das Baby kerngesund geboren.

Vor und nach dieser Begebenheit habe ich für Babys gebetet, die durch eine Fehlgeburt oder auch nach der Geburt starben. Ich kann keine psychische Gewißheit für eine Heilung im Einzelfall produzieren. Wenn ich eine Heilungsgewißheit habe, so ist sie ein Geschenk Gottes, das man nur empfangen, nicht machen, kann. Wer jedoch nicht wirklich an Gottes Fähigkeit und Willen zu heilen glaubt, der wird eine solche Glaubensgewißheit über eine Heilung bestimmt nie erfahren.

Die dritte Geschichte über die Heilung eines besessenen Jungen, im Markusevangelium, Kapitel 9, lehrt uns ein weiteres wichtiges Prinzip über die Heilung aus Glauben. Der Vater hatte seinen geplagten Jungen zu den Jüngern gebracht, doch die konnten den Dämon nicht austreiben (Vers 18). Sollte der Vater zu Beginn noch Glauben in eine Heilung gehabt haben, so haben die Fehlversuche der Jünger sicher dazu geführt, daß dieser Glaube im Schwinden war, wenn überhaupt noch etwas davon übrig war. Der Vater sagte zu Jesus: »Doch wenn du kannst, hilf uns; hab Mitleid mit uns!« (Vers 22). Jesus antwortete, daß der, der glaubt, alles kann (Vers 23). Dies ist ein Prinzip, das Jesus durchgängig lehrt (vgl. Mt 21,21-22). Jesus setzt uns keine Grenzen in dem, was wir Gott bitten dürfen. Warum sollten wir Gott Grenzen setzen?

Die Theologieprofessoren, die ich vorhin erwähnte, hätten Gott nicht gebeten, blinde Augen oder amputierte Glieder zu heilen, aber sie würden Gott bitten, Kopfweh wegzunehmen und die Hände der Ärzte bei einer Operation zu führen und der Medizin bei ihrer Aufgabe zu helfen. Warum sollte man Gott darauf begrenzen, Kopfschmerzen zu heilen und die Hände der Ärzte zu führen? Kirchliche Leiter begrenzen erfolgreich Gottes Möglichkeiten zu heilen, indem sie sich weigern, über Heilungen zu lehren und zum Gebet für Kranke zu ermutigen.

Vielleicht haben Sie noch nie erlebt, daß Gott ein blindes Auge oder ein amputiertes Glied heilt, aber warum lassen Sie Ihre Erfahrung die Grenzen für Gottes Handeln festlegen? Sie glauben, daß Gott bei anderen Dingen übernatürlich eingreifen kann. Warum sollten Sie nicht auch glauben, daß Gott den Körper eines Menschen auf übernatürliche Weise heilen kann?

In der Zeit als ich zunächst Student und dann Dozent am *Dallas Seminary* war, legten Studenten häufig Zeugnis ab, wie Gott sie auf übernatürliche Weise versorgt hatte. Nicht selten berichtete ein Student, daß er einhundertneununddreißig Dollar und zwölf Cents für die Stromrechnung gebraucht hatte und, ohne irgend jemandem davon zu erzählen, hatte er zur rechten Zeit einen Postscheck über genau die Summe erhalten. Ich habe zahllose Geschichten wie diese gehört. Den meisten Christen fällt es leicht zu glauben, daß Gott in finanziellen Situationen wie dieser übernatürlich eingreift. Warum fällt es dann so schwer zu glauben, daß Gott eine Wirbelsäule geraderichten kann oder die Stoffwechselfunktionen eines Menschen so regulieren kann, daß die Diabetes verschwindet?

Sollte es Gott schwerer fallen, eine gekrümmte Wirbelsäule geradezurichten als finanzielle Nöte zu regeln? Natürlich nicht. Nur bei unseren finanziellen Nöten beten wir oft voller Glauben, bei unseren körperlichen Nöten haben wir diesen Glauben nicht. Wenn Gott im Neuen Testament auf Glauben hin geheilt hat, warum sollte er heute als Antwort auf unseren Glauben hin nicht mehr heilen? Ich glaube nicht, daß es an Gott liegt, wenn wir heute keine Heilungen beobachten, sondern vielmehr an der Unfähigkeit der Kirche zu glauben, daß Gott heilt.

Erinnern Sie sich an diese drei Merkmale des Glaubens:

1. Der Glaube in Jesu Fähigkeit zu heilen ist auch ein Glaube daran, daß er heilen wird.
2. Der Glaube an Jesu Verlangen zu heilen ist nicht das gleiche wie psychische Gewißheit. Jesus wird heilen, auch wenn wir keine psychische Gewißheit haben.
3. Der Glaube setzt Gottes Möglichkeiten, zum Wohl seiner Kinder zu handeln, keine Grenzen, denn »alles kann, wer glaubt.«

Gott heilt als Antwort auf seine eigenen Verheißungen

Es gibt noch einen weiteren unbestreitbaren Grund, warum Heilungen zu einem der wichtigsten Dienste in der heutigen Kirche gehören sollten. Im Jakobusbrief, Kapitel 5, Verse 14-16 gibt Gott der gesamten Kirche den Auftrag zu heilen:

> »Ist einer von euch krank? Dann rufe er die Ältesten der Gemeinde zu sich; sie sollen Gebete über ihn sprechen und ihn im Namen des Herrn mit Öl salben. Das gläubige Gebet wird den Kranken retten, und der Herr wird ihn aufrichten; wenn er Sünden begangen hat, werden sie ihm vergeben. Darum bekennt einander eure Sünden, und betet füreinander, damit ihr geheilt werdet. Viel vermag das inständige Gebet eines Gerechten.«

Nun stellen Sie sich die folgende Frage: Warum sollte Gott der Kirche den Auftrag geben, für die Kranken zu beten, und der Kirche die Heilung zusagen, wenn sie betet, wenn es nicht Gottes Absicht wäre, daß Heilungen ein fester Bestandteil des kirchlichen Lebens sein sollen? Viele Gemeinden, die an die Unfehlbarkeit der Bibel glauben, wissen kaum, daß diese Stelle aus dem Jakobusbrief in ihrer Bibel steht. Ich habe zehn Jahre an einer theologischen Fakultät gelehrt, bevor ich meine Studenten zum ersten Mal dazu ermuntert habe, diese Stelle aus dem fünften Kapitel des Jakobusbriefes anzuwenden. Meine geistlichen Väter haben mir nie gesagt, daß es zu den Verantwortlichkeiten der Kirche gehört, die Kranken zu salben und für sie zu beten.

Die Gemeindeglieder werden ihre Ältesten niemals darum bitten, daß sie mit ihnen um Heilung beten, wenn ihnen dies nicht gelehrt wird, und sie werden niemals Vertrauen in den Gott haben, der heilt, wenn sie nicht gelehrt werden, daß Gott heilt und warum er heilt. In dem Moment, wo wir mit ein wenig Erwartung anfingen, diese Stelle aus dem Jakobusbrief zu lehren und zu befolgen, begann Gott in unserer Gemeinde zu heilen. Ruth Gay, die Dame, die ich im zweiten Kapitel dieses Buches erwähnte, deren Aneurysma geheilt wurde, war eine der ersten, für die wir beteten.

Beachten Sie, daß nicht nur die Ältesten für die Kranken beten. In Vers 16 gibt Jakobus allen Christen den Auftrag: »… Betet füreinander, damit ihr geheilt werdet.« Würde die gesamte Kirche Gottes Gebot ernst nehmen, so würden wir weit mehr Heilungen erleben, als dies momentan der Fall ist.

In diesem Kapitel haben wir gesehen, daß der Heilungsdienst Gottes in seinem ewigen Verlangen verankert ist, sich selbst und seinen Sohn zu verherrlichen, ebenso wie in seiner tiefen Barmherzigkeit für die Leidenden und in seiner Bereitschaft, dem, der glaubt, zu antworten. Er heilt auch als Antwort auf seine Zusage und seinem Gebot gegenüber, das er der Kirche als Ganze gegeben hat. Allein diese vier Gründe sollten uns davon überzeugen, daß Gottes Ziele bei Heilungen in seinem unwandelbaren Wesen beruhen und nicht in vergänglichen historischen Umständen.

Doch die Schrift nennt noch weitere Gründe, warum Gott heilt. Obwohl diese im Anhang A zu diesem Buch ausführlich diskutiert werden, möchte ich sie hier kurz erwähnen. Er heilt, um sein Volk zur Umkehr zu führen und Türen für das Evangelium zu öffnen. Er heilt, um Hindernisse bei der Verkündigung und in seinem Dienst aus dem Weg zu räumen. Er heilt, um uns über sich selbst und sein Reich zu lehren. Er heilt, um die Gegenwart seines Reiches unter uns zu demonstrieren. Er heilt aus dem simplen Grund, weil ihn Menschen darum bitten. Und er heilt aus souveränen Gründen, die nur ihm selbst bekannt sind.

Keiner dieser Gründe basiert auf den veränderlichen geschichtlichen Umständen der Kirche des ersten Jahrhunderts. Sie sind im Wesen und in den Beweggründen des ewigen Gottes verwurzelt. Wenn Gott im ersten Jahrhundert durch seine Barmherzigkeit und Gnade mit den Leidenden zum Heilen bewogen wurde, warum sollten wir glauben, daß Gott uns diese Barmherzigkeit nach dem Tod der Apostel entzogen hat? Warum sollten wir glauben, daß er heute kein Mitgefühl empfindet, wenn er einen Leprakranken oder einen an Aids Sterbenden sieht? Warum sollten wir annehmen, daß es ihm heute genügt, seine Barmherzigkeit darin auszudrücken, daß er die Gnade gibt, die Leiden zu ertragen statt die Gnade, die Krankheit an sich zu heilen? Wenn Jesus und die Apostel im ersten Jahrhundert heilten, damit Gott verherrlicht wurde, warum sollten wir meinen, daß Gott eines der Hauptinstrumente seiner Verherrlichung und der Verherrlichung seines Sohnes im Neuen Testament verworfen habe?

In der Tat ist jedes der biblischen Ziele, die Gott mit seinen Heilungen verfolgt, heute noch gültig. In dem Maße, wie sich ein einzelner oder eine Gemeinde mit diesen Zielen eins macht und mit den Kranken betet oder den Leidenden dient, wird der einzelne beziehungsweise die Gemeinde erleben, daß in ihrem Dienst Heilungen stattfinden.

Kapitel 10

Warum Gott die übernatürlichen Gaben des Heiligen Geistes schenkt

Im Herbst 1987 half ich bei der Durchführung einer wöchentlichen Bibelstunde. An diesem speziellen Mittwoch abend waren ungefähr einhundert Leute anwesend. Am Schluß der Versammlung gaben wir den Teilnehmern die Gelegenheit, die Dinge öffentlich mitzuteilen, von denen sie den Eindruck hatten, daß Gott sie ihnen offenbart hatte zur Auferbauung aller. In der ersten Reihe saß eine junge Frau, Karen Fortson (heute Mrs. Tom Davis). Sie stand augenblicklich auf und sagte mit sehr sanfter Stimme: »Der Herr hat mir gezeigt, daß heute abend ein junger Mann hier ist. Er ist heute zum ersten Mal bei unserer Versammlung dabei. Er ist durch Pornographie gebunden. Der Herr möchte ihm helfen, und er will ihn nicht bloßstellen. Er sollte nach dem Treffen zu den Leitern gehen, damit sie mit ihm beten können.« Karen erzählte mir nach dem Treffen, sie sei sich so sicher gewesen, daß Gott zu ihr gesprochen habe, daß sie Angst hatte, sich umzudrehen. Sie dachte, Gott würde ihr zeigen, wer der junge Mann war, und das wollte sie nicht!

Nachdem die Bibelstunde vorbei war, kam der junge Mann zitternd und schwitzend und mit bleichem Gesicht auf mich zu. Er sagte: »Ich bin der, von dem die junge Dame gesprochen hat.« Er befand sich seit seinen Teenagerjahren in einer Gebundenheit durch Pornographie. Obwohl er nun ein Theologiestudent mit Frau und Kindern war, kam er immer noch nicht von der Pornographie los – ja, es sei sogar schlimmer denn je. Bevor der Abend vorüber war, hatte er ein volles Sündenbekenntnis vor mir und einem weiteren Pfarrer abgelegt, und wir beteten für ihn.

Im 1. Korintherbrief, Kapitel 14, Verse 24-25 beschreibt Paulus das, was in unserer Bibelstunde an jenem Abend geschehen war:

> »Wenn aber alle prophetisch reden und ein Ungläubiger oder Unkundiger kommt herein, dann wird ihm von allen ins Gewissen geredet, und er

fühlt sich von allen ins Verhör genommen; was in seinem Herzen verborgen ist, wird aufgedeckt. Und so wird er sich niederwerfen, Gott anbeten und ausrufen: Wahrhaftig, Gott ist bei euch!«

Für diesen Theologiestudenten waren die Geistesgaben längst »ausgestorben« und von der Gabe des Sprachengebets hielt er weniger als nichts. Man könnte ihn also sicher der Kategorie der »Unkundigen« zurechnen. Er hatte unsere wöchentliche Bibelstunde zuvor noch nie besucht. An jenem Abend war er sogar mit dem Ziel gekommen, das Ganze unter die Lupe zu nehmen. Aber Gott hatte beschlossen, ihn unter die Lupe zu nehmen!

Geschichten wie diese sind ganz und gar nicht ungewöhnlich. Aber trotz der Berichte darüber, wie Gott die übernatürlichen Gaben des Heiligen Geistes in der heutigen Kirche benutzt, behaupten viele, daß diese Geistesgaben mit dem Tod der letzten Apostel verschwanden. Diese Frage muß anhand von spezifischen Aussagen der Bibel geklärt werden, nicht durch vage theologische Ableitungen oder einfache Behauptungen. Der 1. Korintherbrief liefert in den Kapiteln 12-14 sechs Gründe, warum die übernatürlichen Gaben des Heiligen Geistes in der Kirche weiterbestehen werden, bis der Herr wiederkehrt. Der wichtigste dieser Gründe ist der Zweck der Geistesgaben, wie er im 1. Korintherbrief festgehalten wird.

Gott schenkte die Geistesgaben zur Auferbauung der Gemeinde

Paulus läßt keinen Zweifel über den Zweck aller Geistesgaben. Jede Geistesgabe soll der Stärkung und Auferbauung der Kirche dienen. Im 1. Korintherbrief, Kapitel 12, Vers 7 schreibt Paulus: »Jedem aber wird die Offenbarung des Geistes geschenkt, *damit sie anderen nützt*« (Hervorhebung des Autors). Welche Geistesgaben hat Paulus bei dieser Aussage im Blick? In den nächsten vier Versen fährt er fort:

> »Dem einen wird vom Geist die Gabe geschenkt, Weisheit mitzuteilen, dem anderen durch den gleichen Geist die Gabe, Erkenntnis zu vermitteln, dem dritten im gleichen Geist Glaubenskraft, einem andern – immer in dem einen Geist – die Gabe, Krankheiten zu heilen, einem anderen Wunderkräfte, einem andern prophetisches Reden, einem andern die Fähigkeit, die Geister zu unterscheiden, wieder einem andern verschiedene Arten von Zungenrede, einem andern schließlich die Gabe, sie zu deuten. Das alles bewirkt ein und derselbe Geist; einem jeden teilt er seine besondere Gabe zu, wie er will.«

Paulus bestätigt den Zweck der Geistesgaben noch einmal in Kapitel 14, Vers 26. Beachten Sie auch hier, welche Gaben er nennt. »Was soll also geschehen, Brüder? Wenn ihr zusammenkommt, trägt jeder etwas bei: einer einen Psalm, ein anderer eine Lehre, der dritte eine Offenbarung; einer redet in Zungen, und ein anderer deutet es. Alles geschehe so, *daß es auferbaut*« (Hervorhebung des Autors).[1]

Weil Gott die Geistesgaben geschenkt hat, um die Gemeinde zu stärken, waren Heilungen, Wunder, Sprachengebet und Prophetie nicht nur auf die Apostel oder einige wenige Personen im ersten Jahrhundert begrenzt. Sie waren in der gesamten Kirche weit verbreitet. Um diesen Punkt noch einmal festzuhalten: Prophetie fand sich in der Gemeinde Roms (Röm 12,6), in der Gemeinde Korinths (1 Kor 12,10), in der Gemeinde in Ephesus (Eph 4,11), in der Gemeinde in Thessalonich (1 Thess 5,20) und in der Gemeinde Antiochias (Apg 13,1). Das Neue Testament nennt auch einige Einzelpersonen, die nicht zu den Aposteln gehörten, aber die doch entweder Propheten genannt wurden oder die prophetische Gabe ausübten. Da war der Prophet Agabus (Apg 11,28; 21, 10-11), die Propheten Judas und Silas (Apg 15,32), die vier Töchter des Philippus, die prophetisch begabte Jungfrauen waren (Apg 21,9), und Hananias (Apg 9,10-19). Die Gabe, Wunder zu tun, wurde in Korinth (1 Kor 12,10) und in den Gemeinden Galatiens (Gal 3,5) ausgeübt. Die Gabe des Sprachengebets fand sich in Jerusalem (Apg 2,1-13), in Cäsarea unter den bekehrten Heiden (Apg 10,44-48), in Ephesus (Apg 19,1-7), in Samaria (Apg 8,14-25) und in Korinth (1 Kor 12-14).[2]

Der Wert der Geistesgaben, die Kirche zu stärken, zeigt sich besonders bei der Gabe der Prophetie. Paulus stellt fest: »Wer aber prophetisch redet, redet zu den Menschen: Er baut auf, ermutigt, spendet Trost« (1 Kor 14,3). Und noch einmal schreibt er: »Wer aber prophetisch redet, baut die Gemeinde auf« (1 Kor 14,4).

Da die Auferbauung der Hauptzweck der Geistesgaben ist, frage ich mich, wie jemand zu dem Schluß kommen kann, sie seien der Kirche genommen worden? Wenn sie die Kirche des ersten Jahrhunderts auferbaut haben, warum sollten sie nicht auch die Kirche des zwanzigsten Jahrhunderts auferbauen? Die Aussagen der Bibel selbst zwingen uns zu dem Schluß, daß die Geistesgaben bleiben sollten, bis der Herr wiederkehrt. Erst dann wird es keinen Bedarf mehr für die Gaben des Heiligen Geistes geben.

Gott gebietet uns, die Geistesgaben mit Eifer zu suchen

Da die Geistesgaben der Erbauung des Leibes Christi dienen, ist es nicht verwunderlich, daß Paulus die Korinther dreimal auffordert, »nach« den Geistesgaben »zu streben« (1 Kor 12,31; 14,1.39). Er sagte ihnen nicht, sie sollten die Geistesgaben nur einfach annehmen oder tolerieren, sondern sie sollten danach »eifern«.[3]

Paulus wollte nicht, daß die Korinther oder irgendwelche anderen Christen des Neuen Testamentes eine passive Haltung gegenüber den Geistesgaben einnehmen. Dies ist um so bedeutsamer, wenn man die Situation in Korinth betrachtet, wo der Mißbrauch der Geistesgaben zu schwerwiegenden Problemen geführt hatte. Die Gemeinde in Korinth war »verrückt nach« Geistesgaben. Als Lösung für diese Kontroverse riet ihnen Paulus jedoch nicht, die Geistesgaben aufzugeben oder eine passive Haltung dazu einzunehmen, sondern nach ihnen zu streben und sie im Einklang mit den Regeln zu benutzten, die Paulus in den Kapiteln 12-14 nennt.

Ein Großteil der Kirche widersetzt sich momentan dem Gebot Gottes, nach den Geistesgaben zu streben. Ein Teil der Kirche verhält sich den Geistesgaben gegenüber nicht nur passiv, sondern sogar feindselig. Sie verfolgen diejenigen, die sich nach den Gaben ausstrecken und nehmen anderen den Mut, dies ebenfalls zu tun. Dies ist blanker Ungehorsam dem geschriebenen Wort Gottes gegenüber.

Die Mehrzahl derer, die glauben, die Geistesgaben hätten aufgehört, sind der Meinung, das Ende der Geistesgaben sei mit der Fertigstellung des Neuen Testamentes oder mit dem Tod des letzten Apostels gekommen. Das letzte Buch des Neuen Testamentes, das fertiggestellt wurde, war die Offenbarung. Die meisten Theologen für Neues Testament datieren die Offenbarung auf etwa 95 n. Chr., obwohl einige sie schon in das Jahr 69 n. Chr. legen. Der letzte Apostel war vermutlich Johannes, der kurz nach 95 n. Chr. gestorben sein dürfte. Paulus schrieb den 1. Korintherbrief ungefähr 55 n. Chr. Das bedeutet, daß das Gebot des Paulus, nach den Geistesgaben – besonders der Gabe der Prophetie – zu streben nur für einen Zeitraum von etwa vierzig Jahren für die Kirche von Gültigkeit gewesen wäre. Mit dem Tod des letzten Apostels und der Fertigstellung der Offenbarung wären die drei Bibelstellen aus dem 1. Korintherbrief (12,31; 14,1; 14,39) nach dieser Theorie außer Kraft gesetzt worden. Ich kann unmöglich glauben, daß Paulus den Christen aufgetragen hätte, nach etwas zu streben, das nur noch für vierzig Jahre Gültigkeit haben würde. Ich kenne keinerlei Entsprechung zu dieser Auslegung an irgendeiner anderen Stelle des Neuen Testamentes.

Warum befahl Paulus den Christen, die übernatürlichen Gaben des Heiligen Geistes mit Eifer zu suchen? Weil sie für die Auferbauung der Gemeinde einen großen Wert besaßen. Sie waren damals von großem Wert und sie sind auch heute noch von großem Wert.

Gott gebietet uns, das Sprachengebet nicht zu untersagen

Die Gabe des Sprachengebets ist ohne Frage die Gabe, die in der heutigen Kirche am umstrittensten ist. Das gleiche galt auch für die Gemeinde in Korinth im ersten Jahrhundert. Es gibt dafür viele Gründe, aber einer der wichtigsten ist die Haltung mancher, die die Gabe des Sprachengebets erhalten haben. Sie nehmen an, die Gabe des Sprachengebets sei die größte der Geistesgaben, und sie halten sich für geistlicher als andere Christen, weil sie die Gabe des Sprachengebets besitzen.

Einer der Gründe, warum Gott möchte, daß wir andere höher achten als und selbst (Phil 2,3), liegt darin, daß wir Streit in die Gemeinde tragen, wenn wir anfangen, uns als geistlich überlegen zu betrachten. Die Auseinandersetzungen, die oft mit dem Mißbrauch des Sprachengebets assoziiert werden, haben dazu geführt, daß eine Reihe von Pastoren zu mir gesagt hat, sie wollten die Gabe des Sprachengebets in ihrer Gemeinde lieber nicht haben, selbst wenn es sie heute noch geben sollte.

Ich kann ihre Empfindungen verstehen. Noch lange nachdem ich begonnen hatte, an die Geistesgaben in heutiger Zeit zu glauben, reagierte ich emotional, wenn es um die Gabe des Sprachengebets ging. Sie bedeutete mir nichts, und ich wollte sie ganz bestimmt nicht haben. In Anbetracht der Probleme, die ein Mißbrauch von Geistesgaben verursachen kann, ist diese Reaktion natürlich. Doch es ist nicht die Reaktion, die der Apostel Paulus für die Kirche gewollt oder vorgesehen hatte.

Nachdem die Gabe des Sprachengebets so umstritten und mit soviel Zündstoff beladen war, hätte man meinen können, der Apostel Paulus würde den Korinthern sagen: »Hört auf, in Sprachen zu beten.« In Wirklichkeit sagte er genau das Gegenteil: »Hindert niemand daran, in Zungen zu reden« (1 Kor 14,39). Ob es uns gefällt oder nicht, das heilige, unfehlbare Wort Gottes befiehlt uns, das Sprachengebet nicht zu verbieten. Wäre die Gabe des Sprachengebets nur eine vorübergehende Erscheinung gewesen, die in den nächsten fünfunddreißig oder vierzig Jahren aufgehört hätte, dann ergäbe das Gebot des Paulus keinen Sinn. Warum sollte man etwas so Umstrittenes noch weitere vierzig Jahre ertragen? Warum sollte man es nicht gleich verbieten?

Im Gespräch mit einem Theologieprofessor, griff ich einmal die Regel seines Instituts an, keine Studenten zuzulassen, die in Sprachen beteten. Ich erinnerte ihn daran, daß Paulus gesagt hatte: »Hindert niemanden daran, in Zungen zu reden.« Er antwortete: »Das ist nicht das Wort Gottes für heute.« Als ich ihn herausforderte, dies von der Bibel her zu belegen, war er nicht in der Lage dazu. Dennoch war er sich sicher, daß die Stelle aus dem 1. Korintherbrief, Kapitel 14, Vers 39 nicht mehr Teil des Wortes Gottes für die heutige Zeit war.

Was würden konservative Theologen heute sagen, wenn ich andere Stellen in den paulinischen Texten auf die gleiche Weise behandeln würde? Nehmen wir einmal an, ich würde behaupten, das Gebot des Paulus, »doch alles soll in Anstand und Ordnung geschehen« (1 Kor 14,40), sei nicht mehr Teil des Wortes Gottes für die heutige Zeit. Ich kann dies nicht biblisch begründen, aber ich bin mir sicher, dies habe nur zum kulturellen Umfeld des Paulus gehört. Oder vielleicht war es auch nur ein Einzelproblem gewesen, das nur die Gemeinde in Korinth gehabt hatte. Oder was wäre, wenn ich sagen würde, die Anweisung des Paulus, »den Verheirateten gebiete nicht ich, sondern der Herr: Die Frau soll sich vom Mann nicht trennen« (1 Kor 7,10), sei nicht Teil des Wortes Gottes für die heutige Zeit. Ich kann dies nicht anhand von spezifischen Bibelstellen belegen, aber ich habe einige theologische und historische Gründe, warum ich meine, dies könne man heute nicht mehr anwenden. Wenn ich eine dieser beiden Aussagen in einem Artikel schreiben oder auf einer Konferenz aussprechen würde, kann ich ihnen garantieren, daß in ein paar Monaten eine Reihe von Artikeln und Kassetten überall in der Kirche zirkulieren würden, die zeigen würden, daß ich ein liberaler Theologe geworden sei und das Wort Gottes nicht mehr achte.

Doch rechtgläubige Theologen haben den 1. Korintherbrief, Kapitel 14, Vers 39 auf genau diese Weise behandelt. Sie haben einen Teil des Wortes Gottes für nichtig erklärt! Und sie haben dies ohne einen treffenden biblischen Beleg getan. Wenn ich Teile des Neuen Testamentes als für die heutige Zeit nicht mehr gültig erklären wollte, könnte ich dies nicht auf der Basis einer theologischen Ableitung oder einer geschichtlichen Erfahrung tun. Ich müßte einen spezifischen Text des Neuen Testamentes aufzeigen können, der mir sagt, daß ein bestimmtes Gebot nun aufgehoben wurde.

Der Apostel Paulus schätzte die Gabe des Sprachengebets

Selbst zu der Zeit, als ich noch davon überzeugt war, daß die Gaben des Heiligen Geistes nicht für die heutige Zeit gedacht waren, gab es zwei Passagen im 1. Korintherbrief, Kapitel 14, an die ich nicht gerne erinnert wurde. Ich konnte nicht verstehen, warum der Apostel Paulus sie mit hineingenommen hatte. Die erste war die Aussage: »Ich wünschte, ihr alle würdet in Zungen reden, …« (1 Kor 14,5). Wie konnte er so etwas behaupten? Diese Stelle war genauso verwirrend wie das, was er weiter sagte: »… weit mehr aber, [wünschte ich,] ihr würdet prophetisch reden.«

Ich glaubte nicht, daß Paulus sagen wollte, alle Christen sollten in Sprachen beten. Er sah ja, zum Beispiel, auch sein Zölibat als eine Geistesgabe an und wünschte, alle Christen würden unverheiratet bleiben (1 Kor 7,7 benutzt das Wort *charisma* mit Bezug auf das Zölibat des Paulus). Aber er sagte hier sicher nicht, daß alle Christen unverheiratet bleiben sollen. Er maß einfach seinem Stand als Unverheirateter einen sehr hohen Wert bei. Mein Problem bestand nun darin, daß Paulus die Gabe des Sprachengebets auf eine gleich hohe Ebene zu heben schien wie sein Zölibat! Was war an der Gabe des Sprachengebets so toll, daß Paulus sich wünschte, alle würden in Sprachen beten?

Die zweite Passage, die mir Kopfschmerzen bereitete, war seine Erklärung: »Ich danke Gott, daß ich mehr als ihr alle in Zungen rede« (1 Kor 14,18). Paulus meint damit vermutlich dreierlei. Erstens, er verbrachte mehr Zeit mit dem Sprachengebet als jeder andere in Korinth. Zweitens, bei ihm war die Gabe des Sprachengebets ausgeprägter als bei jedem anderen in Korinth.[4] Drittens, Paulus bezieht sich sehr wahrscheinlich auf sein persönliches Gebetsleben, denn er erklärt den Vers 18 näher, indem er sagt: »Doch vor der Gemeinde will ich lieber fünf Worte mit Verstand reden, um auch andere zu unterweisen, als zehntausend Worte in Zungen stammeln« (1 Kor 14,19).

Wie konnte jemand, der eine so große Verantwortung trug, mehr Zeit mit dem Sprachengebet verbringen als jeder andere? Dies konnte nur geschehen, weil er die Gabe des Sprachengebets als äußerst wertvoll ansah, um sein persönliches Glaubensleben und seine innige Beziehung zu Gott zu pflegen. Und genau dies behauptet Paulus auch von der Gabe des Sprachengebets, indem er sagt: »Wer in Zungen redet, erbaut sich selbst« (1 Kor 14,4).[5] Darum wünscht er sich, daß alle Christen diese Geistesgabe besäßen. Klingt das wie die Aussage eines Mannes, der die Gabe des Sprachengebets in der Kirche nur als etwas Vorübergehendes ansah? Und ich möchte daran erinnern, daß es hier um mehr geht als nur die Meinung des Paulus, denn Paulus schreibt als jemand, der vom Heiligen Geist inspiriert war. Er gibt nicht nur seine Meinung über die Gabe des Sprachengebets wieder, sondern auch die Meinung Gottes zur Gabe des Sprachengebets.

Ich finde in den Schriften des Paulus keine weitere Stelle, wo er einer Sache, die angeblich auf das erste Jahrhundert begrenzt war, einen so hohen Wert beimißt. Ich muß auch bekennen, daß es mich beunruhigte, daß Paulus etwas hoch schätzte, das ich mit Abscheu betrachtete.

Die Geistesgaben sind für das Wohlergehen des Leibes Christi notwendig

Im 1. Korintherbrief, Kapitel 12, Verse 4-11, betont Paulus, daß dem Leib verschiedene Geistesgaben gegeben sind, daß sie jedoch alle vom Heiligen Geist gegeben werden. In den Versen 12-27 vergleicht Paulus die verschiedenen Geistesgaben in der Gemeinde mit einem menschlichen Körper. Er will zeigen, daß alle Geistesgaben für das Wohlergehen der Gemeinde notwendig sind, so wie die verschiedenen Glieder für das Wohlergehen eines Menschen notwendig sind. Er sagt zum Beispiel: »Wenn der ganze Leib nur Auge wäre, wo bliebe dann das Gehör? Wenn er nur Gehör wäre, wo bliebe dann der Geruchssinn?« (Vers 17). Und weiter schreibt er: »Das Auge kann nicht zur Hand sagen: Ich bin nicht auf dich angewiesen. Der Kopf kann nicht zu den Füßen sagen: Ich brauche euch nicht« (Vers 21). Er beschließt diesen Gedanken mit den Worten: »Wenn darum ein Glied leidet, leiden alle Glieder mit« (Vers 26).

Paulus benutzt das Bild vom Leib, um zu zeigen, daß alle Geistesgaben für den Leib Christi notwendig sind, damit er gesund bleibt.[6] Wenn Leute argumentieren, daß die übernatürlichen Gaben des Heiligen Geistes, die in den Versen 8-10 genannt werden, mit dem Tod der Apostel aufgehört hätten, dann verlassen sie die Analogie, die Paulus zum menschlichen Körper zieht. Sie behaupten nämlich genau das Gegenteil von dem, was Paulus sagt; sie sagen: »Nicht alle Teile des Leibes sind notwendig.« Wer könnte jemals eine solche Aussage aus den Worten des Paulus im 1. Korintherbrief, Kapitel 12-14 ableiten?

Die Geistesgaben werden nicht aufhören, bis Christus wiederkehrt

Paulus sagte den Korinthern, »… daß [ihnen] keine Gnadengabe fehlt, während [sie] auf die Offenbarung Jesu Christi, unseres Herrn, [warten]« (1 Kor 1,7). Hier verbindet Paulus die Geistesgaben mit der Wiederkunft des Herrn Jesus. Dies scheint auszudrücken, daß die Korinther, wie auch alle anderen Christen, diese Gaben als hilfreich empfinden werden, bis Christus wiederkehrt. Im Kapitel 13 des 1. Korintherbriefes, Verse 8-12, geht Paulus jedoch über bloße Andeutungen hinaus und sagt deutlich, daß die Gaben des Heiligen Geistes nicht aufhören werden, bis Jesus wiederkehrt. Paulus schreibt:

> »Die Liebe hört niemals auf. Prophetisches Reden hat ein Ende, Zungenrede verstummt, Erkenntnis vergeht. Denn Stückwerk ist unser Erkennen, Stückwerk unser prophetisches Reden; wenn aber das Vollendete kommt, vergeht alles Stückwerk. Als ich ein Kind war, redete ich wie ein Kind, dachte wie ein Kind und urteilte wie ein Kind. Als ich ein Mann wurde, legte ich ab, was Kind an mir war. Jetzt schauen wir in einen Spiegel und sehen nur rätselhafte Umrisse, dann aber schauen wir von Angesicht zu Angesicht. Jetzt erkenne ich unvollkommen, dann aber werde ich durch und durch erkennen, so wie auch ich durch und durch erkannt worden bin.«

Paulus gibt zu, daß es eine Zeit geben wird, in der Prophetien, Sprachengebet und Erkenntnis aufhören werden. Es wird sogar eine Zeit geben, in der alle Geistesgaben aufhören werden – bei der Wiederkunft des Herrn Jesus Christus. Drei Ausdrücke in der soeben zitierten Bibelstelle führen uns zu diesem Schluß. Paulus sagt, daß die Geistesgaben vergehen werden: erstens, »wenn das Vollendete kommt,« zweitens, »wenn wir von Angesicht zu Angesicht schauen« und drittens, »wenn ich durch und durch erkennen werde, so wie auch ich durch und durch erkannt worden bin« (Verse 10.12). Werfen wir einen kurzen Blick auf die Bedeutung jedes dieser Ausdrücke.

Einige haben versucht zu sagen, daß der Begriff »das Vollendete« (Vers 10) auf die innere Reife der Kirche bezogen ist. Wenn hierbei die vollendete Reife der Kirche gemeint wäre, so wäre dies eine zulässige Interpretation. Das Wort, das hier mit »das Vollendete« übersetzt wurde, kann Reife bezeichnen, und in Vers 11 gibt es eine Analogie, die Reife miteinbezieht. Die Geistesgaben wurden der Kirche gegeben, um sie zur Fülle und Vollendung der Reife zu führen, und wenn dieses Ziel erreicht ist, werden die Geistesgaben nicht länger benötigt werden. Doch die Schrift lehrt eindeutig, daß die Fülle der Reife oder »das Vollendete« erst erreicht wird, wenn Christus wiederkehrt (vgl. Joh 3,2-3 und Eph 5,27).

Wenn jedoch eine niedere Form von Reife gemeint ist, dann steht eine solche Interpretation vor unüberwindlichen Schwierigkeiten. Zum einen kann sie nämlich nicht die Anforderungen erfüllen, die in Vers 12 gestellt werden. Wer in der heutigen Kirche würde schon behaupten wollen, er sähe Jesus Christus von Angesicht zu Angesicht? Oder wer würde behaupten, er erkenne durch und durch, wie er von Gott erkannt worden ist? Oder wer würde auch nur andeuten wollen, daß die Kirche ein Niveau an Reife erreicht hat, das über das der Kirche des ersten Jahrhunderts hinausgeht?

Andere versuchen zu argumentieren, daß sich »das Vollendete« auf den fertiggestellten Kanon der Heiligen Schrift bezieht. Nachdem das letzte Buch der Bibel geschrieben war, besaß die Kirche die gesamte Bibel und brauchte die übernatürlichen Gaben des Heiligen Geistes nicht mehr. Auch gegen diese Ansicht sprechen einige entscheidende Argumente. Erstens, Paulus spricht nirgendwo im unmittelbaren Textumfeld von der »Schrift« oder einer Sammlung von Büchern, aus denen die Schrift wurde. Zweitens, wir können heute nicht behaupten, nur weil wir die Schrift besitzen, sähen wir Christus bereits von Angesicht zu Angesicht; ebenso wenig wie wir sagen können, wir würden durch und durch erkennen, so wie wir durch und durch erkannt worden sind. Außerdem, wenn diese Ansicht stimmen sollte, müßten wir sagen, daß Paulus nur durch einen Spiegel sah, wir aber von Angesicht zu Angesicht; Paulus erkannte nur Stückwerk, wir aber erkennen durch und durch. Selbst nachdem wir heute die gesamte Bibel besitzen – möchte irgend jemand ernsthaft behaupten, daß unsere Erkenntnis und Erfahrung Gottes höher sind als die des Apostels Paulus?[7]

Der Ausdruck »von Angesicht zu Angesicht« (Vers 12) deutet auch auf die Wiederkunft Christi hin. Im Alten Testament bedeutete dies, Gott selbst zu sehen. Jakob, zum Beispiel, sah Gott von Angesicht zu Angesicht, als er mit dem Engel des Herrn kämpfte (Gen 32,30). Nachdem der Engel des Herrn Gideon in der Weinkelter erschienen war, rief Gideon aus: »Ich habe den Engel des Herrn von Angesicht zu Angesicht gesehen« (Ri 6,22). Im Buch Exodus, Kapitel 33, Vers 11 heißt es, »der Herr und Mose redeten miteinander Auge in Auge, wie Menschen miteinander reden.«[8] Wenn also Paulus diesen Ausdruck benutzt, bezieht er sich damit auf den Zeitpunkt, wo wir Jesus von Angesicht zu Angesicht sehen werden. Damit kann nur seine Wiederkunft gemeint sein, wenn jedes Auge ihn sehen wird (Offb 1,7).

Schließlich kann sich auch die Aussage, »dann aber werde ich durch und durch erkennen, so wie ich auch durch und durch erkannt worden bin« (Vers 12), nur auf die Wiederkunft des Herrn beziehen.[9] Paulus sagt nicht, daß die Gläubigen bei der Wiederkunft des Herrn wie der Herr selbst allwissend sein werden. Vielmehr werden wir dann genau erkennen, ohne Fehlinformationen und ohne falsche Vorstellungen. Noch ist unser Herz arglistig und unverbesserlich (Jer 17,9). Doch wenn der Herr wiederkehrt, wird er alle Sünde aus unserem Herzen nehmen, so daß wir dann durch und durch erkennen können, so wie wir auch durch und durch erkannt worden sind.

Warum gibt Gott der Kirche auch heute noch die übernatürlichen Gaben des Heiligen Geistes? Wie wir in diesem Kapitel gesehen haben, zeigt uns der 1. Korintherbrief, Kapitel 12-14, sechs Gründe auf, die heute noch genauso zutreffen wie im ersten Jahrhundert:

1. Gott schenkt die übernatürlichen Gaben des Heiligen Geistes, um den Leib Christi zu stärken.
2. Gott gebietet uns, mit Eifer nach den übernatürlichen Gaben des Heiligen Geistes, besonders der Gabe der Prophetie, zu streben.
3. Gott gebietet uns, das Sprachengebet nicht zu untersagen, selbst wenn die Gabe des Sprachengebets schwer mißbraucht wird.
4. Die hohe Wertschätzung die Paulus der Gabe des Sprachengebets entgegenbringt, deutet darauf hin, daß diese Geistesgabe einen großen Wert besitzt, um die innige Beziehung zum Herrn zu pflegen.
5. Die Analogie, die Paulus zwischen der Gemeinde und dem menschlichen Körper zieht, deutet darauf hin, daß alle Geistesgaben für das Wohlergehen des Leibes Christi notwendig sind.
6. Die Schrift sagt ausdrücklich, daß die übernatürlichen Gaben des Heiligen Geistes nicht aufhören werden, bis der Herr wiederkehrt.

Im Licht dieser sechs deutlichen Aussagen über die übernatürlichen Gaben des Heiligen Geistes ist es buchstäblich unmöglich zu behaupten, daß Paulus oder die Schrift von einem Aufhören der Geistesgaben vor der Wiederkunft Christi ausgegangen ist.

Kapitel 11

Warum Gott nicht heilt

Am 15. Januar 1990 verlor Pfarrer Duane Miller von der *First Baptist Church* in Brenham, Texas, am Schluß des Sonntagmorgengottesdienstes seine Stimme und konnte die Predigt am Sonntag abend nicht halten. Sein Arzt verordnete ihm eine halbjährige Krankschreibung. Als auch das nicht zu einer Besserung führte, sagten ihm die Ärzte, die Myelin-Schutzschicht seiner Stimmbänder sei zerstört, und er werde seine Stimme nicht wiederbekommen. Er versuchte es mit einer Sprechtherapie, aber auch das half nichts, und so mußte er im Herbst 1990 seine Pfarrstelle aufgeben. Anfang 1992 begann er, in der *First Baptist Church* in Houston die Sonntagsschule abzuhalten. Dies gelang ihm mit Hilfe eines Spezialmikrophons; doch selbst mit dieser Hilfe wurde sein Hals so rauh, daß er die folgenden zwei Tage kaum essen und trinken konnte.

Am Morgen des 17. Januar 1993, einem Sonntag, hatte er gerade seiner Sonntagsschulgruppe Psalm 103, Vers 3 vorgelesen: »… der dir all deine Schuld vergibt und all deine Gebrechen heilt.« Er hielt inne, um einige Anmerkungen zu diesem Vers zu machen, und meinte, es gebe zwei Extrempositionen zu der Frage von Heilungen. Hören Sie sich die Geschichte mit Duanes eigenen Worten an:

»Ich sagte, daß es eine Gruppe gibt, die glaubt, Gott heile in jedem Fall auf übernatürliche Weise, und eine andere Gruppe, die sagt, so etwas komme niemals vor. Doch wir müssen uns darüber im klaren sein, so meinte ich zu ihnen, daß beide Positionen Gott in eine Schublade stekken. Und Gott läßt sich nicht in eine Schublade stecken.
Ich sagte ihnen, wenn wir göttlicher Heilung begegnen, können wir dies nur mit Ehrfurcht betrachten und sagen: ›Ich weiß, Gott tut so etwas von Zeit zu Zeit, und ich kann nicht sagen, warum. Ich verstehe nicht, warum manche geheilt werden und andere nicht. Und ich möchte es dabei belas-

sen und sagen: Gott, in seiner Weisheit, hat dies so geordnet, darum möge es so sein.‹ Ich hatte diesen Satz kaum beendet und mich wieder dem Psalm zugewandt, als ich las: ›... der dein Leben vor dem Untergang rettet ...‹

Und meine Stimme veränderte sich. *Ich hörte die ersten Worte und spürte in meinem Hals, daß dieses Gefühl, das ich die ganze Zeit gehabt hatte, weg war. Nichts von diesem Gefühl, das ich die letzten drei Jahre gespürt hatte, war mehr da.*

Ich würde ja gerne behaupten, daß ich genau begriff, was da vor sich ging ... und daß ich von Gott erwartete hatte, daß er dies tun würde, und überhaupt nicht überrascht war. Aber das wäre eine Lüge. Ich war zu Tode erschrocken.

Ich hielt verdutzt inne, dann sagte ich ein oder zwei weitere Worte und dachte dabei: »Höre ich wirklich, was ich zu hören glaube?«

Ich sagte zu den anderen, daß ich nicht verstand, was gerade geschah, aber daß Gott irgend etwas tat.

Ich versuchte, mit dem Unterricht fortzufahren, aber es gelang mir nicht, und das kümmerte auch keinen. Die Leute fingen an, Beifall zu klatschen. Alle weinten. Es waren etwa zweihundert Leute anwesend, und es gab kein trockenes Auge mehr. Irgend jemand stimmte das ›Ehre sei dem Vater ...‹ an. Ein anderer sagte laut, wir hätten die Kraft Gottes gesehen. Wir dankten dem Herrn für das, was er getan hatte, und verließen dann die Kirche.«[1]

Fast exakt drei Jahre, nachdem Duane Miller seine Stimme verloren hatte, gab der Herr sie ihm wieder zurück. Der Herr erklärte Duane nicht, warum er seine Stimme verloren hatte oder warum Gott sich dazu entschied, sie ihm wiederzugeben.

In den beiden vorangegangenen Kapiteln habe ich versucht, einige der Gründe zu erklären, warum Gott heilt und auch heute noch die übernatürlichen Gaben des Heiligen Geistes seinen Kindern gibt. Doch es gibt Momente, wo wir keine Gründe anführen können, warum Gott seine Macht auf übernatürliche Weise offenbart oder auch zurückhält. Manchmal heilt Gott, ohne irgendwelche Gründe zu nennen. Die Einleitung zu der Geschichte, in der der Gelähmte durch das Dach des Hauses heruntergelassen wird, stellt einfach nur fest, daß die Kraft des Herrn ihn dazu drängte zu heilen (Lk 5,17).[2]

Auf der anderen Seite kann es sein, daß Gott sich weigert, zu heilen oder zu erlösen, ohne daß es eine Erklärung dafür gibt. Zum Beispiel werden in der Apostelgeschichte, Kapitel 12, sowohl Jakobus als auch Petrus von Herodes ins Gefängnis geworfen. Gott ließ es zu, daß Jakobus getötet wurde,

Petrus aber rettete er auf übernatürliche Weise. Die Schrift erklärt nicht, warum Gott dies tat. Weder göttliche noch menschliche Gründe werden aufgeführt, um dieses Geheimnis zu erklären. Der Tod des Jakobus und die Rettung des Petrus erfüllten einfach die souveränen Zwecke Gottes. Während wir versuchen zu verstehen, warum Gott heilt oder auch nicht heilt, müssen wir immer bedenken, daß »seine Wege nicht unsere Wege sind« (Jes 55,8). Dennoch nennt uns die Bibel einige sehr eindeutige Gründe, warum es sein kann, daß die übernatürliche Kraft Gottes in verschiedenen Situationen zurückgehalten wird.

Apostasie

Alles, was sich mit der Gegenwart Gottes nicht verträgt, wird Gott auch dazu bewegen, seine übernatürliche Macht zurückzuziehen.[3] Wenn das Volk Gottes Apostasie[4] betreibt und sich von Gott abwendet, um statt seiner andere Dinge zu suchen, entzieht Gott seinem Volk seine hilfreiche Gegenwart. Dies kann einem einzelnen, einer Gruppe oder sogar einer ganzen Nation widerfahren.

Einige der Psalmen wurden in Zeiten der Apostasie in der Geschichte des Volkes Israel geschrieben. Psalm 74 ist einer dieser Psalmen und er wurde vermutlich während der Zeit des Exils geschrieben, als die Babylonier Israel überrannten und viele Israeliten deportierten.[5] In Vers 1 klagt der Psalmist, daß Gott sein Volk verworfen hat, und in den darauffolgenden Versen beschreibt er die Zerstörung, welche die Feinde Israels über das Land gebracht haben, weil es nicht länger von der Kraft Gottes beschützt wurde. Dann verändert sich das Wesen seiner Klage in den Versen 9-11:

> »Zeichen für uns sehen wir nicht, es ist kein Prophet mehr da, niemand von uns weiß, wie lange noch. Wie lange, Gott, darf der Bedränger noch schmähen, darf der Feind ewig deinen Namen lästern? Warum ziehst du die Hand von uns ab, hältst deine Rechte im Gewand verborgen?«

Die Abwesenheit übernatürlicher Zeichen und prophetischen Dienstes war, nach den Worten des Psalmisten, in Israel nicht das Normale. Es war ein Zeichen für ein schwerwiegendes göttliches Gericht über dem Land. Die Apostasie der Israeliten hatte Gott bewogen, seine übernatürliche Macht vom gesamten Volk zurückzuhalten.

Der Psalm 77 ist ganz ähnlich, wurde aber vermutlich zu einer anderen Zeit in der Geschichte Israels geschrieben. In der Mitte des Psalms beschreibt der Verfasser Gottes Gericht über die Apostasie des Volkes und bietet dann seine Antwort auf das Gericht Gottes dar:

> »Wird der Herr mich denn auf ewig verstoßen und mir niemals mehr gnädig sein? Hat seine Huld für immer ein Ende, ist seine Verheißung aufgehoben für alle Zeiten? Hat Gott seine Gnade vergessen, im Zorn sein Erbarmen verschlossen? Da sagte ich mir: ›Das ist mein Schmerz, daß die Rechte des Höchsten so anders handelt.‹ Ich denke an die Taten des Herrn, ich will denken an deine früheren Wunder. Ich erwäge all deine Werke und will nachsinnen über deine Taten. Gott, dein Weg ist heilig. Wo ist ein Gott, so groß wie unser Gott? Du allein bist der Gott, der Wunder tut, du hast deine Macht den Völkern kundgetan.« (Ps 77,8-15)

Dem Psalmisten nach war Gott so erzürnt über sein Volk, daß es schien, als wolle er sie für immer verwerfen.[6] Ihre Apostasie verhinderte, daß sie seine Gunst, seine unendliche Liebe und Barmherzigkeit erfuhren. Ein sicheres Zeichen, daß Gott seinem Volk kein Erbarmen zeigte, war das Ausbleiben seiner Macht und seiner Wunder im Volk. Der Psalmist bezeichnet die Wunder als etwas, das früher geschah (Vers 12). Der Psalmist gibt sich jedoch nicht damit zufrieden, unter dieser Art Gericht zu leben.

Er bittet Gott um einen neuen Erweis seiner Macht (Vers 12; diese Bedeutung des Hebräischen wird in den deutschen Übersetzungen nicht ausgedrückt). Obwohl er die Kraft Gottes zu der Zeit nicht erlebt, bezeichnet er doch Gott als den Gott, »der Wunder *tut*,« drückt dies also nicht in der Vergangenheitsform aus (Vers 14; Hervorhebung des Autors). Mit anderen Worten, der Psalmist erkennt klar, daß das Ausbleiben von Wundern in seiner Zeit an der Apostasie seines Volkes liegt und nicht an einer veränderten Einstellung Gottes gegenüber Wundern.

Vielleicht zeigen sich die Folgen der Apostasie am deutlichsten im Buch Richter. Das Buch Richter folgt einem zyklischen Erzählmuster. Der Zyklus besitzt vier Phasen. Erstens, das Volk begeht Apostasie. Zweitens, Gott gibt sie in die Hand fremder Unterdrücker. Drittens, das Volk kehrt um und bittet um Gnade. Und viertens, Gott erweckt einen Richter, der das Volk von den fremden Unterdrückern befreit.

In der Zeit ihrer Apostasie erleben sie die Abwesenheit der Gegenwart Gottes und daher auch seiner übernatürlichen Macht. Wenn das Volk jedoch umkehrt und um Gnade fleht, dann schickt er ihnen einen Befreier, wie Samson, durch den die Kraft Gottes fließt, und das Volk wird von seinen Feinden erlöst. Das Buch Richter zeigt, daß einer der sichersten Wege, um Gottes Gegenwart und damit auch Gottes übernatürliche Macht zu verlieren, die Apostasie ist.

Im Alten Testament zeigte sich die Apostasie am häufigsten in der Form des Götzendienstes. Heute findet sich eine vergleichbare Anbetung von Götzen zwar in den Teilen der Welt, in denen Naturreligionen und bestimmte asiatische Kulte große Bedeutung haben, doch der eigentliche Götzendienst findet sich in großem Umfang in der westlichen Kultur. Der Apostel Paulus nannte die Habsucht einen Götzendienst (Kol 3,5). Diese Form des Götzendienstes ist in den westlichen Kirchen sehr verbreitet. Manche Teile der Kirche in Amerika benutzen sogar die Habsucht als eine Hauptmotivation, dem Werk des Herrn etwas zu opfern. Einige Prediger reden, als wäre Jesu reich gewesen und hätte Designerjeans getragen und als ob es sein Wille sei, daß wir alle wohlhabend seien. Ihrer Meinung nach werden wir um so mehr bekommen, je mehr wir geben. Diese »Taufe der Habsucht« ist jedoch eigentlich eine Form des Götzendienstes und wird, wenn wir darin beharren, die Gegenwart des Herrn vertreiben und dazu führen, daß wir seine Kraft verlieren.

Wir können auch auf andere Weise Apostasie begehen. Wenn sich ein Christ der Sittenlosigkeit hingibt, so begeht er eine moralische Apostasie. Johannes hat gesagt: »Wenn wir sagen, daß wir Gemeinschaft mit ihm haben, und doch in der Finsternis leben, lügen wir und tun nicht die Wahrheit« (1 Joh 1,6). Gott wird keine Gemeinschaft mit uns haben, wenn wir in der Finsternis leben, und deshalb werden wir sowohl seine Gegenwart als auch seine Kraft verlieren.

Schließlich ist es auch noch möglich, eine Apostasie der Lehre zu betreiben. Es scheint, daß Hymenäus und Alexander dies getan haben und daß Paulus sie deshalb Satan übergeben hat, damit sie lernen sollten, Gott nicht mehr zu lästern (1 Tim 1,20). Liberale Gemeinden, die die Göttlichkeit Jesu, seine stellvertretende Versöhnung, seine jungfräuliche Geburt, seine körperliche Wiederauferstehung, seine körperliche Wiederkunft, den Himmel, die Hölle, die Rechtfertigung allein aus Glauben, die Autorität der Schrift und vieles mehr leugnen, können die Kraft Gottes nicht in ihrer Mitte erleben. Sie werden vermutlich nie eine göttliche Heilung oder ein Wunder bei einer Einzelperson oder Gemeinde erleben, die in den Kernaussagen des Glaubens von der Schrift abweicht.

Die Kraft Gottes mag noch eine gewisse Zeit einen Menschen oder eine Gruppe begleiten, die sich auf die Apostasie eingelassen haben. Selbst dem Weib Isebel in der Gemeinde in Thyatira ließ Gott Zeit, von ihrer Unzucht umzukehren, bevor er sie richtete (Offb 2,21-23). Dies liegt daran, daß Gott freundlich ist. Paulus sagt, die Freundlichkeit Gottes will seine rebellischen Kinder zur Umkehr führen (Röm 2,4). Doch selbst die Geduld Gottes kann erschöpft werden, und wenn dies geschieht, dann bleiben seine Gegenwart und seine Kraft aus und das Gericht beginnt.[7]

Gesetzlichkeit und ein lauer Glaube

Jesaja hat eines der tragischsten Gerichtsworte aufgeschrieben, das jemals über das Volk Israel gesprochen wurde:

> »Denn der Herr hat über euch einen Geist der Ohnmacht gebracht; er hat eure Augen [die Propheten] verschlossen und euren Kopf [die Seher] verhüllt« (Jes 29,10).

Die gottgewollte Benommenheit, die der Herr über Israel brachte, hielt sie davon ab zu verstehen, warum sie gerichtet wurden, und nahm ihnen so den Zugang zur Umkehr, damit das Gericht zum Ende kommen konnte. Er verblendete sogar die Augen derjenigen in Israel, die geistlich am sensibelsten waren, nämlich der Propheten und Seher, die eigentlich als Wächter über Israel fungieren sollten. Jesaja sagt, daß sie nicht in der Lage wären, Gottes Gericht zu verstehen, selbst wenn man Jesajas Visionen von diesem Gericht über Israel aufschreiben und ihnen geben würde. So vollkommen war ihre Blindheit (Jes 29,11-12). Was veranlaßte Gott dazu, seinem Volk seinen Dienst des prophetischen Geistes zu entziehen? In direktem Anschluß an seine Niederschrift der Gerichtsworte schreibt Jesaja:

> »Der Herr sagte: Weil dieses Volk sich mir nur mit Worten nähert und mich bloß mit den Lippen ehrt, sein Herz aber fernhält von mir, weil seine Furcht vor mir nur auf einem angelernten menschlichen Gebot beruht, darum will ich auch in Zukunft an diesem Volk seltsam handeln ...« (Jes 29, 13-14).

Die Gesetzlichkeit der Israeliten vertrieb die Gegenwart Gottes. Sie hielten eine äußerliche Frömmigkeit ein, aber sie ließen es zu, daß sich ihre Herzen von Gott abwandten. Gesetzlichkeit blendet immer ihre Anhänger, so daß sie die geistliche Wirklichkeit nicht erkennen. Gesetzlichkeit vertreibt den prophetischen Dienst des Heiligen Geistes. Denken Sie einen Moment darüber nach. Wie viele gesetzliche Menschen haben Sie schon kennengelernt? Und wie viele gesetzliche Menschen haben Ihnen gegenüber bereits zugegeben, daß sie gesetzlich sind? Ich habe noch nie erlebt, daß jemand der Gesetzlichkeit überführt wurde und dies dann auch zugegeben hätte. Viele Menschen wurden der Unzucht überführt und haben diese bekannt, aber ich habe nie einen gesetzlichen Menschen seine Gesetzlichkeit bekennen hören. Diese Sünde besitzt eine enorme Fähigkeit, den Betroffenen blind zu machen.

Das Schlimmste an der Gesetzlichkeit ist, daß sie die Gegenwart Gottes vertreibt. Zu Beginn seines Wirkens hat Jesaja eine Vision, in der sich der Herr über die Fülle von Opfern beklagt, die ihm aus Gesetzlichkeit heraus dargebracht werden (1,11). Jesaja hörte den Herrn ausrufen: »Bringt mir nicht länger sinnlose Gaben!« (1,13). Der Herr sagte, er werde die Israeliten nicht beachten, wenn sie beten, und ihre Gebete nicht erhören (1,15). Nicht einmal durch ihr Fasten konnten sie die Aufmerksamkeit des Herrn erringen (58,3). Gesetzlichkeit trennt uns schlichtweg von der Gegenwart Gottes ab.

Es gibt dafür gute Gründe. Gesetzlichkeit bedeutet mehr als einfach nur, menschlichen Geboten zu folgen und ein äußerlich korrektes Verhalten an den Tag zu legen, während sich das Herz mehr und mehr von Gott entfernt. Dies sind beides Formen der Gesetzlichkeit, doch die eigentliche Gesetzlichkeit ist schlimmer als beides. Das Wesen der Gesetzlichkeit besteht darin, religiösen Aktivitäten mehr zu vertrauen als Gott. Es bedeutet, sein Vertrauen in eine Handlungsweise zu setzen und nicht in eine Person. Und ohne Ausnahme führt dies dazu, daß wir die Handlungsweisen mehr lieben als die Person.

Das Ziel allen Lebens ist, Gott mit ganzem Herzen, von ganzer Seele und mit all unserer Kraft und all unserem Verstand zu lieben. Die Gesetzlichkeit ist ein direkter Angriff auf das höchste Gebot, weil sie unsere Aufmerksamkeit und unser Vertrauen von der Person Gottes wegverlagert auf religiöse Aktivitäten. Gott hat dies damals beim Volk Israel nicht geduldet. Jesus hat es bei den Schriftgelehrten und Pharisäern nicht geduldet. Und er wird es auch heute in seinem Volk nicht dulden. Gesetzlichkeit herrscht heute in der Kirche noch genauso vor wie im Judaismus des ersten Jahrhunderts, als Jesus wirkte. Die Schriftgelehrten und Pharisäer haben die Kraft Gottes nie kennengelernt, und den Gesetzlichen in der heutigen Kirche geht es nicht anders.

Der Bruder der Gesetzlichkeit ist ein lauer, selbstgefälliger Glaube. Das bezeichnendste Beispiel hierfür im Neuen Testament ist die Gemeinde in Laodizea. Sie war eine der wohlhabendsten Gemeinden Kleinasiens, doch Jesus sagt von ihr, sie sei lau (Offb 3,16). Ein deutliches Merkmal einer lauen Gemeinde ist die Einstellung: »Ich bin reich und wohlhabend, und nichts fehlt mir« (Offb 3,17). Wenn wir den Punkt erreichen, wo wir unseren Hunger nach Gott verlieren und mit unserem momentanen geistlichen Zustand zufrieden sind, sind wir lau geworden. Wir sollen Gott allezeit dankbar sein für alles, aber nie zufrieden mit dem, was wir geistlich erreicht haben. Wir sollen immer danach verlangen, mehr von Gott, von seiner Gegenwart und mehr vom Wesen Christi geprägt zu werden (Gal 4,19). Wenn wir aufhören, mehr zu suchen, geraten wir in einen Zustand der Selbstgefälligkeit und werden, wie Jesus es nennt, lau. Er sagt, wenn wir lau bleiben, wird er uns »aus seinem Mund ausspeien« (Offb 3,16). Was immer dieses »ausspeien» auch bedeuten mag, mit Sicherheit ist damit der Verlust seiner hilfreichen Gegenwart und seiner Kraft gemeint.

Während Apostasie den Verlust der Reinheit bedeutet, führen Gesetzlichkeit und ein lauer Glaube zum Verlust der innigen Beziehung zu Gott und der Einheit untereinander. Eine innige Beziehung zu Gott ist die unabdingbare Voraussetzung für unseren Dienst. Erinnern Sie sich daran, daß Jesus nur tat, was er den Vater tun sah (Joh 5,19). Das übernatürliche Wirken Jesu hing gänzlich von seiner innigen Beziehung zum Vater ab. Ebenso war der Dienst der Apostel völlig von ihrer innigen Beziehung zu Jesus abhängig, denn ohne ihn konnten sie nichts tun (Joh 15,5). Daher bedeutet der Verlust der innigen Beziehung zu Jesus auch den Verlust seiner Kraft für den Dienst.

Der Verlust der innigen Beziehung zu Gott führt unvermeidlich auch zum Verlust der Einheit der Gläubigen. Einheit beruht darauf, Gottes Stimme zu hören und seinen momentanen Prioritäten für unser Leben zu folgen. Jesus betete für die Einheit der Gläubigen, damit die Welt erkennen möge, daß der Vater Jesus gesandt hat und die Kirche liebt (Joh 17,23). Ohne Einheit wird die Kirche in der Welt keine Glaubwürdigkeit erlangen oder die Kraft haben, ihren Auftrag zu erfüllen.

Apostasie, Gesetzlichkeit und ein lauer Glaube sind ernsthafte Probleme in der heutigen Kirche. Diese Dinge behindern in bedeutsamem Ausmaß das übernatürliche Wirken Gottes unter den Gläubigen in heutiger Zeit. Ich glaube jedoch, daß es noch einen wichtigeren Faktor gibt, der ein sehr viel größeres Hindernis darstellt als diese drei zusammengenommen. Ich meine damit den heutigen Unglauben, der überall in der Kirche herrscht.

Unglaube

Als Jesus seine Heimatstadt Nazareth besuchte, wurde er mit Unglauben, ja sogar Verachtung empfangen. Welche Auswirkungen hatte dies auf seinen übernatürlichen Dienst? Markus sagt, Jesus »konnte dort keine Wunder tun; nur einigen Kranken legte er die Hände auf und heilte sie. Und er wunderte sich über ihren Unglauben« (Mk 6,5-6). Manche Leute haben Mühe mit der Aussage, »er konnte nicht.« Der Sohn Gottes ist allmächtig. Wie kann man von einem, der allmächtig ist, behaupten, »er konnte dort keine Wunder tun?« Doch es gibt Dinge die auch einer, der vollkommen und allmächtig ist, nicht tun kann. Zum Beispiel kann er nicht lügen (Hebr 6,18). Er kann keine Gemeinschaft mit der Finsternis haben (1 Kor 6,14; 1 Joh 1,6). Gehört diese Stelle aus dem Markusevangelium in dieselbe Kategorie?

Matthäus schrieb über dieselbe Begebenheit, doch er sagt nicht, daß Jesus in Nazareth keine Wunder tun konnte. Er sagt: »Und wegen ihres Unglaubens *tat er* dort nur wenige Wunder« (Mt 13,58; Hervorhebung des Autors). Ich denke, Matthäus hilft uns zu verstehen, was Markus gemeint hat. Ich glaube nicht, daß wir das »er konnte nicht« bei Markus in einem absoluten Sinn verstehen sollten. Es gab Fälle, in denen Jesus Wunder tat, ohne daß eine Spur von Glaube vorhanden zu sein schien.[8] Ich denke, was Matthäus und Markus uns hier sagen, ist, daß Jesus im allgemeinen in einer Atmosphäre des Unglaubens keine Wunder tun wird. Jakobus hat dieses Prinzip auf andere Art ausgedrückt. Er sagte seinen Lesern: »Ihr erhaltet nichts, weil ihr nicht bittet« (Jak 4,2). Mit anderen Worten, wir werden Gott nicht um etwas bitten, von dem wir nicht auch glauben, daß er es uns geben wird.

Erinnern Sie sich an die Geschichte, die ich weiter oben erzählt habe, über die Theologen, mit denen ich zusammensaß und die lachend all die Dinge aufzählten, worum sie Gott nicht bitten würden? Während sie sich lustig machten und all diese Dinge aufzählten, mußte ich an diese Stelle aus dem Jakobusbrief, Kapitel 4, denken. Als einer von ihnen sagte, er würde nicht für ein blindes Auge um Heilung beten, da fiel mir diese Stelle ein und ich dachte: »Dreimal darfst du raten, wieviel Heilungen du erleben wirst!« Diese Männer werden nie um eine übernatürliche Heilung beten, also werden sie vermutlich auch nie eine übernatürliche Heilung erleben. »Ihr erhaltet nichts, weil ihr nicht bittet.«

Wenn Sie noch keine wirklich übernatürliche Heilung erlebt haben, dann fragen Sie sich, wie häufig Sie darum bitten. Ich rede hier nicht von diesen rituellen Gebeten, bei denen der Name eines Kranken zusammen mit einer Liste von anderen im Sonntagsgottesdienst genannt wird, damit wir Gott bitten können, daß er die Hände der Ärzte führt, die Familien tröstet und ihnen sagt, daß alles zum Besten dienen wird. Solche Gebete werden oft aus pastoraler Höflichkeit gesprochen, ohne echte Erwartungen, daß Gott ein Wunder tun wird. Wenn ich Sie frage, wie oft Sie um übernatürliche Heilungen beten, dann frage ich danach, wie oft Sie in ein Krankenzimmer gehen und für die Kranken und Leidenden beten, daß sie auf übernatürliche Weise geheilt werden mögen? Wie oft legen Sie in Ihrer Gemeinde Kranken die Hände auf und beten für sie? Die meisten Menschen, mit denen ich rede und die noch nie ein Wunder gesehen haben, sind im großen und ganzen Leute, die sich nie die Mühe machen würden, in einem glaubenden Gebet Kranken ihre Hände aufzulegen. Umgekehrt habe ich noch keinen gefunden, der regelmäßig Kranken in einem glaubenden Gebet die Hände auflegt und nicht mindestens ein paar übernatürliche Heilungen erlebt hat.

Das Überraschende für mich ist nicht, wie wenig Heilungen Gott in den konservativen evangelikalen Gemeinden schenkt, sondern, daß er es überhaupt tut. Die Kirche ist in weiten Teilen so voller Unglaube, daß ich ehrlich erstaunt bin, daß überhaupt noch Menschen Heilung erfahren.

Die meisten konservativen theologischen Fakultäten, die ich kenne, unterrichten ihre Studenten nicht über die Bereitschaft Gottes zu heilen. Viele lehren sogar, daß Gott nicht in bedeutsamem Umfang heilt und einige sogar, daß die Sehnsucht nach Wundern etwas Böses ist.[9] Die Abgänger dieser Fakultäten sind die künftigen Pfarrer der Kirchen Amerikas. Sie lehren ihre Gemeinden, was sie selbst auf ihren Fakultäten gelernt haben. Ist es daher erstaunlich, daß ein wesentlicher Teil der heutigen Kirche nur sehr wenig von der übernatürlichen Kraft Gottes erlebt?

Obwohl ich nicht mehr als Dozent an einer der Fakultäten arbeite, werde ich doch immer noch eingeladen, in den Seminaren oder bei anderen akademischen Veranstaltungen Vorlesungen zu halten. Auf meinen Reisen begegne ich Theologieprofessoren und Verantwortlichen aus den Kirchen. Ich entdecke, daß immer weniger dieser Verantwortlichen bereit sind, die Ansicht zu vertreten, daß die Geistesgaben mit den Aposteln vergangen sind. Oft sogar höre ich Verantwortliche sagen: »Ich bin offen für die Gaben des Heiligen Geistes und dafür, daß Gott Heilungswunder schenkt.« Oft sagen die Leute das so, als wäre es ein Zeichen von Edelmut, »offen« zu sein. Offen zu sein bedeutet bei Gott jedoch nicht viel. Ein Mensch, der nur einfach offen ist, ist doch immer noch einer, der nicht glaubt.

Würde ein Nichtchrist sterben mit einer Offenheit für die Möglichkeit, daß Jesus vielleicht für seine Sünden am Kreuz gestorben ist, dann würde er immer noch in die Hölle kommen. Nicht auf der Offenheit liegt Gottes Segen, sondern auf dem Glauben und dem Erstreben seiner Verheißungen. Jesus hat niemals gesagt: »Selig sind die, die offen sind.«

Würden Sie Ihr Geld einem Börsenmakler geben, der sagt, er sei offen dafür, mit Ihren Lebensersparnissen einen Profit zu erwirtschaften? Offen zu sein ist bei allen wichtigen Dingen schlichtweg zu wenig. Ich bin mir sicher, daß es in den meisten Fällen besser ist als Feindseligkeit gegenüber einer Sache, aber Offenheit wird uns kein geistliches Wachstum einbringen. Paulus sagte uns nicht, für die Geistesgaben offen zu sein; er ermahnte uns, mit Eifer nach ihnen zu streben (1 Kor 12,31; 14,1.39). Im ersten Jahrhundert folgten die Leute Jesus und den Aposteln, um Heilungen und Wunder zu erfahren. Sie brachten ihre Kranken zu ihnen und erwarteten, daß sowohl Krankheiten als auch Dämonen verschwinden würden. Ich glaube nicht, daß in der heutige Kirche Heilungen und Wunder weitverbreitet sein werden, solange die Gläubigen nicht wieder nach diesen Dingen hungern.

Der Wert des Leidens für die Erlösung

Meistens, wenn im Neuen Testament von Leiden die Rede ist, bezieht sich dies nicht auf körperliche Krankheiten, sondern vielmehr darauf, um der Gerechtigkeit willen Verfolgung zu leiden. Dennoch glaube ich immer noch, daß auf manchen Krankheiten manchmal ein gottgewollter Segen liegt. In solchen Fällen heilt Gott ein Leiden nicht oder gewährt nicht das Wunder, um das wir gebetet haben, sondern gibt uns statt dessen Gnade, das scheinbar oft unannehmbare Leiden zu ertragen.

Niemand weiß genau, was dieser »Stachel im Fleisch« des Paulus war. Es mag eine Krankheit gewesen sein oder auch eine Art Verfolgung, die ihm widerfuhr. Was immer auch dahintersteckte, Gott beschloß, diesen Stachel nicht zu ziehen. Paulus sagt:

> »Dreimal habe ich den Herrn angefleht, daß dieser Bote Satans von mir ablasse. Er aber antwortete mir: Meine Gnade genügt dir; denn sie erweist ihre Kraft in der Schwachheit. Viel lieber also will ich mich meiner Schwachheit rühmen, damit die Kraft Christi auf mich herabkommt. Deswegen bejahe ich meine Ohnmacht, alle Mißhandlungen und Nöte, Verfolgungen und Ängste, die ich für Christus ertrage; denn wenn ich schwach bin, dann bin ich stark« (2 Kor 12,8-10).

Paulus fand erlösende Gnade, als er um Christi willen unvermindert Leiden ertrug. Petrus drückt den »läuternden« Wert des Leidens auf andere Weise aus. Er schreibt:

> »Deshalb seid ihr voll Freude, obwohl ihr jetzt vielleicht kurze Zeit unter mancherlei Prüfungen leiden müßt. Dadurch soll sich euer Glaube bewähren, und es wird sich zeigen, daß er wertvoller ist als Gold, das im Feuer geprüft wurde und doch vergänglich ist. So wird (eurem Glauben) Lob, Herrlichkeit und Ehre zuteil bei der Offenbarung Jesu Christi« (1 Petr 1,6-7).

Petrus sagt uns drei Dinge, die uns viel Trost geben sollten, wenn Gott unsere Gebete nicht erhört und ein Leiden nicht von uns nimmt. Erstens sagt er uns, daß wir »jetzt« leiden. Manchmal, wenn wir eine Zeit des Leidens durchmachen, stehen wir in der Gefahr zu meinen, es würde niemals enden. Doch Petrus ermutigt uns, das Leiden als etwas anzusehen, das nur »jetzt« wirksam ist. Zweitens sagt er uns, daß es nur »eine kurze Zeit« andauern wird. Im Licht der Ewigkeit wird alles Leiden nicht mehr sein als ein Atemzug oder eine Rauchwolke. Drittens sagt uns Petrus, daß das Leiden uns nur ereilt, wenn dies nötig ist. (In der Übersetzung nach Luther heißt es in Vers 6: »Dann werdet ihr euch freuen, die ihr jetzt eine kleine Zeit, wenn es sein soll, traurig seid in mancherlei Anfechtungen.«) Und schließlich wird all unser Leiden mit einem Läuterungsprozeß verglichen – »im Feuer geprüft« –, durch den unser Charakter gestärkt wird. Dies führt dazu, daß dem Herrn Jesus Christus Lob, Herrlichkeit und Ehre zuteil wird. Wenn wir tiefstes Leid ertragen und nicht zulassen, daß es unsere Liebe und unser Vertrauen zum Herrn Jesus Christus schmälert, so verwandelt uns dies um so mehr in sein Bild und gibt ihm große Ehre. Wenn Sie also Vertrauen in Gottes Heilung haben und Sie ihn darum bitten, er aber nicht heilt, dann mag es sein, daß er möchte, daß Sie durch Ihr Leiden den Sohn verherrlichen. Wenn dies sein Anliegen ist, wird er Ihnen auch die Gnade geben, die Anfechtung zu ertragen.

Ich muß Sie jedoch warnen. Es wäre ein schrecklicher Fehler, läuterndes Leiden als das gleiche anzusehen wie Gottes Gericht über unsere Sünden oder seine Erziehungsmaßnahmen wegen unserer Sünden. Petrus hat den Ausdruck »wenn es sein soll« nicht auf das Gericht bezogen. Es kann sein, daß es Gott aus einer Reihe anderer Gründe, außer dem Gericht über unsere Sünden, zuläßt, daß uns Leiden ereilen. Ijob wurde von Gott als der gerechteste und untadeligste Mann auf Erden angesehen, und doch ließ es Gott zu, daß er Schreckliches erleiden mußte. Sicher hatte dieses Leiden einen läuternden Effekt auf Ijobs Charakter, aber die Bibel läßt es unter keinen Umständen zu, daß wir Ijobs Leiden als ein göttliches Gericht seiner Sünden ansehen. Nur allzu oft entdecke ich, daß viele Kinder Gottes fälschlicherweise annehmen, ihre Bedrängnis sei ein Zeichen des Gerichtes Gottes über sie.

Ich glaube durchaus, daß Gott wegen unserer Sünden ein katastrophales Gericht über unser Leben bringen kann (vgl. 1 Kor 5,1-5). Aber ich glaube auch, daß er dies nur bei einer massiven Rebellion unsererseits tut. Wenn Sie nicht gegen Gott rebellieren und dennoch leiden, lassen Sie es nicht zu, daß der Teufel Sie mit Gedanken quält, die Sie verurteilen und mit Gericht bedrohen.

Ich selbst gehe so vor, daß ich Gott bei einem Leiden, das ich erfahre, bitte, er möge es heilen oder von mir nehmen. Dies tue ich, sofern mir der Herr nicht ausdrücklich sagt, daß er nicht vorhat, dieses Leiden zu nehmen. In solchen Fällen möchte ich ihm, als dem liebenden Vater im Himmel, vertrauen und das Leiden, das er über mich kommen ließ, mit Liebe und Zuversicht in meinem Herzen ertragen. Ich versuche, alle anklagenden Gedanken abzuweisen, mit denen der »Ankläger unserer Brüder« (Offb

12,10) mich nur allzu schnell überhäuft; denn sonst könnte es sein, daß der läuternde Effekt, den Gott durch dieses Leiden beabsichtigt, stark eingeschränkt wird.

Gottes Zeitpunkt und Gottes Geheimnisse

Ich stellte am Anfang dieses Kapitels fest, daß es Momente gibt, wo Gott uns keinerlei Hinweise gibt, warum er heilt oder warum er nicht heilt. Als Jesus am Teich Bethesda war, heilte er nur einen Gelähmten (Joh 5,1-15), obwohl überall um den Teich herum Kranke lagen. Es wird uns nie mitgeteilt, warum es der Wille des Vaters war, nur einen Menschen zu heilen und die anderen Kranken weiter leiden zu lassen.

Ich betete einmal für ein Baby, das ohne Gehirn geboren worden war. Nur ein kleiner Teil des Stammhirns war entwickelt. Dieses Kind war in einer christlichen Familie geboren worden, die bereits zwei Söhne durch einen tragischen Tod verloren hatte. Als ich gebeten wurde, auf die Intensivstation zu gehen und für das kleine Baby zu beten, meinte ich, ich fühle Glauben in mir aufsteigen. Ich erinnerte mich an die dokumentierte Heilung eines kleinen Jungen, der in Vancouver, Kanada, in ähnlichem Zustand geboren worden war. Der Vater des Jungen hatte mir die Heilung beschrieben, die den Ärzten in Vancouver ein Rätsel gewesen war und seinen Sohn in dieser Stadt zu einem medizinischen Phänomen werden ließ. Ich dachte an diese Heilung, als ich auf die Intensivstation ging, um für dieses Baby zu beten.

Ich war erstaunt, als ich das Baby, einen Jungen, sah. Er war hübsch! Er sah so gesund und normal aus. Der Pfarrer der Gemeinde, der diese Familie angehörte, und ich beteten für das Kind, und obwohl wir Gottes Gegenwart nicht besonders spürten, dachten wir, die Chancen stünden nicht schlecht, daß der Junge geheilt werden würde. Doch statt dessen starb er am darauffolgenden Tag. Als ich nach Hause zurückkehrte, erfuhr ich, daß Gott eine Frau, die nicht einmal sonderlich um Umkehr bemüht war, von einer Geschlechtskrankheit geheilt hatte. Ich spürte, wie die Wut in mir hochstieg. Ich fragte Gott, warum er eine Frau heilte, die dies nicht verdient hatte, und ein unschuldiges kleines Kind sterben ließ.

Es war, als würde der Herr zu mir sagen: »Wer hat denn eine Heilung verdient? Willst du der sein, der entscheidet, wo und wie ich meine Gnade auszuteilen habe?« Diese Zurückweisung genügte. Gott erklärte mir nicht, warum er das Baby sterben ließ und die Frau heilte, aber er erinnerte mich daran, daß er völlig souverän ist und niemandem eine Erklärung schuldet.

Ich bin sicher, daß noch andere Faktoren Einfluß darauf haben, ob Wunder geschehen oder nicht. Ich bin sicher, daß es bei der Gewährung von übernatürlichen Heilungen ein ständiges Auf und Ab gibt, wie dies auch in der Erweckungsgeschichte der Fall ist. Zu allen Zeiten werden Menschen gerettet und geheilt, doch es gibt Zeiten, in denen die Gnade Gottes in besonderer Weise ausgegossen wird und solche Dinge in Fülle geschehen. Die Kirche erlebt nicht permanent Erweckungen, sondern hat sie in den letzten zweitausend Jahren phasenweise immer wieder erfahren. Manche Teile der Kirche haben noch nie eine Erweckung erlebt; zum Beispiel Australien, mit Ausnahme der Ureinwohner. Es wäre natürlich falsch, nun den Schluß zu ziehen, daß Gott heute keine Erweckungen mehr schenkt. Es zeigt nur, daß es in der Geschichte der Erweckungen ein Auf und Ab gibt.

Neben diesem Auf und Ab in der göttlichen Zeitplanung und dem läuternden Wert des Leidens gibt es ohne Zweifel noch andere biblisch begründete Faktoren, die die Häufigkeit von Wundern beeinflussen. Doch sicher sind es die Gründe im Menschen selbst, die in diesem Kapitel genannt wurden, die eine Manifestation der übernatürlichen Kraft Gottes verhindern: die Apostasie in all ihren Varianten, die Gesetzlichkeit, ein lauer Glaube und der Unglaube.

Übrigens kann sich jede Gemeinde – ob charismatisch, pfingstlerisch, zur »Dritten Welle« gehörend, nicht-charismatisch oder anti-charismatisch – der drei Ursachen schuldig machen, die ich genannt habe, um wenigstens teilweise zu erklären, warum Gott Heilung verwehrt (d. h. Apostasie, Gesetzlichkeit und lauer Glaube, Unglaube). Selbst eine Gemeinde mit einem starken theoretischen Glauben an göttliche Heilungen kann von Unglauben erfüllt sein, wenn es darum geht, ganz praktisch für die kranken Gemeindeglieder zu beten. Auf der Grundlage meiner praktischen Erfahrung würde ich sogar sagen, daß dies gar nicht so selten der Fall ist.

Ich glaube nicht, daß diese drei Negativfaktoren jemals dadurch überwunden werden, daß man ihnen bloß zu widerstehen versucht. Das Gegenmittel gegen diese Sünden ist, Gott als Person zu suchen. Der Herr gab Salomo ein Versprechen, das heute noch gilt:

> »[Wenn] mein Volk, über das mein Name ausgerufen ist, sich demütigt und betet, mich sucht und von seinen schlechten Wegen umkehrt, dann höre ich es im Himmel. Ich verzeihe seine Sünden und bringe seinem Land Heilung« (2 Chr 7,14)

Ich glaube, wenn die Kirche diesem Rat folgen würde, würde uns Gott alles geben, worum wir ihn bitten (unter der Voraussetzung, daß unsere Bitten mit der Schrift in Einklang stehen). Ich glaube, er würde uns Erweckung, Wunder, göttliche Offenbarungen und, vor allem, eine innige Beziehung zu sich schenken, wie sie nur wenige von uns bisher erlebt haben. Eine der großen Aufgaben, vor denen die Verantwortlichen in der Kirche in unserer Generation stehen, ist, die Kirche dazu zu bringen, daß sie diese Zusage Gottes glaubt. Wir müssen unseren Unglauben über Bord werfen und den Gott der Bibel suchen, der keine Grenzen hat.

Kapitel 12

Die Gaben mit Eifer suchen

Leesa und ich haben eine sehr teure Freundin, die unter schweren Kopfschmerzen leidet. Bisher war kein Arzt in der Lage, die Ursache oder eine Behandlungsmöglichkeit für diese Kopfschmerzen zu finden. Manchmal legen diese Schmerzen unsere Freundin völlig lahm, oft wird sie dadurch sehr geschwächt. Unsere Freundin ist eine wunderbare Ehefrau und Mutter und liebt Gott von ganzem Herzen. Jeden Tag verbringt sie die frühen Morgenstunden im Nachdenken über die Bibel und im Gebet für die Ausbreitung des Reiches Gottes. Neulich sagte sie uns, diese Morgenstunden seien ihr wichtigster Grund zu leben. Sie ist davon überzeugt, daß Gott sie auf die Welt gebracht hat, damit sie im Gebet darum ringt, daß Gottes Ehre offenbar wird. Sie ist so treu in ihrem Gebet, wie ich es sonst noch bei niemandem erlebt habe.

Wir haben darum gebetet, daß der Herr unsere Freundin von diesen Kopfschmerzen heilen möge, doch bisher sind sie nur noch schlimmer geworden. Kürzlich hat ihr ein Arzt ein Medikament verschrieben, das die Schmerzen erfolgreich beseitigt. Doch sie muß dieses Mittel vor dem Einschlafen nehmen, und dadurch ist sie noch den halben Vormittag danach benommen. Nun steht unsere Freundin in einem Zwiespalt: Wenn sie das Mittel nimmt, kann sie sich morgens nicht genügend auf die Bibel und das Gebet konzentrieren; nimmt sie das Medikament nicht, dann hat sie schreckliche Kopfschmerzen zu erleiden. Ihre Gebetszeit ist ihr so wichtig, daß sie das Medikament oft wegläßt und lieber die Schmerzen erträgt, um mit ihrer morgendlichen Fürbitte fortfahren zu können.

Ich werde oft von gesunden Menschen gefragt, warum ich glaube, daß Heilungen so wichtig sind. Fragen Sie unsere Freundin, die an Kopfschmerzen leidet, warum Heilungen wichtig sind. Sie wird Ihnen sagen, daß die körperlichen Schmerzen qualvoll sein können, aber sie wird Ihnen auch sagen, daß die Art und Weise, auf die ihr Gebetsleben von diesen Schmerzen unterbrochen wird, genauso frustrierend ist, wenn nicht gar noch frustrierender. Sicher, Gott hat ihr Gnade gegeben, sowohl die Schmerzen als auch die Frustration zu ertragen, und sie wird beides auch weiterhin ertragen, wenn es sein muß. Aber noch lieber würde sie die Gnade einer Heilung empfangen.

Kranken Menschen fällt es nicht schwer, Ihnen zu sagen, warum Heilungen wichtig sind. Wir besitzen Krankenhäuser und ein professionelles Gesundheitswesen, weil die Menschen an die Bedeutung der Heilung glauben. In der westlichen Welt ist das Gesundheitswesen bei der Heilung von Krankheiten so ausgezeichnet, daß für die meisten Leute Gott im Krankheitsfall überflüssig ist. Heilung durch Gott scheint erst dann wieder wichtig zu werden, wenn die Ärzte und die moderne Medizin nicht weiterhelfen können. Jeder, der ein chronisches Leiden hat, das durch moderne medizinische Mittel nicht behoben oder auch nur ausreichend gelindert werden kann, wird bald eine andere Meinung über göttliche Heilung besitzen.

Ich habe an einem Krankenbett gestanden und miterlebt, wie ein süßer kleiner Junge an Aids gestorben ist. Der Arzt und das Krankenhaus haben alles getan, was sie konnten. Die Ärzte und die Gemeinde, der die Familie angehörte, hatten ihnen gesagt, es sei hoffnungslos. Der Pastor hatte sogar darüber gepredigt, daß wunderbare Heilungen heute nicht mehr vorkämen. Und doch hofften die Eltern des kleinen Jungen, daß ihre Gemeinde unrecht haben möge. Die Qual, die ihnen ins Gesicht geschrieben stand, sagte alles darüber, wie wichtig Gottes Eingreifen für Menschen in äußerster Not ist.

Man muß kein Aids haben, um zu wissen, daß göttliche Heilungen wichtig sind. Keine unserer Krankheiten und Schmerzen sind zu gering, um sie dem Herrn zu nennen. Er gebietet uns sogar: »Werft alle eure Sorge auf ihn, denn er kümmert sich um euch« (1 Petr 5,7). Es ist legitim, ihm alles zu bringen, das uns Angst macht. Ob es nun eine Krankheit oder ein chronisches Leiden ist, das die Mediziner nicht heilen können oder eine Krankheit, deren Behandlung wir uns nicht leisten können. Was immer es ist, wir haben die göttliche Genehmigung, es zuerst und vor allem vor ihn zu bringen.

Die Heilung ist unserem himmlischen Vater so wichtig, daß er den Ältesten der Gemeinde geboten hat, als Teil ihres normalen Dienstes als Hirten mit den Kranken zu beten (Jak 5,14-16). Unser Vater kümmert sich um den ganzen Menschen. Er kümmert sich nicht nur um unseren Verstand und unseren Willen, sondern auch um unseren Körper und unsere Gefühle. Es herrscht heute in weiten Teilen der Kirche eine gnostische Mentalität, daß Gott kein echtes Interesse an unserem Leib habe. Der Apostel Johannes teilte die gnostischen Ansichten seiner Zeit nicht. Er zeigte Gottes Sorge um den Leib des Menschen, als er, unter der Inspiration des Heiligen Geistes, an Gaius schrieb: »Lieber Bruder, ich wünsche dir in jeder Hinsicht Wohlergehen und Gesundheit, so wie es deiner Seele wohlergeht« (3 Joh 2).

Die Heilung ist nicht die einzige Geistesgabe, die von Bedeutung ist. Der Herr gebietet uns, die Gaben, besonders die Prophetie, mit Eifer zu suchen (1 Kor 12,31; 14,1.39). Die Geistesgaben wurden uns gegeben, damit der Leib auferbaut wird (1 Kor 12,7). Wir können nie genug Erkenntnis über das Wort bekommen oder zu reif werden, um die Geistesgaben nicht mehr zu benötigen. Ich kenne niemanden, der das Niveau an Reife und Erkenntnis des Apostels Paulus erreicht hätte. Doch Paulus hatte nie den Eindruck, daß er aus dem Bedürfnis nach den Geistesgaben herausgewachsen sei.

Jede der übernatürlichen Gaben des Heiligen Geistes, wie auch die übrigen Gaben, die normalerweise nicht als übernatürlich angesehen werden, hat einen wichtigen Beitrag für den Leib Christi zu leisten. Doch wenn die Verantwortlichen in der Kirche nicht lernen, wie diese Geistesgaben im Leib Christi gepflegt werden können, dann werden die Gaben das ihre nicht leisten können und das Wachstum, das dadurch dem Leib Christi zugute gekommen wäre, geht verloren.

Wie können wir die Gaben des Heiligen Geistes kultivieren?

Manche Leute haben Schwierigkeiten zu verstehen, wie man eine Gabe, die auf übernatürliche Weise gegeben wird, kultivieren oder entwickeln kann.[1] Diese Schwierigkeit kommt daher, daß die übernatürlichen Gaben des Heiligen Geistes als etwas Magisches oder Mechanisches angesehen werden. Ein Lehrer kann in der Gabe zu lehren wachsen, und ein Evangelist in der Gabe zu evangelisieren. Warum fällt es so schwer zu glauben, daß jemand in der Gabe zu heilen oder Wunder zu tun wachsen kann?

In Wahrheit können wir in jeder geistlichen Übung und jeder Geistesgabe wachsen. Es gibt eine Reihe wichtiger Dinge, die wir tun können, um die Gaben des Heiligen Geistes in unserem eigenen Leben und im Leben der Gemeinde zu kultivieren.

Erstens müssen wir von der Lehre der Bibel überzeugt sein, daß die Geistesgaben auch für die heutige Zeit gedacht und wichtig sind; sonst werden wir keinen Glauben haben, sie auszuüben oder um sie zu bitten. Wir müssen auch das Vertrauen haben, daß die Geistesgaben allen Christen gegeben sind (1 Petr 4,10) und nicht nur einigen besonders verdienten Leuten.

Sobald ich von der Lehre der Schrift überzeugt war, daß die Gaben des Heiligen Geistes für die heutige Zeit gedacht sind, begann ich, sie mit Fleiß zu suchen. Das Wichtigste, was ich bei dieser Suche unternahm, war, daß ich anfing, ganz speziell für die Gaben zu beten, von denen ich den Eindruck hatte, daß Gott sie mir schenken wollte. Selbst wenn der Heilige Geist jedem die Gaben zuteilt, wie er will (1 Kor 12,11), ermuntert Paulus die Korinther trotzdem, um die Geistesgaben zu beten. So sagt Paulus zum Beispiel, daß sie um die Gabe der Auslegung beten sollen, wenn sie die Gabe des Sprachengebets besitzen (1 Kor 14,13).

Bleiben Sie nicht passiv. Sagen Sie nicht: »Gott kann mir jede Gabe geben, wenn er will.« Gott könnte Sie auch zu einem großen Gelehrten der Schriftauslegung machen, wenn er wollte, aber ich kenne keinen solchen Gelehrten, der nicht eifrig nach Erkenntnis des Wortes Gottes gestrebt hätte, um zu dem zu werden, was er heute ist. Auch kenne ich keinen großen Evangelisten, der sich nicht mit Eifer um die Evangelisation bemüht hätte.

Erinnern Sie sich daran: »Ihr erhaltet nichts, weil ihr nicht bittet« (Jak 4,2). Ich bete jeden Tag ganz speziell für die Geistesgaben, die ich gerne in meinem Leben am Wirken sehen würde. Heilung ist zum Beispiel eine Gabe, die ich regelmäßig in meinem Dienst erleben möchte. Ich bete jeden Tag, daß der Herr mir die Autorität und die Kraft zur Ausübung dieser Gabe geben möchte. Ich nenne spezifische Arten von Krankheiten und Leiden, bei denen ich erleben möchte, daß er sie heilt, wenn ich mit Menschen bete.

Vermutlich das Zweitwichtigste, das ich bei meinem Bemühen um die Geistesgaben getan habe, ist, daß ich versucht habe, die Gaben regelmäßig einzusetzen. Sehr häufig birgt dies ein Risiko, nämlich die Gefahr, dumm dazustehen. Fast im selben Moment, als ich Gott bat, mir einen Heilungsdienst zu übertragen, fing ich an, mit Kranken zu beten. Die meisten Kranken, für die ich zunächst betete, wurden nicht geheilt. Als ich anfing, »Worte der Erkenntnis« öffentlich zu äußern, erlebte ich einige peinliche Momente. Doch es gibt bei jeder Art Wachstum nur die Möglichkeit, es ständig zu üben und etwas zu riskieren. Der einzige gute Sportler, den Sie je erleben werden, ist ein schlechter Sportler, der nicht aufgegeben hat. Als sich die Jünger mit Jesus auf den Weg machten, waren sie unglaublich dumm und nicht sonderlich vielversprechend. Doch die elf, die nicht aufgaben, wurden die Leiter der frühen Kirche. Denken Sie mit Hilfe des Gleichnisses von den Talenten (Mt 25,14-30) über die Geistesgaben nach. Wenn wir nichts riskieren, wird unsere Begabung nicht wachsen, und wenn unsere Begabung nicht wächst, wird der Herr nicht mit uns zufrieden sein.

Eine dritte Sache, die ich hilfreich fand, war natürlich, die Schrift bezüglich der Geistesgaben zu studieren. Sie hat eine Menge zu den Geistesgaben zu sagen, wie auch viele Beispiele eines übernatürlichen Dienstes. Die Bibel bietet uns viele hilfreiche Prinzipien für den übernatürlichen Dienst an. Ich lese immer wieder Bücher über die übernatürlichen Gaben des Heiligen Geistes und ebenso Biographien von Christen, die von Gott besonders stark in einen übernatürlichen Dienst gesandt wurden.

Etwas anderes, das mir bei meinem Bemühen um die Gaben des Heiligen Geistes sehr geholfen hat, war die Freundschaft mit Menschen, die in den Geistesgaben weiter fortgeschritten waren als ich selbst. Die Schrift sagt, wie »Eisen an Eisen geschliffen [wird], so schleift einer den Charakter des anderen« (Spr 27,17). Ich werde für immer in der Schuld von Freunden wie John Wimber und Paul Cain stehen, die mich im Bereich der Geistesgaben »geschliffen« haben. Freundschaften sind etwas sehr viel Ernsteres, als den meisten Menschen bewußt ist. Wir werden sein wie unsere Freunde (Spr 13,20). Deshalb ist es so wichtig, Freundschaften mit Menschen zu pflegen, die wir bewundern und denen wir nacheifern wollen.

Es ist auch hilfreich, sich in einer Umgebung zu befinden, die nicht einschüchternd ist, wenn man die Gaben des Heiligen Geistes zu praktizieren beginnt. Wenn Sie einer Gemeinde angehören, die nicht an die Gabe des Sprachengebets glaubt, dann sollten Sie nicht gerade beim Sonntagsgottesdienst mit dem Versuch beginnen, diese Geistesgabe zu praktizieren. Die hilfreichste, am wenigsten einschüchternde Umgebung für das Erlernen der Geistesgaben sind kleine, persönliche Hauskreise von zehn bis zwanzig Personen. Die kleine Gruppe macht es möglich, einander relativ gut kennenzulernen und eine gewisses Maß an Sicherheit zu empfinden. Es ist viel leichter, wenn Sie versuchen, ein prophetisches Wort vor zwanzig Menschen zu äußern, die Sie kennen und lieben, als vor fünfhundert Leuten im Sonntagsgottesdienst, die Sie womöglich überhaupt nicht kennen. In der persönlichen Atmosphäre eines Hauskreises ist es leichter, über den Dienst, der an einem der Abende ausgeübt oder versucht wurde, zu reden und ihn zu analysieren, als dies in einer sehr viel größeren Gruppe möglich wäre.

Ich habe auch Konferenzen über die Geistesgaben als hilfreich empfunden. Im Idealfall wird es bei einer solchen Konferenz mehrere Redner zu verschiedenen Themen geben, die ein breites Spektrum an Erfahrungen mit den übernatürlichen Gaben des Heiligen Geistes mit sich bringen. Die heilende und offenbarende Kraft Gottes wird sich während der Konferenz zeigen, so daß die Teilnehmer aus erster Hand sehen können, wie diese Geistesgaben wirksam sind. Eine solche Konferenz hat das Ziel, die Teilnehmer zu schulen und in den Geistesgaben zu trainieren. Bei solchen Konferenzen haben Sie die Gelegenheit, die Geistesgaben tatsächlich zu praktizieren, statt nur zuzuschauen, wie ein besonders begabter Mensch diese Gabe ausübt.

Wir wollen die Geistesgaben aus den richtigen Gründen praktizieren. Vor Jahren, als ich am Ufer eines Flusses entlangjoggte, bat ich den Herrn, in meinem Dienst die Gabe der Heilung noch stärker auszugießen. Während ich gezielt darum betete, explodierte in meinem Innern eine Stimme, die fragte: »Warum willst du diese Gaben?« Ich erkannte die Stimme sofort als die des

Herrn, und ich war ärgerlich. Mein Bemühen um die Geistesgaben hatte mich unter anderem ein paar teure Freunde gekostet. Ich suchte die Gaben des Heiligen Geistes um Gottes willen. Warum stellte er mir eine solche Frage? Langsam begriff ich jedoch, daß ein allwissendes Wesen keine Fragen um der Information willen stellt. Diese Frage war um meinetwillen gestellt worden und nicht, um die Informationslücken Gottes bezüglich meiner Psyche zu füllen. Während ich langsam und unter »Schmerzen« über diese Frage nachzudenken begann, tauchten unreine Motive hinter meinem Anliegen auf. Ich erkannte, daß hinter meiner Sehnsucht nach den Gaben des Heiligen Geistes noch eine Menge fleischlicher Gesinnung steckte.

Eine der größten Gnadenerweise, die Gott seinen Kindern schenken kann, ist, ihnen ihre Sünden zu offenbaren. Man kann sich nicht von Sünden abwenden, die man nicht sieht. Wenn das Licht Gottes unsere Finsternis offenlegt, dann können wir umkehren, unsere Schuld bekennen und seine Vergebung empfangen (1 Joh 1,9). Ohne das offenbarende Wirken des Heiligen Geistes können wir die Motive unseres Herzens nicht verstehen (Jer 17,9-10). All dies ist bei unserer Suche nach den Geistesgaben außerordentlich wichtig, denn unsere Motive sind ein wichtiger Faktor bei der Freisetzung der Kraft Gottes in unserem Leben.

Erinnern Sie sich daran, was Jesus dazu bewog, zu heilen und Wunder zu tun. Er tat Wunder, um zu zeigen, daß er Gottes Sohn ist, um die Wahrheit des Evangeliums zu beweisen, um Gott Ehre zu geben, um sein Erbarmen mit den Leidenden zu zeigen, um Türen für das Evangelium zu öffnen und so weiter. Wenn wir seine Motive teilen, kann er uns seine Kraft anvertrauen. Wenn ich also um die Freisetzung der Geistesgaben in meinem Leben bete, dann bitte ich auch darum, daß das Erbarmen und das Mitgefühl Jesu in meinem Leben freigesetzt werden.

Und schließlich: Wenn Sie im Bereich der Geistesgaben Erfahrungen sammeln, haben Sie Geduld! Verachten Sie nicht die kleinen Anfänge. Seien Sie für alles, was Sie lernen, dankbar, ebenso wie für jede Antwort, die Ihnen Gott auf Ihre Gebete schenkt. Seien Sie auch für die Enttäuschungen dankbar, wenn es scheint, daß alles viel zu langsam vorangeht. Wenn Sie in Ihrem Bemühen um den Herrn und seine Gaben nicht nachlassen, wird Ihnen mehr anvertraut werden, als Sie je gewagt hätten zu erbitten.

Menschen, die mehr von Gott und von den Gaben des Heiligen Geistes erleben wollen, haben fast immer das Gefühl, es gehe viel zu langsam. Sie haben fast immer den Eindruck, daß ihnen etwas entgeht. Doch wenn Sie wirklich Gott und seine Gaben immer intensiver suchen, dann ist dies ein Zeichen, daß die Gnade Gottes auf Ihnen ruht. Diese Sehnsucht wurde Ihnen von Ihrem himmlischen Vater ins Herz gegeben, und er hat Sie sicher nicht so weit zu sich gezogen, um Sie zu verlassen oder Ihre Sehnsucht unerfüllt zu lassen. Die heilige Enttäuschung, die Sie momentan erleben, soll Sie weiterdrängen. Er möchte, daß Sie dankbar sind für das, was Sie haben, aber er möchte niemals, daß Sie sich mit dem momentanen Niveau Ihrer Beziehung zu ihm zufriedengeben. Wie beim Apostel Paulus möchte Gott, daß Sie vorwärtsdrängen: »Christus will ich erkennen und die Macht seiner Auferstehung und die Gemeinschaft mit seinen Leiden; sein Tod soll mich prägen« (Phil 3,10).

Setzen Sie Ihr Vertrauen auf Christus

Wenn Sie den übernatürlichen Dienst des Heiligen Geistes wirklich erleben wollen, dann ist vielleicht das Wichtigste, was ich Ihnen raten kann, Ihr Vertrauen auf Christi Kraft, Weisheit und Güte zu setzen und nicht auf Ihre eigene Gottgefälligkeit oder Ihre Traditionen. Die Kraft, Wunder zu tun, kommt nicht aus unserer Gottgefälligkeit, sondern entspringt dem, was Jesus für uns getan und erlitten hat. Nachdem Jesus alle Kranken in Kafarnaum geheilt hatte, sagt Matthäus: »Dadurch sollte sich erfüllen, was durch den Propheten Jesaja gesagt worden ist: Er hat unsere Leiden auf sich genommen und unsere Krankheiten getragen« (Mt 8,17). Matthäus zitiert hier den Propheten Jesaja, Kapitel 53; diese großartige Stelle im Alten Testament, in welcher der Tod Jesu am Kreuz stellvertretend für alle Sünder beschrieben wird. Matthäus lehrt uns, daß es nur einen Ort gibt, an dem die Kraft für Heilungen gefunden werden kann – das Kreuz Christi.

Versuchen Sie niemals, Gott dazu zu überreden, einen Menschen zu heilen, weil derjenige es verdient hätte. Niemand wird geheilt, weil er es verdient hat. Wir werden nur aufgrund der Güte des Sohnes Gottes geheilt, die ihren Ausdruck in seinem Opfertod für uns gefunden hat. Begehen Sie nie den Fehler zu meinen, Ihre eigene Gottgefälligkeit oder die Kraft Ihrer persönlichen Heiligung werde einem anderen Heilung bringen, wenn Sie für ihn beten. Denken Sie daran: Nachdem Petrus von Gott gebraucht worden war, um den Lahmen am Eingang des Tempels zu heilen, sagte er der erstaunten Menge: »Israeliten, was wundert ihr euch darüber? Was starrt ihr uns an, als hätten wir aus eigener Kraft oder Frömmigkeit bewirkt, daß dieser gehen kann? Der Gott Abrahams, Isaaks und Jakobs, der Gott unserer Väter, hat seinen Knecht Jesus verherrlicht« (Apg 3,12-13). Setzen Sie Ihr Vertrauen auf Christus und nicht auf Ihre eigene Qualität oder die derjenigen, für die Sie beten.

Verlassen Sie sich nie auf Formeln oder Traditionen. Die sieben Söhne des Skeuas, eines jüdischen Oberpriesters, dachten, sie hätten die richtige Formel gefunden, um Dämonen auszutreiben. Eines Tages benutzten auch sie die Formel herumziehender jüdischer Beschwörer: »Ich beschwöre euch bei dem Jesus, den Paulus verkündigt [, auszufahren]« (Apg 19,13). Sie hatten den richtigen Namen getroffen: »Jesus«. Sie hatten sogar den richtigen Jesus erwischt, den, »den Paulus verkündigt.« Und schließlich hatten sie sogar den richtigen Befehl ausgesprochen. Was die Formel anging, so hatten sie alles richtig gemacht, aber der Dämon fuhr nicht aus. Statt dessen überwältigte er alle sieben und jagte sie nackt und blutend davon! Sie besaßen die richtige Formel, aber nicht die richtige Beziehung. Göttliche Kraft wird nicht durch Worte weitergegeben, sondern durch eine persönliche Beziehung (Joh 5,19; 15,5). Wir können nicht einfach umhergehen, die richtigen Worte sagen und die richtigen Kommandos ausrufen und erwarten, daß wir Resultate sehen. Jesus war auf die Führung seines Vaters angewiesen, und bei uns ist das nicht anders.

Ich muß mich selbst immer wieder an dieses Prinzip erinnern. Manchmal führt mich der Herr, auf eine bestimmte Art zu beten oder etwas Bestimmtes zu tun, und es erweist sich als erfolgreich bei der Heilung eines Menschen oder der Austreibung eines Dämons. Nun neige ich dazu, dieses erfolgreiche Gebet in eine Formel umzuwandeln. Ich glaube, weil es einmal funktioniert hat, muß das auch wieder so sein. Nur allzu leicht setzen wir unser Vertrauen auf Formeln oder auf die traditionelle Weise, mit der wir Dinge schon immer getan haben. Es erscheint so viel zuverlässiger, als auf die Schritt-für-Schritt-Anleitungen unseres himmlischen Vaters zu hören. Doch der eine, der wie kein anderer auf übernatürliche Weise wirkte, hat gesagt: »Der Sohn kann nichts von sich aus tun, sondern nur, wenn er den Vater etwas tun sieht« (Joh 5,19). Jesus, nicht unsere Formeln und Traditionen, muß unser Vorbild sein.

Die Tradition kann noch auf eine andere Weise gegen uns arbeiten. Dr. Ralph Neighbour, ein Freund von mir, hat ein Buch geschrieben, das wohl den besten Titel besitzt, den ich je gesehen habe – *The Seven Last Words of the Church: »We've Never Done It That Way Before«*, (etwa: »Die sieben letzten Worte der Kirche: ›So haben wir das noch nie gemacht‹«.) Dr. Neighbour will damit sagen, daß wir womöglich die Führung des Heiligen Geistes für unsere Situation verpassen, weil wir uns an unsere Traditionen versklavt haben. Wenn Gott es ernst gemeint hat, als er sagte: »Meine Gedanken sind nicht eure Gedanken, und eure Wege sind nicht meine Wege« (Jes 55,8), dann werden wir Gottes Führung verpassen, wenn wir uns ständig auf unseren Verstand oder unsere Interpretationen und Traditionen verlassen.

Ein sehr großer Teil der Kirche hat Angst, etwas Neues zu wagen, das von ihren Traditionen abweicht. Sie haben Angst, betrogen zu werden. Sie haben Angst vor der Infiltration durch *New Age*. Sie haben vor allem Angst, daß sich etwas nicht vollkommen in die Traditionen einfügt, nach denen sie die letzten fünfzig Jahre gehandelt haben. Viel zu viele in der Kirche trauen eher dem Satan zu, uns zu verführen, als daß sie Jesus zutrauen, uns zu leiten. Verstehen Sie mich nicht falsch – ich denke sehr wohl, daß die verschiedenen Bewegungen des Okkulten und des *New Age* eine ernsthafte Bedrohung für unsere Kirche darstellen. Doch es gibt noch eine viel größere Bedrohung für das Leben und die Kraft unserer Kirche. Gesetzlichkeit, Pharisäertum und die Versklavung an Traditionen stellen innerhalb unserer Kirche eine sehr viel größere Bedrohung dar als alles, was uns von außen her angreift. Dieser blinde Traditionalismus saugt geradezu das Leben aus der Kirche und verfolgt jedes neue Werk, das der Heilige Geist unter uns aufrichten will.

Es ist daher eine absolute Notwendigkeit, daß wir unser Vertrauen in die Fähigkeit des Herrn setzen, uns zu führen und zu leiten und nicht in die Fähigkeit Satans, uns zu verführen. Und wir müssen unser Vertrauen in die Kraft des Blutes Christi setzen, nicht auf unsere Gottgefälligkeit oder unsere Traditionen.

Ihre Gaben entdecken

Ihre Geistesgaben zu entdecken, ist nicht annähernd so kompliziert, wie manche meinen. Es gibt einige Schlüssel, um die Gaben zu erkennen. Der offensichtlichste und praktische ist Ihr Erfolg beim Ausprobieren verschiedener Dienste. Die Gebiete, auf denen Sie am meisten Erfolg haben, sind vermutlich auch die Gebiete, in denen Sie Ihre Gaben besitzen. Wenn Sie bei Ihren Versuchen zu lehren, mehrfach Mißerfolge hatten, dafür aber Erfolge bei der Evangelisation, dann kann dies bedeuten, daß Sie die Gabe der Evangelisation besitzen und nicht die Gabe der Lehre. Gewöhnlich muß man in verschiedenen Bereichen dienen, um festzustellen, welche Gaben man besitzt.

Ich denke auch, daß unsere Wünsche häufig auf Geistesgaben hinweisen, die wir entweder schon besitzen oder die Gott uns geben möchte. Als ich den Wunsch nach einem Heilungsdienst verspürte, besaß ich in meinem vorangegangenen Dienst noch keine Anzeichen dafür, daß Gott mich in dieser Richtung mit Geistesgaben beschenkt hatte. Als ich dann den Herrn bat, mich für Heilungen zu gebrauchen und anfing, für Menschen um Heilung zu beten, entdeckte ich, daß dies eine der Geistesgaben war, die der Herr mir schenken wollte. Denken Sie daran, wir sollen den Geistesgaben gegenüber nicht passiv sein. Sagen Sie nicht: »Der Herr kann mir jede Gabe geben, wenn er es will; also warte ich einfach ab, was er tut.« Das ist zwar theologisch korrekt, aber es wird oft zu einer Ausrede für Passivität. Erinnern Sie sich, daß Paulus uns aufgefordert hat, mit Eifer nach den Geistesgaben zu streben (1 Kor 12,31; 14,1.39). Er hat uns auch gesagt, wir können um die Gaben des Heiligen Geistes beten (1 Kor 14,13). Verwandeln Sie Ihre Wünsche in Gebete und Sie werden bald feststellen, welche Gaben der Herr Ihnen schenken möchte.

Der Rat anderer kann auch sehr wichtig sein. Es kann immer vorkommen, daß wir uns über unsere Geistesgaben selber etwas vormachen. Ich habe einen Freund mit einer erstaunlichen Gabe der Evangelisation. Doch er ignoriert diese Gabe der Evangelisation und versucht, ein Lehrer zu werden. Ich glaube nicht, daß er die Gabe der Lehre hat, ebenso wenig wie andere, die ihn gut kennen. In solchen Situationen kann der Rat anderer, besonders der Rat vertrauter Freunde, viele Enttäuschungen und Fehlversuche ersparen.

Schließlich können die Geistesgaben auch durch das Auflegen der Hände, verbunden mit prophetischer Rede, geschenkt werden. Im Neuen Testament konnten die Apostel dies tun, wie Paulus für Timotheus (2 Tim 1,6). Doch die Apostel waren nicht die einzigen, die Geistesgaben weitergeben konnten. Paulus ermahnt Timotheus: »Laß nicht außer acht die Gabe in dir, die dir gegeben ist durch Weissagung mit Handauflegung der Ältesten« (1 Tim 4,14; Übersetzung nach Luther). Timotheus hatte durch die Handauflegung des Paulus und der Ältesten eine Gabe des Heiligen Geistes empfangen.

Ich habe dies in den letzten Jahren mehrfach erlebt. Nachdem John Wimber vor einigen Jahren für mich gebetet hatte, bemerkte ich, wie unmittelbar danach meine geistlichen Gaben im Prophetischen Dienst und bei der Heilung zunahmen, wenn ich für Menschen betete. Ich habe dies auch unzählige Male miterlebt, wenn Paul Cain für Menschen darum betete, damit sie bestimmte Geistesgaben erhalten sollten. Ich denke, dies ist kein Automatismus. Es muß unter der Führung des Heiligen Geistes geschehen, oder es wird nichts dabei herauskommen.

Wir können also unsere Geistesgaben mindestens auf viererlei Wegen entdecken: durch den Erfolg oder Mißerfolg, den wir bei dem Versuch erleben, mit bestimmten Geistesgaben zu dienen, durch unsere Wünsche, durch den Rat anderer und durch die prophetische Austeilung von Geistesgaben.

Wenn Sie sich in einer Phase des Übergangs wiederfinden

Fast jede Woche spreche ich mit Leuten, die sich in einer Phase des Übergangs befinden. Sie waren Teil einer Gemeinde oder religiösen Tradition gewesen, die den Gebrauch der Geistesgaben in heutiger Zeit ablehnt, doch aus den unterschiedlichsten Gründen glauben sie nun an diese Geistesgaben und wollen nach ihnen streben. Oft ist dieser Übergang von einer Vielzahl von Konflikten begleitet – Gemeinden spalten sich, alte Freundschaften zerbrechen, Ehen geraten unter Druck, bösartige Unterstellungen kursieren und so weiter. Ich habe beide Seiten dieser Auseinandersetzung erlebt und ich weiß, daß vieles bei diesem Konflikt vermeidbar und unnötig ist.

Nehmen wir den schlimmsten Fall an. Sie gehören einer Gruppierung an, die nicht an die übernatürlichen Gaben des Heiligen Geistes glaubt und sich gegenüber denen, die an diese Gaben glauben, sogar feindselig verhält. Nun erleben Sie plötzlich, daß Sie von diesen Gaben des Heiligen Geistes angezogen sind und Sie gewinnen die Überzeugung, daß sie auch für die heutige Zeit gedacht sind. Was sollen Sie tun? Die meisten Menschen nehmen zunächst an, daß Gott auch ihre Gemeinde oder Gruppierung verändern will, wenn er dabei ist, sie persönlich zu verändern. Das mag in manchen Fällen sogar zutreffen, aber niemand hat eine Berechtigung zu einer solchen Annahme. Dies gilt besonders dann, wenn Sie in einer Gemeinde Pfarrer sind, die sich denen gegenüber feindselig benimmt, welche die Gaben des Heiligen Geistes praktizieren. Sie müssen Gott zunächst bitten, Ihnen zu zeigen, ob er nur Sie selbst oder auch Ihre Gemeinde verändern wird. Nehmen Sie nicht voller Naivität an, Gott werde auch Ihre Gemeinde verändern, nur weil er Sie persönlich verändert.

Verstehen Sie mich nicht falsch. Ich glaube, daß der Herr letzten Endes die ganze Kirche verändern will. Ich glaube, daß noch zu meinen Lebzeiten ein Großteil der Kirche neu zu den Gaben des Heiligen Geistes finden und sie praktizieren wird. Das gesamte statistische Material der Studien über das Kirchenwachstum in unserer Zeit deutet darauf hin, daß die Kirche sich zügig und unvermeidlich auf die übernatürlichen Gaben des Heiligen Geistes zu bewegt. Die Kirche kehrt zu ihrem Erbe des ersten Jahrhunderts zurück. Ich bin völlig überzeugt, daß wir einen guten Teil unserer Effektivität verlieren, solange nicht die gesamte Kirche die Gaben des Heiligen Geistes begrüßt.

Doch Gott hat für alle von uns seinen eigenen Zeitplan. Er rief den Apostel Paulus noch nicht, als er den Apostel Johannes in die Nachfolge rief. Gott, der Vater, wird auf das hohepriesterliche Gebet seines Sohnes antworten, als dieser bat, sie mögen »vollendet sein in der Einheit, damit die Welt erkennt, daß du mich gesandt hast und die Meinen ebenso geliebt hast wie mich« (Joh 17,23). Eines Tages wird die Kirche über der Frage der übernatürlichen Gaben des Heiligen Geistes zur Einheit finden. Dies war beschlossen, als der Herr Jesus Christus sein hohepriesterliches Gebet sprach. Im Himmel steht der Zeitplan für diese Einheit bereits fest, doch Sie und ich, wir wissen noch nicht, wie das auf der ganz persönlichen Ebene vonstatten geht. Deshalb müssen wir jedem die Freiheit einräumen, die Stimme des Herrn zu diesem Thema selbst zu hören. Gehen Sie niemals davon aus, daß die Veränderungen in Ihrem Leben automatisch eine Veränderung der Gemeinde mit sich bringen, der Sie dienen oder mit der Sie Gemeinschaft haben.

Wenn Sie Pfarrer einer Gemeinde sind, die die Gaben des Heiligen Geistes nicht erstrebt, und der Herr Sie so führt, daß Sie nach diesen Gaben streben, dann werden Sie mit ziemlich großer Wahrscheinlichkeit Ihr Amt niederlegen müssen. Es ist in dieser Situation äußerst wichtig, daß Sie auf den Herrn hören. Wenn er Ihnen sagt, daß er Ihre Gemeinde verändern wird, dann sollten Sie bei Ihrer Gemeinde bleiben und sich von ihm in diesen Veränderungen führen lassen. Doch im Moment ist es wichtiger, daß Sie die Veränderung durch den Herrn selbst zulassen, statt Ihre Gemeinde zu verändern. Wenn er Ihre Gemeinde nicht verändert, und Sie tatsächlich zurücktreten, dann hat er schon einen neuen Platz für Sie bereitet. Es kann allerdings sein, daß er Sie nicht direkt an diesen Platz führt.

Einer meiner Mitstudenten am *Dallas Seminary* betreute als Pfarrer über zehn Jahre recht erfolgreich eine Gemeinde. Unter seiner Leitung wuchs die Gemeinde erheblich. Als er zu der Überzeugung gelangte, daß die Geistesgaben auch für die heutige Zeit gedacht waren, wußte er, daß der Herr seine Gemeinde nicht zur gleichen Zeit veränderte wie ihn selbst. Er gab sein Amt auf und war die letzten beiden Jahre in einem säkularen Beruf tätig. Er und seine Frau schlossen sich einer anderen Gemeinde an, die an die Gaben des Heiligen Geistes glaubt und sie praktiziert. Gelegentlich lehrt oder predigt er in dieser Gemeinde wie auch in anderen Gemeinden. Es fiel meinem Freund und seiner Frau nicht leicht, diese letzten zwei Jahre nicht im vollzeitlichen Dienst zu stehen. Doch nun sieht es so aus, als würde der Herr ihn wieder in eine vollzeitliche Aufgabe hineinführen. Wenn sie auf die vergangene Zeit zurückschauen, sagen mir beide, sie seien froh um die letzten beiden Jahre, in denen sie so viel über die Gaben des Heiligen Geistes lernen konnten, ohne unter dem Druck zu stehen, eine Gemeinde leiten zu müssen. Gott hat viele verschiedene Wege, um uns zu demselben Ziel zu führen.

Es kann vorkommen, daß Sie sich, nachdem Sie die Geistesgaben lange Zeit abgelehnt hatten und nun daran glauben, wie neugeboren fühlen. Sie haben den Eindruck, als besäßen Sie eine völlig neue Bibel. Mit dieser Aussage meine ich, daß die Evangelien und die Apostelgeschichte für Sie auf eine Weise zum Leben erwachen, wie Sie das noch nie erlebt haben. Dinge, die Sie dem ersten Jahrhundert zugeschrieben haben, werden auf einmal für die heutige Kirche möglich. Dies ist ein wundervolles Erwachen, doch wie bei jeder »Erweckung« kann Ihre Begeisterung viel Schaden anrichten; allerdings auch viel Gutes mit sich bringen. Lassen Sie mich Ihnen ein paar Ratschläge geben, was Sie in dieser Zeit nicht tun sollten.

Wenn Ihr Pfarrer und Ihre Gemeinde Ihre Veränderung nicht positiv beurteilen, widerstehen Sie der Versuchung, sie in eine Schublade zu stecken. Widerstehen Sie der Versuchung, Druck auszuüben. Beten Sie statt dessen für Ihren Pfarrer und für die Verantwortlichen in Ihrer Gemeinde. Bitten Sie Gott, ihren Dienst reich zu segnen und ihnen ein offenes Ohr für den Heiligen Geist zu geben. Erliegen Sie nicht der Annahme, den Heiligen Geist zu hören bedeutet zwangsläufig, daß man Ihnen auf Ihrem Weg zu folgen habe. Es kann sein, daß Gott für Ihre Gemeinde und deren Leiter einen anderen Zeitplan hat als für Sie persönlich.

Ihr Pfarrer erlebt auch ohne Ihr Zutun genug Kritik und Druck. Ich war die meiste Zeit meines Erwachsenenlebens Pfarrer und ich weiß, wie schwer das ist. Einige wenige glauben tatsächlich, man könne als Pfarrer keinen Fehler machen und folgen einem blind. Doch meistens ist jemand wütend auf einen, weil man zu weit gegangen ist, und ein anderer ist wütend, weil man nicht weit genug gegangen ist. Denken Sie daran, wieviel Erbarmen Gott Ihnen erwiesen hat, und zeigen Sie etwas von diesem Erbarmen Ihrem Pfarrer und den Verantwortlichen.

Vor allem, schließen Sie sich nie einer Gruppe in Ihrer Gemeinde an, die gegen den Pfarrer und die Leitung agiert. Es wäre besser, wenn Sie Ihre Gemeinde und Ihre Freunde verlassen müßten, als daß Sie gegen die Autoritäten rebellieren, die Gott über Ihnen eingesetzt hat. Wenn der Herr diese Struktur der Autorität verändern will, dann kann er dies auch tun, ohne daß Sie andere bei einem ungeistlichen »Staatsstreich« unterstützen.

In der Phase des Übergangs ist es wahrscheinlich, daß einige Ihrer Freunde Sie mißverstehen werden, selbst wenn Sie keinen »Staatsstreich« planen. Manche Freunde werden denken, daß Sie sich als der Oberheilige aufspielen wollen und werden Ihnen vorwerfen, Sie würden an geheimen Treffen der »geistlichen Elite« in der Gemeinde teilnehmen. Manche werden vielleicht sogar behaupten, Sie seien ein Werkzeug des Satans geworden, durch das dieser Zwietracht in der Gemeinde sähen will. Wenn man unschöne Dinge über Sie redet, ist es nur natürlich, daß Sie sich verteidigen. Wenn man unschöne Dinge über Sie redet, weil Sie etwas suchen, von dem Sie zutiefst überzeugt sind, dann ist es natürlich, daß Sie eine selbstgefällige Märtyrerhaltung einnehmen. Sie werden zu der Ansicht tendieren, Sie und die, die mit Ihnen sind, seien die einzigen, die sich wirklich um die Wahrheit kümmern und die bereit sind, für ihre Überzeugung Opfer zu bringen. Die anderen, auf der anderen Seite des Zauns, spüren diese Haltung sofort, und das heizt den Konflikt nur noch mehr an.

Salomo hat uns einen guten Rat gegeben, was wir tun können, wenn andere Schlechtes über uns reden. Er sagt: »Hör auch nicht auf all die Worte, die man so sagt. Denn niemals wirst du einen Untergebenen über dich schimpfen hören, und doch bist du dir bewußt, daß auch du sehr oft über andere geschimpft hast« (Koh 7,21-22). Wir alle haben schon Schlechtes über unsere Freunde gesagt, wenn wir nicht einer Meinung mit ihnen waren. Und meistens haben wir es gar nicht so gemeint.

Ich habe so einen Konflikt, wie ich ihn beschrieben habe, schon einmal selbst erlebt. Ich sagte unschöne Dinge über andere und zu andern, und mir selbst erging es nicht anders. Doch als dann die Zeit des Abschieds kam, mußte ich meinen teuren Freunden und Mitstreitern in die Augen sehen, und wir umarmten uns und weinten. Wir hatten diese unschönen Dinge nicht sagen wollen. Wirklich nicht. Wie sehr wünschte ich mir, ich hätte einige dieser Ratschläge befolgt, die ich Ihnen gerade gegeben habe. Die Sache Christi wird nie dadurch vorangetrieben, daß Christen sich gegenseitig angreifen.

Eine der sprachgewandtesten Ermahnungen, die mir in dieser Hinsicht je begegnet ist, findet sich im Vorwort von Bischof Burnet zu dem Klassiker *The Life of God in the Soul of Man* (etwa: »Das Leben Gottes in der Seele des Menschen«) geschrieben von Henry Scougal in der zweiten Hälfte des siebzehnten Jahrhunderts. Hier sind Burnets Worte:

> *»Es gibt kaum etwas Unerklärlicheres als eine Gruppe von Menschen, die dem gleichen Glauben angehören, dessen größter Grundsatz gegenseitige Liebe, Nachsicht, Sanftmut und Barmherzigkeit allen Menschen gegenüber ist; und diese Gruppe ist sich in allen wesentlichen Teilen der Lehre einig und streitet nur über einige geringere und strittigerere Dinge; doch sie hält an diesen Gegensätzen mit einem Eifer fest, der in keinem Verhältnis zum Anlaß steht, und verfolgt alle, die von ihrer Meinung abweichen mit aller Gewalt – und sollten ihnen Mittel äußerlicher Gewalt fehlen, so doch mit aller Bitterkeit des Geistes. Sie müssen jeden unvoreingenommenen Betrachter erstaunen und große Vorurteile hervorbringen gegen die Religion, die sie vertreten, als bestünde sie aus Widersprüchen. Mit den Lippen bekennen sie sich zur Liebe, doch unter ihnen bricht jede erdenkliche Tat des Hasses hervor.«*[2]

Irgendwann muß irgend jemand damit aufhören. Einer muß aufhören, mit Beleidigungen auf Beleidigungen und mit Beschimpfungen auf Beschimpfungen zu reagieren. Warum beschließen Sie nicht, daß Sie nicht mit gleicher Münze heimzahlen werden, egal, was man über Sie sagt. Und vergessen Sie nicht, daß Paulus gleich nach seiner Ermahnung, »nach den höheren Gnadengaben« zu streben, sagt: »Hätte [ich] aber die Liebe nicht, nützte es mir gar nichts« (1 Kor 13,3).

Kapitel 13

Leidenschaft für Gott

Eine meiner angenehmsten Aufgaben als Theologieprofessor bestand darin, über den Psalter zu unterrichten. Ich liebte es, den hebräischen Text zu meditieren und die Bedeutung der verschlungenen Sprachfiguren zu entschlüsseln. Doch so sehr ich den Psalter auch liebte, etwas beunruhigte mich ständig, wenn ich in jenen Tagen die Psalmen meditierte. Ich verspürte eine gewisse Unruhe darüber, daß die Psalmisten Gott mit soviel Leidenschaft suchten. Ich möchte Ihnen nur ein paar Beispiele dieser Leidenschaft geben, die mich so unruhig machte:

»Wie der Hirsch lechzt nach frischem Wasser,
so lechzt meine Seele, Gott, nach dir.
Meine Seele dürstet nach Gott, nach dem lebendigen Gott.
Wann darf ich kommen und Gottes Antlitz schauen?« (42,2-3).

»Gott, du mein Gott, dich suche ich,
meine Seele dürstet nach dir.
nach dir schmachtet mein Leib
wie dürres, lechzendes Land ohne Wasser« (63,2).

»Nur eines erbitte ich vom Herrn,
danach verlangt mich:
Im Hause des Herrn zu wohnen
alle Tage meines Lebens,
die Freundlichkeit des Herrn zu schauen
und nachzusinnen in seinem Tempel« (27,4).

»Meine Augen eilen den Nachtwachen voraus;
denn ich sinne nach über deine Verheißung« (119,148).

Als C. S. Lewis versuchte, dieses Phänomen in den Psalmen zu beschreiben, wollte er es nicht »die Liebe zu Gott« nennen, denn er meinte, dies könne zu Mißverständnissen führen. Statt dessen bezeichnete er die Intensität der Psalmisten als ein »Verlangen nach Gott«.[1] Lewis hatte den Eindruck, manche könnten den Ausdruck »Verlangen nach Gott« für zu stark halten. Ich persönlich glaube, er ist zu zahm für das, was uns in den Psalmen begegnet. Ich möchte lieber den Ausdruck »Hunger nach Gott« oder »Leidenschaft für Gott« benutzen. Die Verfasser der Psalmen besaßen ein Verlangen nach Gottes Gegenwart, das überwältigend war – und das machte mich unruhig.

Es beunruhigte mich, weil ich mein Leben als Christ mindestens mit einem kleinen Vorgeschmack dieser Leidenschaft begonnen hatte. Ich erinnere mich daran, wie ich mit siebzehn, als frisch Bekehrter, spät in der Nacht noch wach war, nachdem alle anderen bei uns im Haus schon schliefen, damit ich mit Gott reden konnte, ohne unterbrochen oder abgelenkt zu werden. Ich erinnere mich daran, wie ich zum Briefkasten lief, um mir meine neueste Sendung der *Navigatoren* mit Bibelversen zum Auswendiglernen zu holen, und dann bis drei oder vier Uhr morgens aufblieb, um über die Verse nachzudenken und jeden einzelnen von ihnen auswendigzulernen.

Niemand zwang mich dazu. Ich tat all dies, weil ich nach Gott hungerte. Doch nachdem ich Theologieprofessor geworden war und nun diese Dinge in den Psalmen unterrichtete, blieb ich nicht mehr die halbe Nacht wach, um die Bibel auswendigzulernen. Ich konnte nicht mit dem Psalmisten sagen: »Meine Augen eilen den Nachtwachen voraus, denn ich sinne nach über deine Verheißung« (Ps 119,148). Ich will nicht behaupten, daß ich in diesen späteren Jahren die Gegenwart Gottes nicht mehr erlebt hätte. Ich erlebte einige sehr kostbare Augenblicke mit dem Herrn, aber ich konnte nicht mit den Psalmisten sagen, daß meine Seele nach Gott »lechzte«. Ich spürte Schuldgefühle, jedesmal wenn ich solche Passagen, wie die eben zitierten, las oder darüber unterrichtete.

Das zweite, was mich bei den Psalmen unruhig werden ließ, war die Emotionalität der Psalmisten. Sie drückten nicht nur eine intensive Freude am Herrn aus, sondern riefen andere zu der gleichen Freude auf, als sei dies ein Muß für jeden Gläubigen. Es ist *eine* Sache, wenn ein Psalmist so etwas sagt wie: »Israel soll sich über seinen Schöpfer freuen, die Kinder Zions über ihren König jauchzen« (Ps 149,2). Das hätte ich noch wegargumentieren können. Doch der Psalmist blieb dabei nicht stehen; er fährt fort und erklärt, was es heißt, sich über seinen Schöpfer zu freuen. Im nächsten Vers ermuntert er das Volk: »Seinen Namen sollen sie loben beim Reigentanz, ihm spielen auf Pauken und Harfen« (Ps 149,3).

Tanzen? Ja, der Psalmist sagt, wir sollen Gott mit Tanzen loben. Die Freude des Psalmisten war so groß, daß er seinen ganzen Körper brauchte, um ihr angemessen Ausdruck zu verleihen. Die Stimme allein reichte nicht aus.

Dies war keine ungewöhnliche Art, die Freude am Herrn auszudrücken. Miriam, David und die Tochter Jiftachs waren so voller Freude am Herrn, daß sie vor ihm tanzten.[2] Ich versuche hier nicht, dafür zu plädieren, daß wir in unseren heutigen Gottesdiensten tanzen sollten; vielmehr möchte ich die Tatsache deutlich machen, daß bei diesen Heiligen die Freude des Herrn so groß war, daß sie einfach tanzen mußten.

Freude war nur eines der Gefühle, das mir in den Psalmen wieder und wieder begegnete. Die Psalmisten konnten auch eine fast grenzenlose Trauer über ihre Sünden oder über das Ausbleiben der Gegenwart Gottes ausdrükken. Hören Sie noch einmal dem Verfasser des Psalms 42 zu:

»Meine Seele dürstet nach Gott, nach dem lebendigen Gott.
Wann darf ich kommen und Gottes Antlitz schauen?
Tränen waren mein Brot bei Tag und bei Nacht;
denn man sagt zu mir den ganzen Tag:
›Wo ist nun dein Gott?‹« (42,3-4).

Jeder der schon einmal in den Psalmen gelesen hat, weiß, daß die Psalmisten zu großen Gefühlsschwankungen fähig waren. Und diese Eigenschaft der Psalmen gefiel mir nicht. Es machte mir nichts aus, wenn bei einem Fußballspiel oder bei irgendeinem anderen sportlichen Wettkampf Emotionen gezeigt wurden, aber im religiösen Bereich schien mir das fehl am Platz.

Als Kommentar zu der fehlenden Emotionalität in seiner Denomination sagt C. S. Lewis: »Wir sind so schrecklich besorgt um den guten Ton.«[3] Ich hatte das Gefühl, Emotionalität gehörte bei der Religion nicht zum guten Ton. Und ich mochte die Emotionalität nicht und mißtraute ihr. Schwache Menschen wurden emotional; starken Menschen passierte so etwas nicht.

Bis heute habe ich deutlich das Bild vor Augen, wie einer meiner Söhne weinte, als er sieben Jahre alt war. Er weinte nicht, weil er sich verletzt hatte, sondern weil seine Gefühle verletzt worden waren. Als ich ihn weinen sah, spürte ich in mir ein leichtes Gefühl von Abscheu. Ich interpretierte diese Tränen als Schwäche, und so etwas gefiel mir bei meinem eigenen Sohn überhaupt nicht.

Ich sagte gerne, daß ich nach dem Wort Gottes lebe, nicht nach meiner Gefühlswelt. Ich hatte über dieses Thema so oft gepredigt, daß ich Gefühle und Wort Gottes bereits als einen Widerspruch in sich betrachtete.

Was mich an den Psalmen beunruhigte, war die Tatsache, daß sie meine Ansichten über die Emotionalität nicht teilten. Die Psalmisten schienen ihren Gefühlen ungehemmt Ausdruck zu verleihen. Sie schämten sich nicht für ihren leidenschaftlichen Hunger nach Gott, für die intensive Freude in der Gegenwart Gottes und für die Tränen, die sie über ihre Sünde und sein Fernbleiben vergossen. Es störte mich, daß meine Empfindungen nicht an die ihren heranreichten, und ich fand keine zufriedenstellende Methode, um ihr Erleben einfach wegzuargumentieren. War ihr Erleben die Norm? War mein »Nicht-Erleben« so unnormal?

Obwohl ich kein Psychologe bin, meine ich zu verstehen, warum es dazu kam, daß ich Emotionen gegenüber so mißtrauisch war und sie so verabscheute. Meine Aversion gegen Gefühle bestand aus der Kombination eines Kindheitstraumas verbunden mit dem theologischen System, das ich mir wenige Jahre nach meiner Bekehrung angeeignet hatte.

Als kleiner Junge bewunderte ich meinen Vater mehr als jeden anderen Mann – mehr als jeden Helden im Kino oder Fernsehen. Ich betrachtete ihn als einen äußerst intelligenten Mann. Er schien auf jede Frage, die ich ihm stellte, eine Antwort zu haben. Ich betrachtete ihn auch als sehr stark. Er hatte im Zweiten Weltkrieg gekämpft und selbst, nachdem er von einem Schrapnell verwundet worden war, das tief in seinen Rücken eingedrungen war, kämpfte er noch zwei Tage lang weiter. Für mich als jungen Menschen war er in jeder Hinsicht ein echter Mann.

Dann geschah es – nicht lange nach meinem zwölften Geburtstag, während wir alle außer Haus waren.

Mein Dad ging in die Küche, goß etwas Whiskey und Kaffee in eine Mischung aus Barbituraten und spülte das Ganze die Kehle hinunter. Er schrieb eine kurze Nachricht, dann ging er ins Wohnzimmer und legte die Platte eines traurigen Klavierstückes mit dem Titel »Die letzte Verabredung« auf. Er stellte den Plattenspieler so ein, daß die Platte ständig wiederholt wurde. Mehrmals hörte er sich das Stück an, bevor er eines der Gewehre nahm, die unsere Familie besaß, und seiner Depression und Verwirrung ein Ende machte.

Mein Dad hinterließ eine vierunddreißigjährige Witwe mit einer mittelmäßigen Schulbildung und vier kleinen Kindern, die es zu versorgen galt. Ich war mit zwölf Jahren der Älteste, meine Schwester mit drei Jahren die Jüngste. Irgendwo unter dem Eindruck dieses Traumas beschloß ich, einmal so stark zu werden, daß mich niemals mehr etwas derart verletzen könnte.

Der Vater meiner Mutter starb im selben Jahr an einem Herzanfall. Plötzlich war ich der einzige Mann in der Familie und so nahm ich eine stoische Haltung ein, die für Emotionen keinen Platz ließ.

Fünf Jahre später bekehrte ich mich im Alter von siebzehn Jahren auf wunderbare Weise mit ganzem Herzen. Ich denke, ich hätte damals mit meinen Gefühlen Frieden schließen können, mich vielleicht sogar auf sie einlassen können, wenn da nicht dieses theologische System gewesen wäre, das ich mir wenige Jahre danach zu eigen machte.

Wie wir unseren Mangel an Leidenschaft wegargumentieren

Ich habe bereits zugegeben, daß zwischen meiner Gotteserfahrung und der der Psalmisten Welten lagen. Wenn ich ganz ehrlich wäre, müßte ich sagen, meine Erfahrung unterschied sich nicht nur von der der Psalmisten, sondern auch von der Erfahrung all der großen Helden der Bibel. Sie alle schienen eine ständige Leidenschaft für Gott zu besitzen, die ich verloren hatte.

Nun mußte ich auf eine der beiden folgenden Weisen reagieren. Entweder mußte ich irgendwie zu dieser Leidenschaft zurückfinden oder ich mußte eine gute Ausrede finden, warum ich diese Leidenschaft nicht mehr besaß. Ich nahm ein theologisches System an, das mir eine Entschuldigung für den Verlust der Leidenschaft für Gott gab.

Hier das System in aller Kürze: Gefühle sind trügerisch, und man darf ihnen nicht vertrauen. In der Tat darf man allen subjektiven Dingen nicht trauen. Die Bibel ist objektiv, darum kann man nur ihr allein vertrauen. Die Bibel sagt uns, das höchste Gebot sei, Gott zu lieben wie unseren Nächsten und und selbst (Mt 22,36-40). Diese Liebe besteht nicht primär aus Gefühlen. Die Liebe ist vielmehr im Kern das Befolgen der Gebote Gottes. Schließlich hat Jesus dies im Johannesevangelium, Kapitel 14, Verse 15, 21 und 23 ausdrücklich gesagt:

> »Wenn ihr mich liebt, werdet ihr meine Gebote halten.«
> »Wer meine Gebote hat und sie hält, der ist es, der mich liebt.«
> »Wenn jemand mich liebt, wird er an meinem Wort festhalten.«

Ich verstand all dies so, daß Gefühle nicht so wichtig sind, solange wir dem Herrn gehorchen. Die richtigen Gefühle sind eine Folge richtigen Handelns. Und selbst wo das nicht der Fall ist, bleibt das Befolgen der Gebote Gottes das Wichtigste. Da die Bibel das objektive Dokument über die Gebote Gottes ist, sollte es recht einfach sein herauszufinden, ob man die Gebote Gottes befolgt und somit, ob man Gott liebt.

Dies war das System, auf das ich mich eingelassen hatte und das ich jahrelang gepredigt hatte. Dieses System hielt mich in einer blutarmen Kopie des Christentums gefangen und lieferte mir eine Gelegenheit, meinen mangelnden Hunger nach Gott wegzuargumentieren.

Lassen Sie mich aufzeigen, warum dies nicht nur eine fehlerhafte Kopie des neutestamentlichen Christentums, sondern auch eine blasse Kopie echter Liebe ist.

Über die Jahre haben mir eine Reihe von Männern, sowohl aus meinen Seminaren als auch in der Gemeinde, eingestanden, daß sie von Pornographie angezogen sind. Einige von ihnen hatten der Versuchung erfolgreich widerstanden, sich auf pornographische Bücher oder Filme einzulassen. Doch sie waren traurig, weil sie sahen, daß sie sich in ihrem Herzen immer noch danach sehnten, Pornographie zu betrachten. Es gab in ihren Herzen einen ungewollten Hang oder mehr noch: eine emotionale Bindung an die Pornographie. Ich sagte ihnen, sie sollten sich darüber keine Sorgen machen, solange sie nichts Pornographisches betrachteten. Denn schließlich sollen ja den richtigen Handlungsweisen die richtigen Gefühle folgen; also würden sich ihre Gefühle bald ändern. Doch manchmal geschah das nicht. Manchmal ging das über Jahre so weiter.

Meinem System zufolge waren diese Gefühle eigentlich nicht so wichtig, solange die Männer gehorsam blieben. Doch betrachten Sie das Ganze einmal aus der Perspektive ihrer Ehefrauen. Waren ihre Frauen zufrieden damit, daß ihre Männer sich danach sehnten, die Körper anderer Frauen zu betrachten? Obwohl manche dieser Männer der Sünde der Pornographie nicht nachgegeben hatten, fühlten sich ihre Ehefrauen betrogen und verletzt durch die Tatsache, daß ihre Männer danach verlangten.

Jeder Ehemann und jede Ehefrau weiß, daß dies eine verkrüppelte Version des Christentums ist. Soll dies das Beste sein, das Gott uns zu bieten hat: einer Sünde mit der Disziplin unseres Willens zu widerstehen und doch in unseren Herzen an die Sünde gebunden zu sein?

Bei anderen Gelegenheiten habe ich Ehepaare in der Seelsorge gehabt, bei denen der Mann ein freundlicher und treuer Versorger seiner Frau war, aber seine Leidenschaft für sie hatte er verloren. Er empfand nicht mehr das für sie, was er empfunden hatte, als er um sie warb oder in den ersten Jahren ihrer Ehe. Er hatte das Richtige getan, aber das Gefühl war nicht länger vorhanden. Welche Frau wäre mit einer solchen Liebe zufrieden?

Ich hatte mich auf eine Art von Christentum eingelassen, das Gehorsam und Gefühlsregungen radikal voneinander trennte. Gehorsam ohne Gefühl ist nichts anderes als Disziplin ohne Willenskraft. Es ist keine Liebe. Man kann nicht die Liebe von der Leidenschaft befreien und glauben, es handle sich immer noch um Liebe. Wahre Liebe äußert sich nicht nur in Taten, sondern auch in Gefühlen. Gefühlsregungen und Leidenschaft sind unabdingbare Bestandteile der Liebe zu Gott.

Das Ziel des christlichen Lebens ist nicht nur ein äußerer Gehorsam den geschriebenen Geboten Gottes gegenüber. Das Ziel des christlichen Lebens ist, Gott von ganzem Herzen zu gehorchen (Röm 6,17; Eph 6,6). Keiner kann Gott von ganzem Herzen gehorchen, wenn Gottes Gebote nicht in sein Herz geschrieben sind. Das ist der große Unterschied zwischen den Heiligen des Alten Testamentes und den Gläubigen des Neuen Testamentes. Weil wir Zugang zum Dienst des Heiligen Geistes haben, schreibt er uns die Gebote Gottes in unser Herz (Jer 31,33; Hebr 10,16). Wir müssen uns nicht mit äußerlichem Gehorsam zufrieden geben. Wir können hassen, was Gott haßt und lieben, was Gott liebt.

Ich habe früher ein System verteidigt, das sogar Lauheit der Gefühle gegenüber Gott und seinen Kindern rechtfertigte. Doch Jesus sagt den Leuten in Laodizea: »Weil du aber lau bist, weder heiß noch kalt, will ich dich aus meinem Munde ausspeien« (Offb 3,16).

Im Jahr 1746 veröffentlichte Jonathan Edwards ein Buch, in dem er die These aufstellte, daß »wahre Religion zu einem guten Teil aus Gefühlsregungen bestehen muß«.[4] Edwards sah es als eines der Hauptwerke des Satans an, daß er

»... eine Überzeugung fördert und schafft, die besagt, alle Gefühlsregungen und vernünftigen Emotionen des Geistes seien in religiösen Dingen als nichtig zu betrachten, und man müsse sie meiden und in aller Sorgfalt wachsam gegen diese Dinge sein, als entsprängen sie verderblichen Einflüssen. Er weiß, daß er auf diese Weise alle Religion zu einer leblosen Formalität werden lassen kann und die Kraft Gottes und alles, was geistlich ist, aussperren kann, so daß das wahre Christentum vor die Tür gesetzt wird.«[5]

Edwards fährt fort:

»Wie es dort keine wahre Religion gibt, wo nichts als Gefühle herrschen, so gibt es auch dort keine wahre Religion, wo keine religiösen Gefühlsregungen bestehen. [...] *Wenn wir die großen Dinge der Religion richtig verstehen, werden sie das Herz anrühren.* [...] *Dieses Verpönen aller religiösen Gefühle führt mehr und mehr dazu, daß sich die Herzen verhärten; so wird ihre Dummheit und Sinnlosigkeit gefördert, und sie bleiben in einem geistlichen Tod, solange sie am Leben sind, so daß sie dann schließlich im ewigen Tod enden.«*[6]

Edwards machte sich viel Mühe, von der Schrift her zu belegen, daß das wahre Christentum ebenso sehr eine Religion der Emotionen ist wie eine Religion des Willens. Er zeigte, daß die Schrift einen großen Wert legt auf »Furcht, Hoffnung, Liebe, Haß, Verlangen, Freude, Traurigkeit, Dankbarkeit, Erbarmen und Hingabe«.[7] Wir können Gott nicht lieben und ihm nicht dienen ohne diese geheiligten Emotionen.

Wie wir verführt werden

Es ist eine Ironie, daß fast jeder sein Leben als Christ mit einer leidenschaftlichen Liebe und Sehnsucht zu Jesus beginnt. Mit der Zeit verlieren viele von uns diese Leidenschaft. Doch sie müßte nicht verloren bleiben – wenn uns nicht unsere Theologie einredet, es sei normal, das Leben als Christ ohne Leidenschaft für Jesus zu leben.

Als ich mich mit siebzehn bekehrte, besaß ich keinen religiösen oder kirchlichen Hintergrund. Ich gewann den Herrn Jesus augenblicklich lieb. Ich verschlang sein Wort. Ich redete ständig mit ihm. Ich bezeugte ihn wieder und wieder vor meinen nicht-christlichen Freunden. Ich war so übereifrig, daß ich alle meine Freunde, bis auf zwei, verlor. Dieser Verlust machte mir kaum etwas aus, denn ich liebte Jesus so sehr, daß alles andere nicht zählte. Schließlich erkaltete meine erste Liebe, und ich fand ein theologisches System, das dieses Erkalten rechtfertigte. Es war jedoch nicht meine Theologie, die dazu führte, daß meine erste Liebe erstarb. Es steckte noch etwas anderes dahinter.

Nach etwa einem Jahr begann die anfängliche Leidenschaft für den Herrn Jesus etwas nachzulassen. Ich kann nicht genau sagen, wann es geschah oder warum es dazu kam; doch irgend etwas hatte sich ganz entschieden verändert. Die Leidenschaft, die ich für Jesus empfand, hatte sich langsam aber sicher auf meine Denomination verlagert. Ich liebte meine Denomination. In unserer Gemeinde sprachen wir häufig über unsere Denomination und wie stolz wir auf sie waren. Es fiel mir immer schwerer zu verstehen, warum nicht alle wahren Christen zu meiner Denomination gehören wollten. Ich erinnere mich auch daran, daß ich dachte, meine Gemeinde sei wohl die beste, die es in meiner Denomination gab.

Ich denke nicht, daß ich meine Denomination jemals zu sehr geliebt habe, genauso wenig wie meine Gemeinde. Das Problem bestand darin, daß ich Jesus im Vergleich zu meiner Gemeinde zu wenig geliebt habe. Verführungen dieser Art geschehen so langsam und so verdeckt, daß wir sie kaum entlarven können, solange wir darin gefangen sind. Schließlich bekannte ich meine Schuld, die Gemeinde über Jesus gestellt zu haben und die ursprüngliche Leidenschaft für ihn kehrte wieder.

Und doch wurde ich wieder bei meinem Bestreben, die Liebe zum Herrn Jesus zu pflegen, verführt. Diesmal geschah es folgendermaßen. Während meiner theologischen Ausbildung und meiner Vorbereitung darauf, Dozent an der theologischen Fakultät zu werden, entwickelte ich eine große Leidenschaft für das Studium des Wortes Gottes. Schließlich liebte ich die Bibel mehr als ihren Autor. Ich steckte länger in dieser Falle, als ich zugeben möchte.

Ohne es zu merken, begann ich, das Bibelstudium beziehungsweise das Wissen über die Bibel als die Essenz des christlichen Lebens zu betrachten. C. S. Lewis hat meinen Irrtum folgendermaßen beschrieben: »Manchmal (nicht oft) sind wir froh, keine großen Theologen zu sein; so leicht verwechseln wir es damit, gute Christen zu sein.«[8] In diese Falle gerät man leicht, wenn man sich in einer akademischen Welt befindet, deren Hauptzweck es ist, über die Schrift zu lehren und andere darin anzuleiten, dies zu tun.

Es brauchte eine ganze Weile, bis ich lernte: Die Bibel zu kennen ist nicht das gleiche wie Gott zu kennen, die Bibel zu lieben nicht das gleiche wie Gott zu lieben und die Bibel zu lesen ist nicht das gleiche wie auf Gott zu hören. Die Pharisäer kannten die Bibel, liebten die Bibel und lasen die Bibel, doch sie kannten, liebten und hörten Gott nicht. Eines Tages sagte Jesus zu ihnen:

> »Auch der Vater selbst, der mich gesandt hat, hat über mich Zeugnis abgelegt. *Ihr habt weder seine Stimme gehört* noch seine Gestalt je gesehen, und auch sein Wort bleibt nicht in euch, weil ihr dem nicht glaubt, den er gesandt hat. Ihr erforscht die Schriften, weil ihr meint, in ihnen das ewige Leben zu haben; gerade sie legen Zeugnis über mich ab. Und doch wollt ihr nicht zu mir kommen, um das Leben zu haben« (Joh 5,37-40; Hervorhebung des Autors).

Diese Männer brachten jeden Tag Stunden mit dem Studium der Schrift zu, und doch sagte der Sohn Gottes über sie, sie hätten die Stimme seines Vaters noch nie gehört. Man kann jeden Tag seines Lebens in der Bibel lesen und niemals die Stimmen Gottes hören!

Die Ironie des Ganzen war, daß ich viele Predigten darüber gehalten hatte, wie wichtig es ist, das zu tun, was die Bibel uns sagt und nicht nur darüber Bescheid zu wissen. Doch ich setzte fast all meine Energien und all meine Zeit ein, die Bibel und die rechtgläubige Theologie zu verstehen, statt den Sohn Gottes zu suchen und ihm ähnlich zu werden. Ich hatte keine Ahnung, wie tief ich mich in diese Täuschung verstrickt hatte.

Was sind einige untrügliche Zeichen im Leben derer, die die Bibel über Jesus stellen? Sie reden häufiger über die Bibel als über Jesus. Die richtige Lehre zu besitzen ist ihnen wichtiger, als den richtigen Lebensstil zu führen. Dadurch wird das, was man mit Worten bekennt, wichtiger als das, was man tut. Ihre Leiter sind unter Umständen streng und autoritär. Die Sünden des Stolzes, der Arroganz und der religiösen Grausamkeit werden häufig entschuldigt oder übergangen. Das Wort zu predigen ist ihnen wichtiger, als sich vom Wort formen zu lassen.

Ich gebe es nicht gerne zu, aber all diese Merkmale fanden sich in meinem Leben, als ich die Bibel über den Herrn Jesus stellte. Das Problem bestand nicht darin, daß ich die Bibel zu sehr liebte, sondern darin, daß ich Jesus im Vergleich zur Bibel zu wenig liebte.

Manche Menschen lassen sich dazu verführen, das äußerliche moralische Verhalten und die Pflichterfüllung zum Zentralen des christlichen Lebens zu machen. Wer das tut, wird sich schließlich in der gleichen selbstgerechten Haltung wiederfinden, wie sie für die Pharisäer typisch war. Beachten Sie, was Jesus über diejenigen sagt, die sich dieser Sünde schuldig machen:

> »Weh euch, ihr Schriftgelehrten und Pharisäer, ihr Heuchler! Ihr gebt den Zehnten von Minze, Dill und Kümmel und laßt das Wichtigste im Gesetz außer acht: Gerechtigkeit, Barmherzigkeit und Treue. Man muß das eine tun, ohne das andere zu lassen. Blinde Führer seid ihr: Ihr siebt Mücken aus und verschluckt Kamele.
>
> Weh euch, ihr Schriftgelehrten und Pharisäer, ihr Heuchler! Ihr haltet Becher und Schüsseln außen sauber, innen aber sind sie voll von dem, was ihr in eurer Maßlosigkeit zusammengeraubt habt. Du blinder Pharisäer! Mach den Becher zuerst innen sauber, dann ist er auch außen rein.
>
> Weh euch, ihr Schriftgelehrten und Pharisäer, ihr Heuchler! Ihr seid wie die Gräber, die außen weiß angestrichen sind und schön aussehen; innen aber sind sie voll Knochen, Schmutz und Verwesung. So erscheint auch ihr von außen den Menschen gerecht, innen aber seid ihr voll Heuchelei und Ungehorsam gegen Gottes Gesetz« (Mt 23,23-28).

Wenn die Beachtung von Regeln zum Zentralen des christlichen Lebens wird, werden wir immer selbstgerecht werden.

Ich habe mich gerne als einen Menschen betrachtet, der von Gesetzlichkeit und Selbstgerechtigkeit frei ist. Ich habe mich sogar oft damit betört, mich als einen »heiligen Nonkonformisten« zu betrachten. Doch trotz dieses kleinen Märchens habe ich mich doch mehrfach in meinem Leben mit dem Herrn zu Gesetzlichkeit und Selbstgerechtigkeit verführen lassen.

Ich möchte Ihnen erzählen, wie der Herr mir dies zeigte. In der Zeit, als ich meine Gemeinde in Fort Worth verließ und meine Stelle als Theologieprofessor aufgab, erlebte ich, daß meine Empfindungen dem Herrn Jesus gegenüber zu neuem Leben erweckt wurden. Als wir dann nach Anaheim, Kalifornien, gezogen waren, um Mitarbeiter bei der dortigen *Vineyard* Gemeinde zu werden, fühlte ich mich dem Herrn näher als in den Tagen nach meiner Bekehrung.

Eines Tages im Herbst 1988, als ich zu meinem Gemeindebüro fuhr, bemerkte ich, daß ich mich in einer ungewöhnlich fröhlichen Stimmung befand. Ich schaute kurz auf mein Leben zurück, konnte jedoch keinen Grund für die Freude finden, die ich an diesem Tag erlebte. Es lagen weder Ferien noch irgendeine Reise vor mir, auf die ich mich hätte freuen können. Es gab keine neuen Besitztümer, die mich hätten glücklich machen können, und ich hatte in letzter Zeit auch keine geistlichen Siege erlebt, auf die ich meine Fröhlichkeit zurückführen konnte. Ich war nur einfach glücklich und froh, auf dem Weg zu einem ganz normalen Arbeitstag. Ich fing an, Gott zu fragen, warum ich eine solche Freude empfand.

Während ich auf mein Leben blickte, wurde mir bewußt, daß ich dem Herrn so nahe war, wie dies seit langem schon nicht mehr der Fall gewesen war. Ich betete mehr als je zuvor, und es machte mir sogar Spaß. Ich meditierte die Schrift häufiger und konsequenter als je zuvor. Ich hatte schon immer für Vorträge und Predigten in der Bibel geforscht, aber nun besaßen die Zeiten, die ich mit der Bibel verbrachte, um einfach nur für mich selbst über das Gelesene nachzudenken, eine neue Qualität. Ich gab mich in meinem Dienst den Menschen hin, wie ich es zuvor noch nie getan hatte. Und zum ersten Mal in meinem Leben fastete ich regelmäßig.

(Es ist eine der angenehmen Seiten, wenn man meint, die Geistesgaben seien ausgestorben, daß man eine Kategorie von Dingen einrichten kann, »die mit dem ersten Jahrhundert aufgehört haben.« Da kann man dann alles hineinwerfen, was einem nicht paßt. Ich steckte nicht nur die Geistesgaben in diese Kategorie, sondern auch das Fasten.)

Ohne es zu bemerken, hatte ich angefangen, mich selbst für meinen Wandel mit dem Herrn, für meine Beständigkeit und Disziplin, zu beglückwünschen. In dieser Situation sprach Gott so deutlich zu mir, als habe er mit hörbarer Stimme geredet: »Freue dich nicht über deine Hingabe an den Herrn Jesus – freue dich am Herrn Jesus selbst. Wenn du dich über deine Hingabe für Jesus freust, so wird dies dich selbstgerecht werden lassen.«

Mit dieser Offenbarung gewann ich die Perspektive Gottes über meinem Leben. Ich sah Perioden, in denen ich dem Herrn näher gekommen war, dann sah ich, wie diese Nähe unterbrochen wurde, weil ich mich an meiner Hingabe an den Herrn gefreut hatte.

Einige Tage später zeigte der Herr mir, wo diese Wahrheit in der Schrift zu finden sei. Sie findet sich im Gleichnis vom Pharisäer und vom Zöllner aus dem Lukasevangelium, Kapitel 18, Verse 9-14. In diesem Gleichnis betete der Pharisäer: »Gott, ich danke dir, daß ich nicht wie die anderen Menschen bin, die Räuber, Betrüger, Ehebrecher oder auch wie dieser Zöllner dort. Ich faste zweimal in der Woche und gebe dem Tempel den zehnten Teil meines Einkommens.« Das Gebet des Pharisäers zeigt, daß er sich tatsächlich an seiner Hingabe an den Herrn erfreute, statt sich am Herrn selbst zu erfreuen. Wenn dem kein Ende gesetzt wird, so führt es in jedem fall zur Selbstgerechtigkeit, und Selbstgerechtigkeit führt dazu, daß wir andere verachten (vgl. Lk 18,9).

Manche Menschen werden verführt, weil sie die Geistesgaben über den Herrn Jesus stellen. Das scheint in Korinth passiert zu sein. Andere werden von übersteigerter Emotionalität verführt. Sie versuchen, einen bestimmten Gefühlspegel zu erreichen, statt daß sie nach dem Herrn Jesus verlangen. Solche Leute geraten leicht in eine Übererregung oder in emotionale Exzesse hinein.

Es gibt eine Verführung, die noch subtiler vor sich geht. Die Art, wie in der Kirche Gottesdienst gefeiert wird, hat sich sehr verändert. In einer Reihe von Kirchen singen die Leute nur noch selten traditionelle Kirchenlieder und entscheiden sich häufiger für zeitgemäßere Musikformen. Statt zu Beginn des Gottesdienstes zwei oder drei Kirchenlieder zu singen, die als eine Art von Einstimmung angesehen werden, beginnen viele Gemeinden mit einer ausgedehnten Lobpreiszeit. Meiner Meinung nach steckt darin viel Gutes, doch selbst hierbei wurden manche Leute verführt. Manche beten die Anbetung mehr an, als sie den Herrn Jesus selbst anbeten.

Ich habe sogar Menschen getroffen, die den christlichen Lebensstil über Jesus gestellt haben. Mir sind Gemeindeglieder und selbst Theologiestudenten begegnet, die sich zu einem *Lebensstil* bekehrt hatten, aber nicht zu *Jesus Christus*. Sie lieben das christliche Leben: die Gemeinschaft, den Kirchgang, die Versammlungen, das Einsammeln von Opfern für einen guten Zweck, die Inspiration durch die Bibel und sogar das Gebet. Es ist möglich, all diese Dinge zu tun, ohne jemals Jesus Christus darin vertraut zu haben, daß er uns die Vergebung unserer Sünden und das ewige Leben erkauft hat. Ich habe erlebt, daß Theologiestudenten im achten Semester zu Christus gefunden haben. Ich habe erlebt, wie Diakone zum Glauben an Christus fanden, nachdem sie jahrelang in konservativen Gemeinden treu ihren Dienst verrichtet hatten. Ich will damit sagen, daß man fast alle guten Dinge über Jesus Christus stellen kann ohne zu merken, was man da tut. Wir können die Bibel und ihre Gebote über den Herrn stellen. Wir können die Geistesgaben und sogar verschiedene Lobpreisformen über den Herrn stellen. Wir können verschiedene Dienste – das Zeugnisgeben, die Fürsorge für die Armen, das Gebet für die Kranken – über den Herrn stellen. Mit all diesen Dingen können wir uns verführen lassen.

Wir dürfen Jesus mit keinem dieser guten Dinge gleichsetzen. Jesus ist kein Dogma, keine Theologie, kein abstraktes Prinzip, kein Dienst, keine spezielle Gemeinde, keine Denomination, keine Aktivität, noch nicht einmal ein Lebensstil. Jesus ist eine Person, eine wirkliche Person. Und er verlangt von uns, daß wir ihn über all diese guten Dinge stellen. Keines dieser Dinge ist für uns gestorben; der Sohn Gottes starb für uns. Keines dieser Dinge bestimmt unser Schicksal; der Sohn Gottes ist Herr über unser Leben. Jedesmal, wenn ich einem dieser Dinge mehr Aufmerksamkeit schenke als dem Sohn Gottes, oder mehr danach verlange als nach dem Sohn Gottes, wird es für mich zum Götzen werden und mich vom Sohn Gottes wegbringen. Wir sind so schnell dabei, diese guten Dinge mehr zu lieben als Jesus. Wir verwechseln so leicht unsere Hingabe an Jesus mit unserer Hingabe an diese guten Dinge.

Mehr als alles andere müssen wir unsere Leidenschaft für Gott wahren und kultivieren, sonst werden wir sie verlieren. Ich merke, daß all die Dinge in meinem Leben, die gut sind, nur allzu schnell um meine Zeit und Intimität mit Gott wetteifern. Das Zentrale in jedem Leben ist, Gott zu lieben und dann seine Kinder (Mt 22,36-40).

Leidenschaftliche Liebe

Ich spreche oft von der »Leidenschaft« für Jesus, anstatt von der »Liebe« zu Jesus, denn das Wort »Liebe« hat in vielen religiösen Kreisen heute seine biblische Bedeutung verloren. Wie ich bereits zuvor gesagt habe, erleben wir ständig den Versuch von Theologen und populären Predigern, Liebe primär als Pflichterfüllung zu definieren, ohne Bezug zu der Bedeutung, die das Wort im emotionalen Bereich besitzt. Eine Liebe zu Gott, die keine Emotionen einschließt, ist das fiktive Produkt aus den Köpfen moderner Lehrer. Die Bibel hat »Liebe« niemals so definiert.

Mir gefällt das Wort »Leidenschaft«, weil es die emotionale Seite der Liebe betont. Leidenschaft kann definiert werden als »jede Art von Gefühl, von der der Geist machtvoll ergriffen oder bewegt wird: eine vehemente, beherrschende und überwältigende Emotion.«[9] Leidenschaft ist ein Gefühl, das den Geist und den Willen zum Handeln treibt. Der Begriff Leidenschaft deckt ein breites Spektrum von Gefühlen ab, die der Liebe zu Gott angemessen sind. Ich meine solche Gefühle wie Lust, Sehnsucht, Eifer, Zuneigung, Verlangen, Hunger und so weiter. All diese Gefühle sind charakteristisch für einen Menschen, der zutiefst verliebt ist.

Ich wünsche mir sehr, daß diese leidenschaftlichen Gefühle meine Beziehung zum Herrn Jesus charakterisieren. Natürlich will ich dem Herrn völlig gehorsam sein, aber ich möchte, daß dieser Gehorsam meiner leidenschaftlichen Liebe zu ihm entspringt. Ich möchte Jesus nicht nur aus Disziplin oder Pflichtgefühl heraus gehorchen, oder wegen einer Belohnung oder der Angst vor Strafe. Ich möchte ihm einfach nur um der Freude willen gehorchen; der Freude, dem zu gefallen, den ich so sehr liebe. Wenn uns nur die Disziplin dazu treibt, Jesus zu suchen, dann werden wir schließlich irgendwann aufgeben. Doch ein Mann oder eine Frau, die liebt, gibt niemals auf. Das liegt im Wesen der Liebe (Hld 8,6-7). Ich möchte, daß mein Leben von einer ungezügelten Zuneigung zum Sohn Gottes geprägt ist.

Ist dies ein realistisches Ziel oder nur ein Wunschtraum? Ich habe gehört, wie einige gepredigt haben, es sei normal, am Anfang unserer Beziehung zu Gott eine Leidenschaft für ihn zu empfinden; und nach relativ kurzer Zeit sei es ebenso normal, daß diese Leidenschaft durch einen verläßlicheren Sinn für Pflichterfüllung und Disziplin ersetzt wird. Ich habe sogar manche Lehrer sagen hören, der Verlust der Leidenschaft sei ein Zeichen der Reife. Ich denke, die Bibel zeigt uns das genaue Gegenteil.

Denken Sie noch einmal an die Zitate aus den Psalmen am Anfang dieses Kapitels zurück. Die Psalmisten hatten ihre Leidenschaft für Gott nicht verloren. Sie waren von einem Hunger und einer Sehnsucht nach ihm erfüllt. Sie benutzten die lebhaftesten Bilder, um ihr Verlangen nach Gott auszudrücken. Wie der Hirsch nach frischen Wasser lechzt, so lechzte die Seele der Psalmisten nach Gott (Ps 42,2). David nannte dies seine größte Bitte: im Hause des Herrn wohnen zu können und einfach nur »die Freundlichkeit des Herrn zu schauen und nachzusinnen in seinem Tempel« (Ps 27,4). Wenn schon die Heiligen des Alten Testamentes eine Leidenschaft für Gott empfanden, wieviel mehr sollten dies die Heiligen des Neuen Testamentes tun, die im Licht des Kreuzes und der Kraft des Heiligen Geistes leben?

Doch wenn wir diese Leidenschaft verloren haben – was können wir tun, um sie zurückzugewinnen? Und was hat unsere Leidenschaft für Gott mit unserem Erleben seiner Kraft zu tun? Wir werden diese Fragen im letzten Kapitel genauer betrachten.

Kapitel 14

Leidenschaft und Kraft entwickeln

Eines Tages kam Jesus in das Dorf Betanien und beschloß, im Haus von Maria, der Schwester von Marta und Lazarus, zu bleiben (Lk 10,38-42). Maria war so voller Verlangen und Zuneigung für den Herrn, daß sie sich zu seinen Füßen setzte und auf jedes seiner Worte hörte. Es war Zeit fürs Abendessen, aber sie wollte lieber Jesus zuhören als essen.

Nach den üblichen Regeln der Gastfreundschaft im antiken Nahen Osten war Maria, zusammen mit ihrer Schwester Marta, dafür verantwortlich, Jesus und seinen Jüngern ein Essen zu bereiten. Doch ihr Verlangen, ihm zuzuhören und bei ihm zu sein, war stärker als der Wunsch, ihn zu bewirten. Ihre Zuneigung zum Herrn überwand die üblichen Regeln für gutes Benehmen. Ich bin sicher, wenn Jesus Maria befohlen hätte, ihrer Schwester Marta zu helfen, hätte sie dies sofort getan. Doch sie wollte keinesfalls seine Gegenwart verlassen, solange er ihr dies nicht befahl.

Als Marta den Herrn dazu überreden wollte, Maria eine Rüge zu erteilen, weil sie nicht mithalf, das Essen zuzubereiten, verweigerte sich Jesus nicht nur dieser Aufforderung, er lobte Maria sogar. Maria hatte ihn gewählt und Jesus sagte, sie habe das Bessere – selbst im Vergleich zum Dienen – gewählt, das eine, das ihr niemand nehmen sollte.

Prediger benutzen diesen Text oft, um die Wichtigkeit des Bibelstudiums zu betonen. Doch Maria las nicht in der Bibel; sie saß dem zu Füßen, der ihr am liebsten war und hörte genau zu, was er sagte.

Marias tiefe Leidenschaft für den Herrn zeigte sich auch sechs Tage vor seinem letzten Paschafest. Er wußte, daß ihm nur noch sechs Tage blieben, bis er ans Kreuz mußte. Raten Sie mal, wo er diese sechs Tage verbringen wollte? Er ließ all die politisch maßgeblichen Leute und Stellen in Jerusalem links liegen und ging nach Betanien, etwa drei Kilometer südöstlich von Jerusalem. Er wählte das Haus von Lazarus, Marta und Maria. Warum? Weil dies der Ort war, den der himmlische Vater vor Grundlegung der Welt erwählt hatte, damit sein Sohn dort zum Begräbnis gesalbt werden sollte.

Wem würde Gott die Ehre übertragen, seinen Sohn zu salben? Folgendes trug sich zu. Maria kam während des Essens mit einem Pfund kostbaren Nardenöls herein, mit einem Parfüm also, das mindestens einen ganzen Jahreslohn wert war. Dann »verschwendete« sie das teure Parfüm, indem sie es über die Füße Jesu goß. Als nächstes ließ sie ihr Haar herunter und trocknete damit die Füße des Herrn (Joh 12,1-3).

Das war ein außergewöhnliches Verhalten. Es war auch ein unziemliches Verhalten. Maria störte beim Essen, sie wandte sich einem männlichen Gast zu, sie ließ ihr Haar herunter wie eine sittenlose Frau und sie verrichtete Sklavenarbeit. Was brachte sie dazu, sich so zu demütigen, und die Grenzen des Anstands derart zu verletzen?[1] Was ließ sie so verschwenderisch werden? Es kann dafür nur einen Grund geben: Sie erkannte die Größe Jesu und sie wußte, daß er jede Verschwendung wert war, mit der sie ihn jemals überhäufen könnte. Er war die tiefste Demütigung wert, die sie um seinetwillen erleiden könnte. Maria wurde von einer geheiligten Leidenschaft für den Sohn Gottes getrieben. Sie verschwendete dieses Parfüm an Jesus, und sie hätte ihr ganzes Leben an ihn verschwendet, wenn er ihr Gelegenheit dazu gegeben hätte. Das Geschenk war verschwenderisch, doch dieses Geschenk spiegelte nur den verschwenderischen Reichtum ihrer Zuneigung für Christus wieder.

Sowohl Johannes als auch Lukas zeigen uns diesen »Schnappschuß« aus dem Leben Marias, weil sie uns ein Vorbild vor Augen halten wollen, dem wir nacheifern sollen. Wie können wir diesem Leben nacheifern? Wie können wir die Leidenschaft und Hingabe entwickeln, die Maria für Jesus empfand?

Wie wir Leidenschaft für Jesus entwickeln können

Es gibt drei einfache Schritte, wie wir Leidenschaft für Jesus entwickeln können. Der erste Schritt ist offensichtlich. Man kann keine Liebe oder Leidenschaft für jemanden empfinden, den man nicht kennt. Wie Maria müssen wir uns Zeit nehmen, um Jesus mehr und mehr kennenzulernen. Je öfter wir zu seinen Füßen sitzen und ihm zuhören, um so besser werden wir ihn kennenlernen. Und je mehr wir ihn kennen, um so mehr werden wir ihn lieben.

Wir müssen eine regelmäßige Zeit einplanen für unser persönliches Lesen in der Bibel und unser Gebet. Wir dürfen es nie zulassen, daß diese Zeit zu etwas Mechanischem oder Rituellem wird. Wir müssen daran denken, daß man die Bibel lesen kann wie die Pharisäer, ohne jemals die Stimme Gottes zu hören (Joh 5,37). Es kann geschehen, daß unsere Gebetszeit zu einer reinen Wunschliste verkommt, die wir Gott präsentieren.

Bei unserem regelmäßigen Lesen in der Bibel und in unserer Gebetszeit müssen wir uns immer wieder daran erinnern, daß es darum geht, einer wirklichen Person zu begegnen. Diese Person redet, führt, ermutigt, offenbart und überführt von Sünden. Er wird zornig und er vergibt. Wir können ihm Sorgen oder Freude bereiten. All dies lehrt uns die Schrift über den Gott, zu dem wir im Gebet kommen.

Wir sollten nicht annehmen, nur weil wir lesen können, werden wir automatisch in seine Gegenwart eintreten. Eine mechanische »Bibellese« oder ein rituelles Gebet werden uns nicht in die Gegenwart Gottes führen. Der Psalmist bat Gott: »Öffne mir die Augen für das Wunderbare an deiner Weisung!« (Ps 119,18). Er wußte, wenn die Gegenwart Gottes nicht das Wort erleuchtet, dann würde er »das Wunderbare« nicht sehen. Bitten Sie um Gottes Gegenwart; halten Sie diese nicht für selbstverständlich. Nähern Sie sich seinem Wort mit dem Verlangen, einer Person zu begegnen und mit ihr zu reden. Halten Sie Ihre Ohren offen, während Sie beten und meditieren.

Das alles kennen wir schon lange. Seit unserer Bekehrung hat man uns dies beigebracht. Das Problem besteht nicht darin, daß wir nicht um diese Dinge wissen, sondern, daß wir sie nicht tun. Als ich Pfarrer in einer *Bible Church* war, bestand meine wichtigste Mahnung an die Leute darin, in der Schrift zu lesen und zu beten. Die häufigste Beichte, die ich in der Seelsorge hörte, war, daß sie nicht in der Schrift gelesen und nicht regelmäßig gebetet hatten.

Seit fast zehn Jahren reise ich zu allen Teilen des Leibes Christi in aller Welt. Ich muß zugeben, daß die Mehrzahl der Pfarrer und Gemeindeglieder, die ich getroffen habe, kein regelmäßiges Lesen in der Bibel kennen und kein anhaltendes Gebetsleben besitzen. Dies fand ich in allen Zweigen der Kirche bestätigt.

Die Christen, mit denen ich rede, glauben, das Wort und das Gebet seien wichtig, und sie wollen sogar ihre »Stille Zeit« machen – aber sie tun es einfach nicht. In den meisten Fällen liegt dies nicht an einem moralischen Versagen ihrerseits. Vielmehr begegnen sie dem Herrn aufgrund eines simplen Planungsfehlers nicht – sie haben die Zeit mit ihm nicht eingeplant.

Die Leute tendieren zu der Illusion, sie würden immer die Zeit finden, zu beten und die Schrift zu meditieren. Das ist eine der erfolgreichsten Lügen des Teufels. Der Teufel weiß, wenn er uns aus der Gegenwart Gottes heraushalten kann, wird er uns schlagen. Selbst wenn Sie ein enormes Bibelwissen besitzen, werden Sie nur stolz werden und geübt darin, andere zu verletzen, wenn Sie nicht beständig in Gottes Gegenwart treten. Selbst wenn Sie machtvoll mit Geistesgaben ausgestattet sind, werden Sie in der Gemeinde nur Unheil anrichten, wenn Sie nicht regelmäßig in seine Gegenwart treten. Wir werden keinerlei Wachstum in unserer Leidenschaft für den Sohn Gottes erleben, und letztlich auch nicht für seinen Dienst tauglich werden, wenn wir nicht beständig in seine Gegenwart treten.

Es gibt keinen einzigen biblischen Helden, der nicht regelmäßig in die Gegenwart Gottes getreten wäre. Folgen Sie dem Beispiel Josuas und sinnen Sie Tag und Nacht über die Schrift nach (Jos 1,5-9). Folgen Sie dem Beispiel des Paulus und beten Sie allezeit (1 Thess 5,17). Folgen Sie dem Beispiel Marias und sitzen Sie zu Jesu Füßen (Lk 10,39). Um ihrem Beispiel zu folgen, müssen wir lernen, uns regelmäßig Zeit zu nehmen, oder wir werden niemals regelmäßig vor Gott sein. Wenn wir dies regelmäßig tun und erwarten, dabei einer Person zu begegnen, dann wird uns diese Person auch nicht enttäuschen.

Es gibt noch einen zweiten Schlüssel, um Leidenschaft für den Herrn Jesus zu gewinnen. In jeder Beziehung werden hin und wieder Barrieren aus Mißverständnissen und manchmal auch Unrecht aufgebaut. Jedesmal, wenn wir sündigen, entsteht zwischen uns und ihm eine Mauer. Die Schuld der Sünde kann uns den Zugang zur Gegenwart des Herrn verstellen. Dies trifft auch für unsere horizontalen Beziehungen zu. Wenn wir jemanden verletzen, den wir lieben, können wir das Zusammensein mit diesem Menschen nicht genießen, bevor wir dieses Unrecht nicht wieder gutgemacht haben.

Es gibt nur eines, das die Barriere zwischen Gott und seinen ungehorsamen Kindern zerbrechen kann. Es ist das Leiden und Sterben seines Sohnes.

> »Wenn wir aber im Licht leben, wie er im Licht ist, haben wir Gemeinschaft miteinander, und das Blut seines Sohnes Jesus reinigt uns von aller Schuld. Wenn wir sagen, daß wir keine Sünde haben, führen wir uns selbst in die Irre, und die Wahrheit ist nicht in uns. Wenn wir unsere Sünden bekennen, ist er treu und gerecht; er vergibt uns die Sünden und reinigt uns von allem Unrecht« (1 Joh 1,7-9).

Die Schuld der Sünde wird von uns genommen, sooft wir die Sünde bekennen und der Kraft des Blutes Jesu Christi vertrauen, daß uns die Sünden vergeben und wir gereinigt werden.

Dies ist noch so eine Wahrheit, die uns seit unserer Bekehrung beigebracht wird. Doch ich treffe so viele Christen, die von ihrer Sünde niedergedrückt werden und bei denen es so aussieht, als verbrächten sie mehr Zeit unter der Verdammnis als in der Freiheit Christi. Viele erzählen mir, daß sie zwar ihre Sünden bekennen, aber trotzdem nicht »das Gefühl haben,« daß ihnen vergeben wurde. Es reicht nicht, nur ein paar Worte über unsere Sünde loszuwerden; wir müssen das Vertrauen haben, daß uns durch die Kraft des

Blutes Jesu vergeben wird. Wir werden nie heilig genug oder diszipliniert genug sein, um auf diesem Weg in die Gegenwart Gottes und unter seine Vergebung zu gelangen; dies erwirbt uns nur das Blut Jesu. Das Blut seines Sohnes ist das einzige, was Gott uns gegeben hat, damit unsere Sünde und Schuld von uns genommen werden. Unsere guten Werke, unser verändertes Leben und unsere besten Absichten werden uns die Schuld der Sünde nicht abnehmen können.

Noch etwas ist absolut notwendig, wenn wir jemals eine verzehrende Leidenschaft für den Sohn Gottes erleben wollen. Fast mein gesamtes Leben als Christ über habe ich den gleichen Fehler immer und immer wieder gemacht. Immer wieder setze ich mein Vertrauen in meine Disziplin, meine guten Absichten, in mein Wissen über die Bibel, um so Liebe zu Gott zu produzieren. Doch jedesmal, wenn ich dies tue, erlebe ich, wie ich mich in Gesetzlichkeit und Selbstgerechtigkeit verstricke.

Einer Tages machte Gott dem allen ein Ende, als mir ein guter Freund, Mike Bickle, erzählte, er habe sich nie von dem Schock erholt, der ihn traf, als Gott zu ihm sagte: »Wenn du mit deinem Leben als Christ jemals Erfolg haben solltest, dann liegt das nicht daran, daß du gut in der Nachfolge bist. Dann liegt das daran, daß mein Sohn gut im Vorangehen ist. Setze dein Vertrauen darauf, daß er dich führen wird, nicht in die Qualität deiner Nachfolge.« Diese göttliche Offenbarung stach mir ins Herz. Ich erkannte, warum die Gesetzlichkeit und die Selbstgerechtigkeit immer wieder so leicht in meinem Leben Fuß fassen konnten.

Verstehen Sie mich an dieser Stelle bitte nicht falsch. Ich behaupte nicht, wir bräuchten keine Disziplin oder kein Wissen über die Bibel oder kein gottwohlgefälliges Verhalten – wir brauchen all das. Ich sage auch nicht, daß wir die Hände in den Schoß legen und Gott alles machen lassen sollen. Ich spreche von unserer Einstellung und unserem Vertrauen. Wir müssen das Richtige tun, aber wir dürfen niemals unser Vertrauen in unsere Fähigkeit legen, diese Dinge zu schaffen. Unser Herz läßt sich so leicht verführen (Jer 17,9) und unsere Füße weichen so leicht vom rechten Weg ab (Röm 3,10-18). So gesehen – wie sollten wir je auf unsere Fähigkeit setzen, Jesus nachfolgen zu können?

Ich bin in meinem Leben zu der Erkenntnis gelangt, daß ich meine Leidenschaft für den Sohn Gottes – sollte ich sie je erlangen – nicht deshalb finden werde, weil ich sie verdient hätte, sondern weil er sie mir als seine größte und teuerste Gabe schenkt. Erhalten wir so nicht alle großartigen Dinge – als Geschenk? Jakobus sagt: »Ihr erhaltet nichts, weil ihr nicht bittet« (Jak 4,2). Die größten Gaben, die Gott uns geben kann, gehören uns – wir müssen nur darum bitten. Wir können von ihm alles erhalten, wenn wir bereit sind, im

Gebet darum zu ringen. Ich ermutige Sie, mehr Zeit damit zu verbringen, Gott um Leidenschaft für den Sohn Gottes zu bitten als für jedes andere Gebetsanliegen.

Ein bestimmtes Gebet hat mehr Leidenschaft in mir wachgerufen als alles andere, was ich je getan habe. Dieses Gebet findet sich in dem wohl großartigsten Gebet der gesamten Bibel. Ich meine das hohepriesterliche Gebet des Herrn Jesus im Johannesevangelium, Kapitel 17. Ich habe den letzten Vers dieses Gebetes zu meiner ganz persönlichen Bitte gemacht.

> »Ich habe ihnen deinen Namen bekannt gemacht und werde ihn bekannt machen, damit die Liebe, mit der du mich geliebt hast, in ihnen ist und damit ich in ihnen bin« (Joh 17,26).

Jesus sagt, daß er seinen Jüngern den Namen des Vaters verkündigt hat; das heißt, er hat ihnen gezeigt, wie der Vater ist. Jesus tat dies aus einem vorrangigen Grund: Er wollte, daß seine Jünger ihn lieben, wie sein himmlischer Vater ihn geliebt hat. Er wollte, daß die Liebe, die sein Vater für ihn empfindet, in seinen Jüngern ist.

Ich hatte diesen Vers schon oft gelesen, ohne ihn zu verstehen. Als ich schließlich verstand, was Jesus meinte, konnte ich es kaum glauben. Wie könnte ich Jesus so lieben, wie Gott, der Vater, seinen eigenen Sohn liebt? Natürlich kann niemand mit der gleichen Intensität oder Art lieben wie Gott. Aber andererseits können wir ja auch nicht so heilig sein wie Gott. Und doch sagt Gott zu uns: »Seid heilig, denn ich, der Herr, euer Gott, bin heilig« (Lev 19,2). Durch die Kraft des Heiligen Geistes in uns können wir in unserem Lebenswandel heilig sein. Durch die gleiche Kraft können wir unser Leben mit einer verzehrenden Leidenschaft zu unserem Herrn leben.

Der Vater liebt den Sohn mehr als alles andere oder jede andere Person. Er hat sich dem Sohn verpflichtet. Seine Augen weichen nie vom Sohn. Alles, was der Vater tut, tut er für den Sohn. Jesus hat gebetet, daß wir von der gleichen heiligen Leidenschaft getrieben werden.

Ich habe diese Worte aus dem Johannesevangelium zu meinem eigenen Gebet umformuliert: »Vater, verleih mir durch deinen Heiligen Geist, daß ich den Sohn Gottes so sehr lieben kann, wie du ihn geliebt hast.« Ich spreche dieses Gebet morgens beim Aufstehen; ich bete es tagsüber, wenn mein Geist zwischendurch zur Ruhe kommt, und ich bete es abends vorm Einschlafen. Mein Herz wurde von diesem Gebet ergriffen. Wenn ich dieses Gebet spreche, gestehe ich Gott ein, daß ich nie zu einer leidenschaftlichen Liebe zum Sohn Gottes finden werde, wenn der Vater nicht durch seinen Heiligen Geistes in meinem Leben wirkt. Ich bekenne ihm, daß meine Gottgefälligkeit, meine Disziplin, mein Wissen über die Schrift – selbst wenn das alles gut und in Ordnung ist – nicht ausreichen, um Leidenschaft für den Sohn Gottes hervorzubringen. Ich kann mein Denken verändern, doch nur der Heilige Geist kann mein Herz verändern.[2] Göttliche Liebe kann nur von Gott selbst geschenkt werden.

Wenn Sie anfangen, dieses Gebet regelmäßig zu sprechen, wird die Leidenschaft für den Sohn Gottes beginnen, Ihr Herzen zu durchströmen. Es kann Monate, ja sogar Jahre dauern, bis Sie einen spürbaren Unterschied bemerken. Wahrscheinlich werden Sie niemals sagen können, zu welcher Stunde an welchem Tag die Leidenschaft für Jesus Sie völlig ergriffen hat. Aber andere werden es merken. Sie werden sagen, daß Sie sich verändert haben; daß Sie ihnen anders erscheinen. Sie werden zu Ihnen sagen, daß sie bei Ihnen neuerdings eine Freundlichkeit und Sanftheit spüren, die vorher nicht da waren. Ihre Liebe zum Sohn Gottes hat etwas Ansteckendes, das vorher nicht dagewesen zu sein scheint, und die Leute werden Sie fragen, wie Sie das gemacht haben.

Seien Sie nicht passiv, wenn es um Ihre Leidenschaft für den Sohn Gottes geht. Machen Sie diese zum Brennpunkt Ihres Lebens. Schauen Sie auf den Sohn Gottes, lassen Sie ihn nicht aus den Augen (Hebr 12,2) und Sie werden entdecken, daß Sie ihm ähnlicher werden. Sie werden entdecken, wie Sie sich in ihn verlieben, während Sie Gott täglich bitten, Sie ganz mit der Leidenschaft für seinen herrlichen Sohn zu erfüllen. Und während diese Leidenschaft Ihr Herz immer mehr ausfüllt, wird sie tausend Sünden in Ihrem Leben besiegen. Sie werden anfangen, das zu lieben, was er liebt, und das zu hassen, was er haßt.

Leidenschaft und Kraft

Was hat all dieses Gerede über Leidenschaft mit Kraft und mit den übernatürlichen Gaben des Heiligen Geistes zu tun? Ganz einfach: Leidenschaftliche Liebe zu Gott ist der Schlüssel zur Kraft. Die Apostel des Herrn Jesus waren berühmt für ihre übernatürliche Kraft. Das Geheimnis ihrer Kraft findet sich in ihrer Berufung:

> »Jesus stieg auf einen Berg und rief die zu sich, die er erwählt hatte, und sie kamen zu ihm. Und er setzte zwölf ein, die er bei sich haben und die er dann aussenden wollte, damit sie predigten und mit seiner Vollmacht Dämonen austrieben« (Mk 3,13-15).

In der Version des Markusevangeliums von der Berufung der Apostel berief Jesus die zwölf zu folgenden drei Zielen: (1) damit er sie bei sich hat; (2) damit er sie aussendet zu predigen; (3) damit sie die Autorität haben, Dämonen auszutreiben. Die Reihenfolge der drei Ziele ist sehr wichtig. Bevor sie versuchen sollten, zu predigen und Dämonen auszutreiben, waren sie dazu aufgerufen, bei Jesus zu sein. Aus dieser sehr persönlichen Erfahrung heraus gab er ihnen die Vollmacht, zu predigen und Dämonen auszutreiben.

Die mächtigsten Menschen der Welt sind die, die bei Jesus gewesen sind (vgl. Apg 4,13). Eine innige Beziehung zu Jesus, bei ihm zu sein, führt immer zu einer Leidenschaft für ihn. Denken Sie an die Menschen der Schrift, die am meisten mit der Kraft Gottes erfüllt waren. Menschen wie Mose, Daniel, Petrus, Johannes und Paulus wirkten mächtige Wunder, empfingen gewaltige Prophetien oder beides. Sie waren auch Menschen, die von einer Leidenschaft für Gott verzehrt wurden. Wie wir jedoch gesehen haben, sind Leidenschaft und Kraft nicht auf die Propheten des Alten Testamentes und die Apostel des Neuen Testamentes beschränkt. Betrachten Sie eine weitere Episode aus dem Leben Marias.

Jesus kam zu Marta und Maria, vier Tage nachdem Lazarus, ihr Bruder, gestorben war. Marta ging ihm als erste entgegen. Sie sagte zu ihm: »Herr, wärst du hier gewesen, dann wäre mein Bruder nicht gestorben« (Joh 11,21). Jesus antwortete Marta mit einer der gewaltigsten Lehren der Schrift: »*Ich bin* die Auferstehung und das Leben« (Joh 11,25; Hervorhebung des Autors). Als Maria Jesus nur wenige Augenblicke danach begegnet, sagte sie zu ihm die gleichen Worte wie ihre Schwester Marta: »Herr, wärst du hier gewesen, dann wäre mein Bruder nicht gestorben« (Joh 11,32). Doch als Maria diese Worte sagte, weinte Jesus. Dann ging er zum Grab und erweckte Lazarus von den Toten. Jemand wie Marta konnte Jesus zu einem theologischen Gespräch bewegen. Maria jedoch konnte sein Herz anrühren und ihn dazu bewegen, daß er jemanden von den Toten auferweckte.

Menschen wie Maria, die eine Leidenschaft für den Herrn Jesus empfinden, können sein Herz berühren mehr als andere dies könnten. Die Leidenschaft für Jesus öffnete Maria einen Zugang zur Kraft Jesu.

Lassen Sie mich an einem dramatischen, zeitgenössischen Beispiel verdeutlichen, was ich damit meine. Mahesh Chavda, ein für seine Heilungen und Wunder bekannter Evangelist, stand im Mai 1985 vor einem schrecklichen Dilemma. Sein Sohn Aaron war soeben zur Welt gekommen, vier Monate vor dem Geburtstermin. Die Ärzte machten Mahesh und seiner Frau, Bonnie keine Hoffnungen, daß der kleine Aaron überleben werde. Sein Tod konnte jeden Moment eintreten. Die Ärzte sagten, selbst wenn er überleben würde, hätte sein Gehirn keine Chance, sich normal zu entwickeln, und er würde nur vor sich hin vegetieren.

Mahesh hatte fast ein Jahr zuvor versprochen, daß er mehrere Missionsfeldzüge in Afrika durchführen werde. Seine Frau und sein Sohn waren im Krankenhaus und er sollte nach Afrika abfliegen. Er hatte den Eindruck, daß Gott in aufforderte, nach Afrika zu gehen und sein Versprechen einzulösen. Doch seine Gefühle drängten ihn zu bleiben. Wie konnte er es zulassen, daß Bonnie ihren Sohn Aaron allein beerdigen würde?

Bonnie überredete Mahesh zu gehen. »Es ist deine Aufgabe zu gehen, wenn der Herr es dir befielt«, sagte sie. »Es ändert nichts, wenn du hier bei uns bist. Wichtig ist, daß der Herr hier bei uns ist. Und ich weiß, er ist hier. Wenn Aaron leben sollte, dann wird es an Gottes Eingreifen liegen und nicht daran, daß du zu Hause geblieben bist.«

Mahesh verließ Bonnie und ging auf die Intensivstation, wo sein winziger Sohn ums Überleben kämpfte. Zu diesem Zeitpunkt wog Aaron fünfhundertachtunddreißig Gramm. Mahesh schob seine Hand unter Aaron, der so klein war, daß er ohne Probleme in die Handfläche des Vaters paßte. Mahesh beobachtete, wie Aaron mit seinen nur teilweise ausgebildeten Lungen um jeden Atemzug kämpfte. Dann salbte er ihn mit Öl und betete inständig für ihn. Schließlich sah er auf seinen kleinen Sohn herab und sagte: »Aaron, es sieht so aus, als würde ich dich nicht wiedersehen. Ich möchte, daß du weißt, daß dein Vater dich liebt. Aber Jesus liebt dich noch mehr als ich. Wenn ich dich nicht hier auf dieser Erde wiedersehe, so weiß ich doch, daß ich dich im Himmel wiedersehen werde.« Mit diesen Worten drehte er sich um und fuhr zum Flughafen.

Wochen später, als Mahesh seine Evangelisationskampagne in Sambia beendet hatte, gelang es ihm endlich, Bonnie telefonisch zu erreichen – doch nur ein einziges Mal. Wie durch ein Wunder klammerte sich Aaron immer noch an das Leben. Mahesh bestieg ein Flugzeug nach Zaire und landete am Sonntag, den 9. Juni 1985 in Kinshasa, der Hauptstadt des Landes.

Mahesh kannte die Leute nicht, die den Einsatz in Kinshasa auf lokaler Ebene organisierten und hatte auch keine Nachricht über die Vorbereitungen der Veranstaltungen erhalten. Er erwartete eine kleinere Besucheranzahl von sieben- bis achthundert Leuten. Zum Leitertreffen am Montag morgen erschienen 2 300. Am Ende der Veranstaltung wurde eine ältere Frau, deren Körper mit bösartigen Tumoren übersät war, vor den Augen aller Anwesenden augenblicklich geheilt. Die Tumore waren völlig verschwunden.

Die Nachricht über diese übernatürliche Heilung breitete sich aus wie ein Buschfeuer. Am Abend kamen 100 000 Menschen zur Versammlung! Sie kamen mit allen erdenklichen Krankheiten; manche wurden sogar auf Schubkarren gebracht. An diesem Abend wurden so viele Menschen geheilt, daß sogar Hexen und Zauberer, die gekommen waren, um zu stören, zum Glauben kamen, öffentlich ihre Schuld bereuten und ihren Glauben an Jesus bekannten. Bis zum Mittwoch, dem 12. Juni, war die morgendliche Versammlung auf 30 000 angewachsen.

An diesem Morgen befand sich auch Mulamba Manikai unter der Menge; und obwohl sein Herz gebrochen war, hörte er aufmerksam zu. Im Gegensatz zu den meisten seiner Nachbarn, die in der Lumbi Straße, im Stadtteil Mikondo, wohnten, waren Mulamba und seine Familie Christen. Nachdem Mulamba von der Versammlung am Dienstag abend zurückgekehrt war, mußte er feststellen, daß sein sechs Jahre alter Sohn, Katshinyi, plötzlich gelähmt war und im Koma lag. Mulamba und sein älterer Bruder Kuamba brachten den kleinen Jungen zur medizinischen Station von Mulambas Firma. Die Diagnose lautete auf zerebrale Malaria und man riet Mulamba, seinen Sohn in die *Mikondo*-Klinik zu bringen.

Um vier Uhr morgens, als sie sich bereits kurz vor der *Mikondo*-Klinik befanden, bekam der sechsjährige Katshinyi Krämpfe und hörte auf zu atmen. Dann versagte sein Herz, und er starb in den Armen seines Vater. In der Klinik gab der Arzt dem Jungen eine Injektion und versuchte ihn wiederzubeleben, doch es hatte keinen Sinn. »Ihr Sohn ist tot«, meinte der Arzt zu Mulamba. »Ich kann nichts mehr für ihn tun. Sie müssen ihn nach Kinshasa ins *Mama Yemo*-Krankenhaus bringen, um einen Totenschein für seine Beerdigung zu bekommen.«

Als sie den Leichnam ins Krankenhaus brachten, wurde der Junge erneut für tot erklärt. Mulamba ließ den Leichnam in der Obhut seines Bruders im Krankenhaus zurück, um etwas Geld zu leihen und die Genehmigung für die Beerdigung zu besorgen.

Während er sich auf den Weg machte, begann Mulamba zu beten, daß der Herr seinen Sohn von den Toten auferwecken möge, wenn dies der Verherrlichung Gottes dienen würde. Im selben Moment, in dem er sich an die Geschichte erinnerte, wie Petrus jemanden von den Toten auferweckte, hörte er Gott zu ihm sagen: »Warum weinst du? Mein Diener ist in dieser Stadt. Geh zu ihm.«

Mulamba wußte, daß der Herr von Mahesh gesprochen hatte. Er eilte zum *Kasavubu* Platz, wo Mahesh vor 30 000 Zuhörern predigte. Mahesh war gerade am Ende seiner Predigt angelangt. Um genau zwölf Uhr, acht Stunden nachdem Katshinyi gestorben war, trat Mahesh vom Mikrophon zurück.

Plötzlich fühlte sich Mahesh, als habe ihn Gott in eine andere Seinsebene versetzt. Die Menschenmassen nahm er nicht länger wahr. Er war eingehüllt in Stille. Die sanfte Stimme des Heiligen Geistes sprach klar und unmißverständlich: »Ein Mann ist hier, dessen Sohn heute morgen gestorben ist. Ruf ihn auf nach vorne. Ich möchte etwas Wunderbares für ihn tun.« Mahesh gab genau diese Worte an das Publikum weiter.

Mulamba rannte nach vorne und rief: »Ich bin's! Ich bin's!« Mahesh legte Mulamba die Hände auf und betete: »Herr Jesus, in deinem Namen binde ich die Mächte der Finsternis und des Todes, die im Sohn dieses Mannes wirksam sind. Und ich bitte dich, deinen Geist der Auferstehung zu senden und ihn zum Leben zurückzuführen.«

Die Menge löste sich auf, während Mulamba sich umwandte und zum Krankenhaus rannte. Folgendes geschah an diesem 12. Juni 1985, um zwölf Uhr im Krankenhaus, während Mahesh am *Kasavubu* Platz über Mulamba betete. Im *Mama Yemo*-Krankenhaus hielt Kuamba den Leichnam des Sohnes seines Bruders im Arm. Zur Mittagszeit spürte er, wie sich der Körper bewegte, dann nieste der Junge. Katshinyi setzte sich auf und bat um etwas zu essen. Dann rief er nach seinem Vater. Gott hatte ihn von den Toten zurückgeholt.

Man braucht wohl nicht extra zu erwähnen, daß sich das Krankenhaus in heller Aufregung befand. Mulamba trat in dem Augenblick ins Zimmer, als Katshinyi nach seinem Vater rief. Mulamba packte seinen Sohn und fing laut an, den Herrn zu loben in einem Krankenzimmer, das noch vor wenigen Minuten als Leichenhalle für den leblosen Körper seines Sohnes gedient hatte.

Die Nachricht von diesem gewaltigen Wunder verbreitete sich in der ganzen Stadt, und am folgenden Wochenende kamen über 200 000 zu den Abendveranstaltungen, um das Evangelium zu hören. Viele wurden gerettet und geheilt.

Ich habe eine Kopie des Totenscheins für Katshinyi Manikai gesehen, beglaubigt und unterzeichnet von Iwanga Embum. Ein Skeptiker könnte behaupten, daß bei Katshinyi eine Fehldiagnose vorgelegen hat und daß er sich nur im Koma befand. Das würde jedoch nicht den Zeitpunkt der Offenbarung (daß der Sohn eines Mannes gestorben war und Gott etwas für ihn tun wolle) erklären, die Mahesh acht Stunden später erhielt, ebenso wenig wie die sofortige Gesundung des Jungen.

Ich kenne Mahesh Chavda persönlich und ich bin von seiner Integrität und der Echtheit seines Dienstes überzeugt. Doch auch 30 000 Einwohner Kinshasas in Zaire, die das Wunder erlebt haben, das sich am 12. Juni 1985 zutrug, sind davon überzeugt.

Mulambas Bruder, Kuamba, wurde Christ, nachdem er an diesem Morgen die Kraft Gottes erlebt hatte. Die Familie Manikai lebt immer noch in der Lumbi Straße, Nummer sechsundzwanzig, in Kinshasa.

Gott belohnte Mahesh auf zweifache Weise für seine Treue. Erstens ließ er ihn an einer übernatürlichen Auferweckung von den Toten teilhaben. Zweitens gedachte Gott Maheshs kleinem Sohn Aaron und heilte ihn völlig. Heute ist Aaron Chavda ein normaler, gesunder neunjähriger Junge.[3]

Geistliche Reife bedeutet nicht, ein enormes Bibelwissen zu besitzen oder die gewaltigsten Geistesgaben. Selbst sehr egoistisch gesinnte Menschen können dies beides besitzen. Geistliche Reife bedeutet, die Gefühle Gottes zu teilen und seine Stimme zu erkennen. Es bedeutet, die Dinge zu lieben, die Gott liebt und die Dinge zu hassen, die Gott haßt. Geistlich reife Christen lieben Gott und die Seinen mit Leidenschaft und hassen alles, was sie von Gott weg bringt. Nur verbunden mit einer solchen Liebe werden Bibelwissen und Geistesgaben jemals ihren gottgewollten Zweck erfüllen. Die Kraft des Heiligen Geistes kann dort ungehindert fließen, wo solche Liebe zu Gott und seinen Kindern vorhanden ist.

Unter den Frauen der Bibel scheint mir Maria diese Leidenschaft für den Sohn Gottes am meisten zu verkörpern. Unter den Männern kann es nur der Apostel Johannes sein. Johannes wird »der Jünger, den Jesus liebte« (Joh 13,23) genannt. Johannes war immer unter den drei Jüngern, die überall dabeisein durften. Doch von diesen dreien war er derjenige, der Jesus am nächsten stand, und alle wußten das.

Beim Abendmahl setzte Jesus die Jünger mit seiner Ankündigung in Erstaunen, einer von ihnen werde ihn verraten. Sie wollten unbedingt wissen, wer es war, aber keiner wagte, Jesus danach zu fragen – nicht einmal Petrus. Deshalb wandte sich Petrus an Johannes und sagte zu ihm: »Frag du ihn.« Petrus wußte genauso gut wie jeder andere am Tisch, daß Johannes Dinge aus Jesus herausbekommen konnte, bei denen jeder andere am Tisch versagte. Ohne zu zögern wandte er sich an Jesus, legte seinen Kopf an Jesu Brust und fragte: »Wer ist es, Herr?« Jesus antwortete Johannes sogleich, indem er Judas das Brot reichte. Offensichtlich war Johannes wirklich der Jünger, den Jesus liebte.

Am nächsten Tag hing Jesus am Kreuz und blickte auf eine Welt, in der jede Spur von Gott wie ausgelöscht schien. Alle Jünger, bis auf einen, hatten ihn verlassen. Nur Johannes und vier Frauen standen unter dem Kreuz. Jesus schaute herab und sah seine Mutter. Wer sollte sich nun um sie kümmern? Seine Brüder? Die Apostel? Nein, die hatten ihn alle verlassen. Dann sah er Johannes an. Es ist, als habe er bei sich gedacht: »Johannes, du bist der einzige, der mir geblieben ist. Es gibt keinen Besseren für meine Mutter.« Voller zärtlicher Zuneigung sagte Jesus zu Maria: »Frau, siehe, dein Sohn!« Dann sagte er zu dem Jünger, den er liebte: »Siehe, deine Mutter.«

Johannes war wirklich einer, den Jesus liebte. Aber Johannes muß nicht der einzige bleiben. Wir alle leben nur eine kurze Zeit auf dieser Erde und dann werden wir vor Jesus stehen und für unser Leben Rechenschaft ablegen. Warum sollten wir es nicht Maria gleichtun und den besten Teil erwählen, den einen, der wichtig ist, damit wir an jenem Tag mit Zuversicht vor ihm stehen können? Warum sollten wir es nicht Johannes gleichtun? Im Herzen Jesu ist noch für so manchen »Johannes« und so manche »Maria« Platz. Warum wollen Sie sich mit weniger zufriedengeben?

Nachwort

Gottes Stimme heute hören

Kevin Forest war kurz nach seinem High School-Abschluß Christ geworden. Seine »Vergangenheit« war nicht gut gewesen. Er war in einem Klima der Unmoral aufgewachsen, und immer wieder war er der Sklave verschiedener Formen sexueller Zügellosigkeit geworden. Nach seinem Bekehrungserlebnis gelang es ihm, sich etwa ein Jahr lang von all dem fernzuhalten. Dann fiel er zurück in seine alten Bindungen.

Ungefähr zur selben Zeit lernte er Regina kennen, und die beiden heirateten. In vielen Fällen beendet die Ehe unmoralisches Verhalten, doch bei Kevin gelang das nicht. Selbst nach der Heirat führte er sein zügelloses Leben weiter – Regina wußte jedoch nichts davon.

Sie wurden eine Familie. Ein Sohn und eine Tochter kamen zur Welt, aber Kevin lebte weiter im Ehebruch. Regina erfuhr von einem der Seitensprünge. Es brach ihr das Herz, aber sie vergab Kevin. Was Kevin anging, so sagte er über die anderen Seitensprünge nicht die Wahrheit, versprach, treu zu sein, und setzte sein ehebrecherisches Verhalten fort.

Dann starb 1986 Haylie, ihre zweijährige Tochter, an einem Hirntumor. Kevins Schmerz verwandelte sich in Zorn gegen den Herrn. Warum sollte ihm Gott sein kleines Mädchen nehmen? Um ihn für seine verborgenen Sünden zu strafen? Doch nicht einmal der Verlust seiner Tochter konnte Kevin zur Umkehr führen. Auch weiterhin führte er ein Doppelleben. Für jedermann sichtbar war er der treue Ehemann und Vater, der regelmäßig den Gottesdienst besucht. Doch im Verborgenen war er in sexuelle Affären verstrickt.

Während Kevin immer tiefer in die Finsternis abrutschte, fand Regina immer näher zum Herrn. Kevin begann, sie wegen dieser Nähe zu Gott zu verachten.

Im Juli 1989 lebten die Forests in Santa Maria, in Kalifornien, und gehörten zur dortigen *Vineyard*-Gemeinde. Durch göttliches Eingreifen erfuhr

Regina von einem Bruchteil der Untreue Kevins. Nach der ersten Auseinandersetzung darüber rief Regina ihre Pfarrer, Carl Tuttle und Ralph Kucera, an und bat sie um Hilfe. Carls Frau, Sonja, fuhr zu den Forests, um Regina zu trösten, während Kevin schließlich im Haus von Ralph und Linda Kucera landete.

Kevin sah zwei mögliche Alternativen: Entweder würde er sich umbringen, oder er würde davonlaufen, um sich eine neue Identität aufzubauen. Fast hätten seine Pfarrer körperliche Gewalt anwenden müssen, um ihn zurückzuhalten.

Paul Cain war in dieser Woche in Santa Maria, um bei einer *Vineyard*-Konferenz zu predigen. In der Nacht, in der Kevin und Regina sich zerstritten hatten, gab Gott ihm ein Bild über die Forests. Als er am nächsten Morgen aufwachte, rief er Carl Tuttle an und sagte: »Es gibt in eurer Gemeinde ein familiäres Problem.«

»Das stimmt«, meinte Carl.

»Ihr Name ist Regina. Und wie heißt er?«, fragte Paul.

»Er heißt Kevin.«

»Hör zu, Carl. Dieser Bursche möchte davonlaufen. Das dürft ihr nicht zulassen. Sorgt dafür, daß er heute Abend die Veranstaltung besucht. Es kann sein, daß Gott etwas für ihn tut.« Dann legte Paul den Hörer auf.

Kevin und Regina kamen an diesem Abend beide zum Gottesdienst, aber sie saßen getrennt. Am Ende seiner Predigt bat Paul Kevin, sich zu erheben. Sofort sprang ein Mann namens Kevin auf, doch es war nicht Kevin Forest. Paul sagte: »Nein, Sie sind nicht der Kevin, den ich in dem Bild gesehen habe. Es gibt hier noch einen anderen Kevin.«

Langsam erhob sich Kevin Forest.

»Kevin, ich möchte Sie nicht bloßstellen, aber Ihre Ehe geht in die Brüche«, sagte Paul. »Letzte Nacht hatte ich ein Bild über Sie und Regina – das ist doch der Name Ihrer Frau, nicht war? Ich möchte Sie nicht bloßstellen. Ich möchte, daß Sie wiederhergestellt werden. Der Herr nennt Ihre Frau ›wahrhaftig‹, doch Sie selbst hat der Satan zur Sünde verführt. Er hat versucht, Sie zu zerstören. Er besitzt ein Anrecht auf Ihr Leben. Sie sind jetzt achtundzwanzig Jahre alt, und der Teufel hat vor, Sie noch vor Ihrem dreißigsten Geburtstag zu töten. Er war bisher nicht in der Lage gewesen, Sie umzubringen, aber er hat Ihre Tochter getötet. Der Satan hat Ihr Kind getötet, nicht Gott.«

Kevin hatte das Gefühl, als würde sein Herz auseinanderbrechen, als er diese Worte hörte. Er war wegen Haylie auf Gott wütend gewesen. Doch nicht Gott hatte Haylie fortgenommen. Kevins Einwilligung in das Böse hatte dem Teufel einen Zugang zu Kevins Familie erlaubt, so daß er ihr Schaden zufügen konnte.

»Der Satan möchte Sie töten, weil er weiß, was Gott für Sie und Regina bereithält.«

»Wo ist Ihre Frau?«, fragte Paul.

»Da sind Sie ja, Regina.«

Paul schaute Regina an und sprach wie ein Vater zu ihr. »Regina, bitte vertrauen Sie mir, wenn ich Ihnen jetzt sage, daß Sie diesem Mann alles, was nun ans Licht gekommen ist, vergeben müssen.« Dann bat Paul die beiden, nach vorne zu kommen und sich vor ihn hinzustellen.

»Regina, Sie müssen jetzt wahrhaftig sein. Der Satan ist Ihr eigentlicher Feind. Gestern Nacht hat mir der Herr gezeigt, daß Ihr Kind gestorben ist und ebenso Ihr Bruder. [Reginas Bruder war drei Monate vor ihrer Tochter Haylie gestorben.] Es ist ein Großangriff des Teufels. Der Vertilger steht auf der Schwelle Ihres Hauses, aber der Herr sagt, daß er Ihr Leben und Ihre Ehe wiederherstellen wird.

Es gibt nur einen Ausweg: die völlige Vergebung und die Erneuerung Ihres Ehegelübdes. Der Herr sagt, daß es nur diesen einen Ausweg gibt. Gestern standen Sie in der tiefsten Seelennacht, aber es könnte schlimmer sein. Der Herr hat mir gezeigt, daß Sie zwei Kinder haben, die Sie brauchen. Kevin, um Gottes willen, kehren Sie noch heute abend um! Der Herr wird Ihnen – Kevin, schauen Sie mich an – von heute abend an helfen, weil Sie zur Umkehr gefunden haben. Und Regina, Sie werden diesem Mann vergeben müssen, denn der Herr sagt, daß Ihr Mann ab heute um Mitternacht nicht mehr ›Kevin‹, sondern ›St. John‹ genannt werden wird. Das ist zufällig sein zweiter Vorname.

Laßt uns Gott dafür preisen. ›Herr, über jeder zerrütteten Ehe, jedem kranken Leben hier spreche ich deinen Segen aus. Ich bitte dich, daß du sie alle von ihren Krebsgeschwüren heilst.‹

Ich erkläre euch von neuem zu Mann und Frau. Ich möchte, daß ihr einander von neuem begegnet – du dem völlig erneuerten St. John und du Regina. Amen. Ich möchte, daß ihr Gott dafür dankt!«

Was ich gerade geschrieben habe, kann das, was sich an jenem Abend in dieser Gemeinde zutrug, kaum angemessen beschreiben. Menschen wurden überwältigt von der Gegenwart des Herrn. Einige weinten unkontrolliert. Einige hatten Angst, daß ihre Sünden als nächstes offenbar werden würden und begannen, ihre Schuld zu bekennen. Andere priesen den Herrn für seine sanfte Gnade und seine allgegenwärtige Macht.

In den Worten, die Paul an diesem Abend aussprach, lag ein Maß an Autorität und Kraft, das sich nicht in ein Buch bannen läßt. Das einzige, was er auf natürliche Weise empfangen hatte, war Kevins Name. Alles andere – alle Namen, Begebenheiten und die Wiederherstellung der Ehe – hatte der Herr Paul offenbart.

Das ist einer der Gründe, warum die Worte von soviel göttlicher Wirksamkeit begleitet waren. Die Menschen in diesem Raum verstanden, daß diese Worte wahrhaft prophetisch waren. Und diese prophetischen Worte erreichten genau das, wovon der Apostel Paulus spricht: Sie bewirkten, daß Menschen sich niederwarfen und bekannten, daß Gott gegenwärtig ist (1 Kor 14,24-25)!

Am nächsten Tag teilte Paul Cain Pastor Tuttle mit, daß noch zwölf weitere Ehen in seiner Gemeinde in schwerwiegenden Nöten waren und daß der Herr Kevins Umkehr und Reginas Vergebungsbereitschaft benutzen werde, um diese Ehen zu heilen. Zwei Wochen später erneuerten Kevin und Regina an einem Sonntag morgen vor der gesamten Gemeinde ihren Ehebund. Danach sagte Carl Tuttle der Gemeinde, daß noch weitere Ehen in Gefahr seien und daß der Herr auch ihnen helfen werde, wenn sie wie die Forests zu Umkehr und Vergebung bereit seien. Zwölf Paare erhoben sich und kamen zum Altar, um mit sich beten zu lassen, Schuld zu bekennen und einander zu vergeben. Soweit Carl weiß, läuft es heute in diesen Ehen gut.

Kevin ist heute unter dem Namen ›John‹ bekannt. Der Herr hat John und Regina zwei hübsche Töchter gegeben anstelle der einen, die der Satan getötet hat. Es wurde nicht nur die Ehe der Forests gerettet, auch ihr ganzes Leben wurde durch die Gnade, die sie an diesem 5. Juli 1989 erfuhren, völlig verändert. Heute leiten sie einen Hauskreis und sind für andere in ihrer Gemeinde seelsorgerliche Begleiter.

Die satanische Macht der sexuellen Sünde wurde in Johns Leben an jenem Abend gebrochen, und er entdeckte die Macht des Blutes Jesu, das reinigt, zurechtrückt und befreit. Der Teufel hatte Kevin Forest davon überzeugt, er habe nur zwei Alternativen: entweder davonzulaufen oder Selbstmord zu begehen. Der prophetische Dienst des Heiligen Geistes eröffnete ihm eine weitere, bessere Wahlmöglichkeit.

Für mich bestand der schwierigste Wandel auf meinem Weg als Christ nicht darin, die Lehre der Schrift zu akzeptieren, daß Gott auch heute noch durch mit Gaben ausgestattete Gläubige heilt und Wunder wirkt. Was mir am meisten widerstrebte, wovor ich am meisten Angst hatte und wofür es die größte Überzeugungskraft brauchte, war, die Tatsache anzuerkennen, daß Gott auch heute noch redet.

Natürlich redet er auch heute noch durch die Schrift, aber davon spreche ich hier nicht. Ich meine die anderen Formen, durch die Gott redet: außerhalb der Bibel, jedoch niemals im Widerspruch zur Bibel.

Die Bibel selbst berichtet uns davon, daß Gott verschiedentlich mit einer hörbaren Stimme gesprochen hat; mit einer Stimme, die nur eine Person innerhalb einer Gruppe von Leuten gehört hat, in nicht vernehmbaren gedanklichen Sätzen, die ebenso deutlich waren wie eine hörbare Stimme, durch Eindrücke, durch Bilder, durch Träume, durch die Umstände, durch die Natur, durch Engel und auf verschiedene andere Weisen. Doch lehrt die Bibel auch, daß Gott immer noch auf diese Weise redet oder waren solche Kommunikationsformen nur eine Art Übergangslösung, bis wir die gesamte Bibel erhalten hatten?

Die Probleme, die mit der Annahme verbunden sind, daß Gott heute immer noch auf solche Art redet, schienen mir überwältigend zu sein. Zum einen – und das war für mich am abstoßendsten daran – war da die Subjektivität, die mit den meisten dieser verschiedenen Kommunikationsformen verbunden ist.

Nehmen wir zum Beispiel Träume. Wie wollen Sie wissen, ob ein Traum von Gott ist? Was wäre, wenn die Ursache für den Traum nur in einem geplagten Magen am Abend zuvor bestanden hätte? Und selbst wenn Sie sich zu der Annahme entschließen, daß der Traum von Gott war, wie wollen Sie ihn dann interpretieren? Liefert uns die Schrift Regeln für die Auslegung von Träumen? Und selbst wenn Sie ziemlich sicher sind, daß der Traum von Gott war und daß Sie wissen, was er bedeutet, wie wollen Sie beurteilen, welches Gewicht Sie ihm beimessen sollen? Soll er die gleiche Autorität besitzen wie die Bibel, wie ein Bild, ein Eindruck, eine hörbare Stimme und so weiter?

Wenn es stimmt, daß ständig vier verschiedene Stimmen um unsere Aufmerksamkeit kämpfen – die Stimme Gottes, die des Teufels, die Stimme anderer und unsere eigene –, wo finden wir in der Bibel die Lehre darüber, wie wir diese Stimmen unterscheiden können? Wie können Sie gewiß sein oder ist Gewißheit unmöglich?

Die Subjektivität, die mit all diesen Entscheidungen verbunden ist, ließ es unglaubwürdig erscheinen, daß Gott auch weiterhin auf diese Weise zu uns reden sollte, nachdem er uns sein eindeutiges, objektives und unfehlbares Wort gegeben hat.

Zum zweiten, warum sollte es Gott überhaupt für nötig halten, auf so subjektive Weise zu uns zu reden, nachdem er uns die Bibel gegeben hat? Oder, wie jemand einmal zu mir gesagt hat: »Welchen Zweck besitzt all dieses andere Zeugs, wo wir doch die Bibel haben?« Lehrt nicht die Bibel, daß sie allein ausreichend ist, damit ein Christ alles hat, um »zu jedem guten Werk bereit und gerüstet« zu sein (2 Tim 3,17)?

Zum dritten, und das hat mir dabei am meisten Angst gemacht – wenn ich zugeben würde, daß Gott auch heute noch außerhalb der Bibel redet, würde ich damit nicht den Kanon der Schrift erneut in Diskussion stellen? Was sollte theoretisch jemanden davon abhalten, neue biblische Bücher zu schreiben? Oder sollte ich davon ausgehen, daß Gott auf zweierlei Weise redet: einerseits fehlerfrei durch die Bibel, andererseits durch persönliche Offenbarung und dann aber mit Fehlern behaftet!

Die Schrift lehrt uns jedoch, daß Gott nicht lügen kann (Hebr 6,19). Es schien mir unvermeidbar, die Autorität der Bibel in Frage zu stellen, wenn ich akzeptieren wollte, daß Gott auch heute noch redet.

Zum vierten gab es da noch den Mißbrauch – »Der Herr hat zu mir gesprochen, ich solle dir sagen, ...« Wenn wir glauben, daß Gott heute noch redet, öffnen wir damit nicht kontrollierenden und manipulativen Menschen Tür und Tor? Wenn wir jemandem nicht gehorchen, der sagt: »Gott hat mir gesagt, ich solle dir sagen, ...«, wäre das dann das Gleiche, als wenn wir einem der biblischen Propheten nicht gehorsam wären?

Zum fünften schien es entscheidende Schriftstellen zu geben, die der Idee, daß Gott immer noch redet, widersprechen. Der Hebräerbrief, Kapitel 1, Verse 1-2 schien auszusagen, daß die Propheten einer vergangenen, geringer zu achtenden Art der Offenbarung angehörten. Doch nun, in den letzten Tagen, ist diese Redeweise überholt, denn Gott hat durch seinen Sohn zu uns gesprochen. Der Vers 20 im 2. Kapitel des Epheserbriefes läßt sich so auslegen, daß die Prophetie eine Gabe der Gründungszeit war, die nach der Grundlegung nicht mehr verliehen wurde.

Schließlich schien zwischen der biblischen Prophetie und den Prophetien der Gegenwart ein krasser Unterschied zu bestehen. Was in der Kirche unter dem Namen der Prophetie ablief, konnte sich nicht einmal im entferntesten mit dem prophetischen Reden eines Jesaja oder eines Jeremia messen. Ein Freund von mir hörte doch tatsächlich beim Besuch einer ländlichen, charismatischen Gemeinde folgende Prophetie: »So spricht der Herr: ›Ich tu' euch keinen Vorwurf machen, weil ihr Angst habt. Ich hab' ja selber manchmal Schiß.« Selbst wenn Prophetien der Gegenwart normalerweise nicht auf ein solches Niveau abgleiten, scheinen die Unterschiede zu den biblischen Prophetien doch zu groß, als daß man sie ernst nehmen könnte.

Mit diesen Spannungen kämpfte ich, als ich zum ersten Mal »unvoreingenommen« an dieses Thema heranging. Mit Gottes Reden waren so viele Probleme verbunden – und ich habe hier noch nicht einmal all die Probleme erwähnt, die mit dem Sprachengebet und der Interpretation desselben verbunden sind –, daß ich mich fragte, wie ich jemals eine Lösung dafür finden würde.

Heute, nach jahrelanger praktischer Erfahrung und intensivem Studium über das Reden Gottes, bin ich davon überzeugt, daß Gott tatsächlich auch außerhalb der Bibel redet, jedoch nie im Widerspruch zu ihr. Und er spricht zu allen seinen Kindern, nicht nur zu den besonders mit der Gabe der Prophetie ausgerüsteten Leuten. Und er wird zu uns allen mit erstaunlicher Genauigkeit reden.

Ich bin überzeugt, daß dies der biblischen Lehre entspricht und daß die Bibel sehr eindeutige und befriedigende Antworten auf all die Probleme gibt, die mir so überwältigend schienen, als ich mich zum ersten Mal mit diesem Thema befaßte.

Ich weiß, daß der Teufel heute dämonische und okkulte Offenbarungen »schenkt«. Ein besonders erfolgreiches und betrügerisches Wirken von seiner Seite zeigt sich in der *New Age*-Bewegung. Viele Christen scheinen Angst zu haben, daß sie von den Dämonen des *New Age* verführt werden könnten, wenn sie sich der Stimme Gottes öffnen. In der Tat ist es so, daß ein Großteil der heutigen Kirche mehr Vertrauen in die Fähigkeiten des Satans hat, sie zu verführen, als in die Fähigkeit Gottes, zu uns zu reden und uns zu leiten.

Zwischen der Stimme Gottes und der Stimme des Satans besteht ein himmelweiter Unterschied, und es gibt in der Schrift eine ganze Reihe von Sicherheitsschleusen, damit ein ernsthafter Christ nicht Gefahr läuft, die beiden zu verwechseln. Außerdem ist es möglich zu glauben, daß Gott auch heute noch redet, ohne – theoretisch oder praktisch – auch nur ein Jota von der Autorität des unfehlbaren Wortes Gottes in der Bibel zu streichen.

Ich hatte damit begonnen, ein Kapitel für dieses Buch zu schreiben, in dem es darum gehen sollte, wie man Gottes Stimme hören kann. Ich wollte mich mit den praktischen und theoretischen Problemen auseinandersetzen, die mit dem offenbarenden Wirken des Heiligen Geistes in heutiger Zeit verbunden sind. Aus diesem Kapitel wurden sehr bald zwei, dann drei, und schließlich erkannte ich, daß ich ein völlig neues Buch zu schreiben begonnen hatte. Ich bin nun dabei, dieses neue Buch zu verfassen. Ich hoffe, daß sich für diejenigen, die das vorliegende Buch hilfreich fanden, das Warten lohnt.

Weitere Gründe, warum Gott heilt und Wunder tut

Als ich anfing, jede Heilung und jedes Wunder in den Evangelien und der Apostelgeschichte zu studieren, entdeckte ich, daß es noch viele weitere Gründe für diese Heilungen und Wunder gab. Die folgenden Beispiele sollen keine erschöpfende Darstellung sein. Aber sie bestätigen, daß es Wunder in der gesamten Geschichte der Kirche geben soll.

Gott heilt, weil er darum gebeten wird. Manchmal nennt die Bibel keinen anderen Grund für eine Heilung durch Jesus als nur den, daß er gebeten wurde zu heilen. Lassen Sie mich dies an einem Beispiel illustrieren: Im Gebiet der Dekapolis brachte man einen Taubstummen zu Jesus. Der Text sagt einfach nur, »man bat ihn, er möge ihn berühren« (Mk 7,32). Jesus heilte sowohl die Taubheit des Mannes als auch seinen Sprachfehler aus dem einfachen Grund, weil man ihn darum gebeten hatte. Es wird uns im Text kein weiterer Grund genannt. Es wird nichts von Glauben, von der Barmherzigkeit Jesu oder der Verherrlichung Gottes gesagt.

Später wird in Betsaida ein Blinder zu Jesus gebracht, und der Text sagt, man »bat ihn, er möge ihn berühren« (Mk 8,22). Wieder heilt Jesus diesen Mann, aber der Kontext nennt uns keinen Grund für die Heilung – außer daß man ihn darum bat. In manchen Fällen scheint also die einfache Bitte zu genügen, um Gott zur Heilung zu bewegen. Dies sollte uns dazu ermuntern, viel freier zu sein, wenn wir unseren himmlischen Vater um Heilung und Wunder bitten.

Manche Menschen erzählen uns jedoch heute, daß es falsch – ja sogar Sünde – sei, nach Zeichen und Wundern zu verlangen.[1] Sie gründen ihr Argument auf eine Aussage Jesu im Matthäusevangelium, Kapitel 12, Vers 39:

> »Diese böse und treulose Generation fordert ein Zeichen, aber es wird ihr kein anderes gegeben werden als das Zeichen des Propheten Jona.«

Begehen Sie jedoch wirklich eine Sünde, wenn Sie Gott bitten, Wunder zu tun? Wenn ein geliebter Mensch im Sterben liegt, und die Ärzte jegliche Hoffnung aufgegeben haben, ist es dann Sünde, wenn Sie Gott bitten, er möge diesen geliebten Menschen auf wunderbare Weise heilen? Wenn Sie einen Freund haben, dem Sie jahrelang das Evangelium bezeugt haben, ohne daß er die Botschaft angenommen hat – ist es dann wirklich Sünde und ein Mangel an Glaube, wenn Sie Gott bitten, in der Gegenwart desjenigen ein sichtbares Wunder zu tun, damit er zum Glauben kommt? Ist es Sünde, wenn eine Gemeinde um die Ausgießung des Heiligen Geistes durch Zeichen und Wundern betet, damit viele Menschen in ihrer Stadt zum Glauben an Jesus Christus kommen? Anscheinend glauben einige Leute, dies sei ein sündiges Verlangen, das einem ungläubigen Herzen entspringt.

Schaut man genauer hin, dann findet man eine solche Reserviertheit gegenüber Wundern zwar in den Köpfen einiger zeitgenössischer Autoren, nicht aber im Reden und Handeln Jesu. Bei zwei verschiedenen Begebenheiten verdammte Jesus diejenigen, die ihn um Wunder baten, als eine »böse und treulose Generation«. Die erste Bitte um ein Zeichen (Mt 12,38) kam in direktem Anschluß an Jesu Heilung eines Besessenen, der taubstumm war (Mt 12,22). Die zweite Bitte (Mt 16,1) schließt sich an die wunderbare Speisung der Viertausend durch Jesus an (Mt 15,32-39). Mit anderen Worten, im Kontext beider Stellen weisen die Verfasser des Evangeliums mit Sorgfalt darauf hin, daß Jesus, als er um ein Zeichen gebeten wird, gerade erst zwei sehr bemerkenswerte »Zeichen« gesetzt hatte.

Es ist außerdem wichtig festzuhalten, wer Jesus um ein Zeichen gebeten hat. Im Kapitel 12 des Matthäusevangeliums sind es die Pharisäer, im 16. Kapitel die Pharisäer und die Sadduzäer. Allein diese Tatsache genügt, um uns zu zeigen, daß diese Bitte nicht ernst gemeint war. Welche beeindruckenderen Zeichen könnten diese religiösen Leiter verlangen als die Heilung eines taubstummen Besessenen oder die Speisung von 4 000 Menschen? In der Parallelstelle zu Kapitel 12, Vers 38 des Matthäusevangeliums macht Lukas deutlich, daß die Pharisäer von Jesus ein Zeichen vom Himmel forderten, um ihn auf die Probe zu stellen (Lk 11,16). Gleiches gilt für die zweite Zeichenforderung (Mt 16,1; Mk 8,11). Wir können verstehen, warum die Pharisäer Jesus auf die Probe stellen wollten, aber warum baten sie ihn um ein »Zeichen vom Himmel«?

Offensichtlich dachten sie, ein »Zeichen vom Himmel« wäre der unumstößliche Beweis dafür, daß Jesus der Messias ist. Es wäre das einzige Zeichen, daß man nicht manipulieren oder nachmachen könnte. Vielleicht war der Blinde, der zuvor geheilt worden war, gar nicht wirklich blind gewesen. Oder vielleicht hatte seine Blindheit psychosomatische Ursachen. Vielleicht wurde die Speisung durch einen kleinen Griff in die Trickkiste bewerkstelligt, oder möglicherweise waren auch die Berichte dieser wundersamen Speisung übertrieben. Selbst die Auferweckung eines Toten konnte einem Zeichen vom Himmel nicht gleichkommen. Denn wer kann schon sicher sein, daß der Tote auch wirklich tot war? Doch auf keinen Fall konnte man irgendein kosmisches Zeichen am Himmel künstlich herbeiführen.[2] Die Pharisäer forderten also vermutlich ein solches Zeichen, weil sie sich völlig sicher waren, daß Jesus nicht in der Lage wäre, ein solches Zeichen zu produzieren.

Jesus weist hier nicht das Verlangen nach Zeichen zurück, sondern die Tatsache, daß ein böses und ungläubiges Herz Zeichen fordert. Wenn es wirklich falsch gewesen wäre, sich nach Zeichen zu sehnen oder sie gar zu suchen, warum sprach dann die neutestamentliche Gemeinde ein Gebet wie dieses:

> »Doch jetzt, Herr, sieh auf ihre Drohungen und gib deinen Knechten die Kraft, mit allem Freimut dein Wort zu verkünden. Streck deine Hand aus, damit Heilungen und Zeichen und Wunder geschehen durch den Namen deines heiligen Knechtes Jesus« (Apg 4,29-30).

Wenn dieses Gebet ein böses Verlangen gewesen wäre, warum sollte Gott auf solche Weise darauf antworten:

> »Als sie gebetet hatten, bebte der Ort, an dem sie versammelt waren, und alle wurden mit dem Heiligen Geist erfüllt, und sie verkündeten freimütig das Wort Gottes« (Apg 4,31).

Gott antwortete umgehend auf ihr Gebet um Zeichen und Wunder mit einem Erdbeben! Und das darauffolgende Kapitel der Apostelgeschichte verzeichnet eine Fülle von Zeichen und Wundern (Apg 5,12ff). Und wenn es wirklich falsch wäre, Wunder zu suchen, warum ermahnt dann Paulus die Korinther die Gaben des Heiligen Geistes mit Eifer zu suchen (1 Kor 12,31; 14,1.39)?[3] In Wahrheit freut sich Gott, wenn wir ihn auf rechte Art und aus den richtigen Motiven heraus um sein zeichenhaftes Handeln durch Heilungen oder Wunder bitten.

Gott heilt, um jemanden frei für seinen Dienst zu machen. Nachdem Jesus die Synagoge in Kafarnaum verlassen hatte, ging er in das Haus des Petrus. Dort sah er, daß die Schwiegermutter des Petrus an Fieber erkrankt war. Und er »faßte sie an der Hand und richtete sie auf. Da wich das Fieber von ihr« (Mk 1,31). Sobald sie geheilt war, berichtet Markus, sorgte sie für Jesus und seine Jünger (Mk 1,31). In diesem Fall war die Krankheit für sie ein Hindernis, dem Herrn Jesus zu dienen, deshalb heilte der Herr sie. In anderen Fällen entscheidet sich der Herr nicht dafür, ein Problem durch Heilung zu beseitigen, sondern schenkt die Gnade, diese Belastung zu ertragen und trotzdem zu dienen (vgl. 2 Kor 12,7; 1 Tim 5,23). Wenn eine Krankheit für Sie zum Hindernis in Ihrem Dienst für den Herrn Jesus wird, so dürfen Sie sich von der Bibel durchaus ermuntert fühlen, Gott darum zu bitten, daß er das Hindernis beseitigt.

Gott wirkt Wunder, um uns zu lehren. Theologen nennen dies den pädagogischen Zweck von Wundern (abgeleitet vom griechischen Wort *paideuo*, »heranziehen, erziehen«). Daran dachte Johannes, als er Jesu Wunder »Zeichen« nannte. Ein Zeichen ist etwas, das über sich selbst hinausweist auf etwas Größeres hin. Natürlich lehren uns alle Wunder Jesu etwas über sein Wesen und seinen Dienst. Sie lehren uns auch etwas über das Wesen des Reiches Gottes. Als Jesus, zum Beispiel, Wasser in Wein verwandelte, demonstrierte er damit nicht nur seine Autorität über die Natur; er zeigte uns auch ein typisches Merkmal seines Reiches: In seinem Reich wird das Gewöhnliche in etwas Außergewöhnliches verwandelt. Die Tatsache, daß der für das Fest Verantwortliche gerade darüber eine Bemerkung macht, daß der beste Wein bis zum Schluß aufgehoben wurde, kann uns verdeutlichen, wie das Reich Gottes auf einen Höhepunkt zusteuert.

Jesus selbst zögerte nicht, aus seinen Wundern Lehren zu ziehen. Als er den Feigenbaum verfluchte, so daß dieser verkümmerte, fragten ihn seine Jünger nach der Bedeutung des Geschehenen. Er benutzte dieses Wunder, um die Kraft des Glaubens deutlich zu machen und die Kraft des glaubenden Gebetes (Mt 21,18-22). Ich glaube nicht, daß es heute anders zugeht. Ich denke, jedes Wunder und jede Antwort auf das Gebet, die uns Gott heute schenkt, besitzt auch eine lehrende Funktion. Wenn wir uns die Zeit nehmen würden, über sein heutiges Wirken nachzusinnen und ihn um die Erleuchtung durch seinen Heiligen Geist zu bitten, dann würden uns alle seine Wunder, Heilungen und besonderen Gebetserhörungen etwas lehren, das über das Wunder selbst hinausgeht.

Gott wirkt Wunder, um Menschen zu erretten. Theologen bezeichnen dies als Gottes soteriologische Ziele (vom griechischen *soteria*: »Rettung, Erlösung«). Man kann die soteriologischen Ziele Gottes in drei Kategorien einteilen. Gott wirkt Wunder, um Menschen zur Umkehr zu führen. Er wirkt auch Wunder, um Türen für die Evangelisation zu öffnen. Und schließlich wirkt er Wunder, um seinen Sohn und die Botschaft des Evangeliums zu bestätigen.

Wunder können Menschen zur Umkehr führen. Als Jesus Petrus, Jakobus und Johannes zu einem übernatürlichen Fischzug führte, »fiel [Petrus] Jesus zu Füßen und sagte: »Herr, geh weg von mir; ich bin ein Sünder« (Lk 5,8).

Dieses Wunder diente dazu, Petrus seiner Sündhaftigkeit zu überführen und ihn in die Umkehr zu führen. Jesus sagte, daß dies auch in den Städten hätte geschehen sollen, in denen er die meisten seiner Wunder getan hatte (Mt 11,20-24). Jesus behauptete Ähnliches auch von den religiösen Führern: »Wenn ich bei ihnen nicht die Werke vollbracht hätte, die kein anderer vollbracht hat, wären sie ohne Sünde. Jetzt aber haben sie (die Werke) gesehen, und doch hassen sie mich und meinen Vater« (Joh 15,24). Die Wunder hätten die religiösen Führer zur Umkehr bewegen sollen, doch statt dessen verhärteten sie ihre Herzen und stellten sich noch mehr gegen ihn.

Wunder öffnen Türen für die Evangelisation. Oftmals berichten die Evangelien, daß sich nach einem Wunder die Nachricht über das Geschehen überall ausbreitete. Die Menschen kamen dadurch ins Staunen über Jesus und wollten ihn selbst hören (Mt 9,26.31; Mk 5,20; Lk 5,15; Joh 4,30.42; 6,2; 12,9-11.17-19). Gleiches ereignete sich beim Dienst des Philippus: »Und die Menge achtete einmütig auf die Worte des Philippus; sie hörten zu und sahen die Wunder, die er tat« (Apg 8,6). Gleichermaßen gebrauchte der Herr Petrus, um den gelähmten Äneas zu heilen; Lukas berichtet: »Und alle Bewohner von Lydda und der Scharon-Ebene sahen ihn und bekehrten sich zum Herrn« (Apg 9,35). Die gleiche Reaktion zeigt sich, als Petrus gebraucht wurde, um Tabita von den Toten zu erwecken: »Das wurde in ganz Joppe bekannt, und viele kamen zum Glauben an den Herrn« (Apg 9,42).

Das Neue Testament lehrt, daß Wunder Menschenmassen anziehen. Sie garantieren keinen Glauben, aber sie verschaffen der Predigt des Evangeliums eine Zuhörerschaft.

Welche Auswirkung, meinen Sie wohl, würde es auf die Besucherzahlen in Ihrer Gemeinde haben, wenn der Herr in den nächsten sechs Monaten im Gottesdienst oder in einem Hauskreis einen Gelähmten und vielleicht noch einen Aids-Kranken heilen würde? Wahrscheinlich würde sich die Zahl der Gottesdienstbesucher vervierfachen. Ich bin sicher, daß viele der Leute aus den verkehrten Motiven kommen würden. Manche würden des Nervenkitzels wegen Ihren Gottesdienst besuchen, so wie man auch in den Zirkus geht.

Ich bin mir auch sicher, daß Sie eine ganze Reihe rechtgläubiger Wächter über die Einhaltung aller Kultvorschriften anziehen würden, die von den Wundern gehört hätten und nun kommen, um zu widerlegen, daß überhaupt ein Wunder stattgefunden hat, oder, wenn ihnen dies nicht gelingt, um zu beweisen, daß das Wunder ein Werk des Teufels war. Doch in gewisser Hinsicht würde es keine Rolle spielen, warum die Ungläubigen kämen – solange das Evangelium mit Klarheit und Vollmacht gepredigt wird, würden ja alle unter der überführenden Kraft des Heiligen Geistes stehen und – hoffentlich – gerettet werden.

Wunder bestätigen außerdem Jesus Christus und die Botschaft des Evangeliums. Ich habe das Wesen dieser Bestätigung bereits in Kapitel 8 untersucht. In diesem Kapitel bin ich zu dem Schluß gekommen, daß Gott Jesus und die Botschaft von ihm bekräftigt, nicht jedoch die Apostel. Ich kam außerdem anhand meines Schriftstudiums zu der Erkenntnis, daß Gott Jesus und die Botschaft von Jesus nicht durch Wunder bestätigen mußte, damit die Menschen an seinen Sohn glaubten. Johannes der Täufer vollbrachte keine Wunder (Joh 10,41) und doch wurde er von Gott gebraucht, um viele Menschen zur Umkehr zu führen. Alle diese Menschen hielten ihn für einen Propheten. Einige Weltreligionen und zahllose Sekten blühen heute ebenso, ohne daß ihr Entstehen von Wundern begleitet gewesen wäre. Obwohl also Gott zur Bekräftigung keine Wunder tun mußte, tat er sie dennoch aus reiner Gnade.

Jesus selbst berief sich direkt auf den bestätigenden Wert seiner Wunder. Zu seinen Jüngern sagte er: »Glaubt mir doch, daß ich im Vater bin und daß der Vater in mir ist; wenn nicht, glaubt wenigstens aufgrund der Werke!« (Joh 14,11). Als ungeheuren Ausdruck seiner Gnade sagte er im Grunde: »Wenn ihr meinen Worten schon nicht glauben könnt, so glaubt doch – wenigstens – aufgrund der Wunder, die ich tue.«

Und die Wunder Jesu brachten Glauben hervor. Nach der Erweckung des Lazarus von den Toten berichtet Johannes: »Viele der Juden, die zu Maria gekommen waren und gesehen hatten, was Jesus getan hatte, kamen zum Glauben an ihn« (Joh 11,45; 12,11).

Das soll jedoch nicht heißen, daß Wunder immer zum Glauben führen. Manchmal kommt es auch zu einer Verhärtung des Herzens. So brachte die Erweckung des Lazarus von den Toten, zum Beispiel, bei einem Teil der Leute Glauben hervor, bei einigen führte es jedoch zu etwas ganz anderem. Als die Pharisäer hörten, daß Jesus Lazarus von den Toten erweckt hatte, stellten sie weder dieses noch andere Wunder Jesu in Frage (Joh 11,46-47). Sie gaben sogar zu, daß, wenn Jesus weiterhin Wunder täte, alle Menschen an ihn glauben würden (Joh 11,48). Aber anstatt selbst an ihn zu glauben, berieten sie sich, wie sie ihn töten könnten (Joh 11,49-53). Sie wollten auch Lazarus töten, um jeglichen Beweis für dieses Wunder aus der Welt zu schaffen (Joh 12,10-11).[4]

Vielen Menschen fällt es heute nicht schwer zu glauben, daß Wunder eine bestätigende Funktion haben könnten – in China oder Afrika oder irgendeinem anderen entfernten Ort der Dritten Welt. Doch wenn Wunder in weitentfernten Gebieten eine bestätigende Wirkung haben können, warum dann nicht auch in der westlichen Welt? Wenn sie zu Zeiten des Neuen Testamentes der Bestätigung dienten, warum nicht auch heute? Warum sollten wir der bestätigenden Wirkung von Wundern geographische oder zeitliche Grenzen setzen?

Es könnte nun jemand behaupten: »In der westlichen Welt besitzen wir die Bibel, das ist in Afrika oder China nicht der Fall und das war auch nicht der Fall in der Zeit der Evangelien und der Apostelgeschichte.« Ich würde entgegnen, daß dies nicht ganz stimmt. Denn zu dem Zeitpunkt, als sich die Ereignisse der Apostelgeschichte zutrugen, empfingen die Gemeinden auch die Briefe des Paulus. Während also die Begebenheiten der Apostelgeschichte niedergeschrieben wurden, besaß die Kirche bereits einige der Briefe und vielleicht auch einige der Evangelien.

Doch selbst wenn dies nicht der Fall wäre, hätte dieses Argument keine Gültigkeit. Denn wie wir bereits gesehen haben, bestätigen nicht die Wunder die Schrift, sondern umgekehrt, die Schrift bestätigt die Wunder. Kein einziger Bibeltext behauptet je, daß die Schrift gegeben wurde, um die übernatürliche Bekräftigung der guten Botschaft abzulösen. Die Natur des Menschen hat sich in den letzten 2 000 Jahren nicht verändert. Wenn die Wunder Jesu, der Apostel und anderer im ersten Jahrhundert hilfreich waren, um die Botschaft des Evangeliums zu bestärken, dann erfüllen Wunder im zwanzigsten Jahrhundert dieselbe Funktion.

Wunder manifestieren das Reich Gottes. Wer könnte sich ein messianisches Reich ohne Wunder und Heilungen vorstellen? Das Alte Testament sagt voraus, daß der Messias ein Gottesreich einläuten wird, in dem es sowohl geistliche als auch körperliche Heilungen geben wird. Jesaja hat geschrieben:

> »Dann springt der Lahme wie ein Hirsch, die Zunge des Stummen jauchzt auf. In der Wüste brechen Quellen hervor, und Bäche fließen in der Steppe. Der glühende Sand wird zum Teich und das durstige Land zu sprudelnden Quellen. An dem Ort, wo jetzt die Schakale sich lagern, gibt es dann Gras, Schilfrohr und Binsen« (Jes 35,6-7).

Und weiter in Jesaja, Kapitel 61, Vers 1:

> »Der Geist Gottes, des Herrn, ruht auf mir; denn der Herr hat mich gesalbt. Er hat mich gesandt, damit ich den Armen eine frohe Botschaft bringe und alle heile, deren Herz zerbrochen ist, damit ich den Gefangenen die Entlassung verkünde und den Gefesselten die Befreiung.« [5]

Das kommende messianische Reich bedeutet, daß der Heilige Geist auf alle ausgegossen wird ohne Unterschied des Alters, Geschlechts oder des ökonomischen Status' (Joel 2,28-29). Nach der Prophetie Joels sollte die Ausgießung des Heiligen Geistes zu einer Fülle von Träumen, Bildern und Prophetien führen. Anders als zur Zeit des Alten Testaments, wo in jeder Generation nur wenige prophetisch redeten oder Wunder taten, sollten diese übernatürlichen Phänomene mit dem Kommen des Gottesreiches im gesamten Volk Gottes verbreitet sein.

Solche übernatürlichen Phänomene waren nicht nur einfach Zeichen des Reiches Gottes; sie waren ein wesentlicher Bestandteil desselben. Das Reich Gottes bedeutet die Herrschaft Gottes und seines Christus. Mit dem Kommen Jesu kam auch das Reich Gottes. Gott begann, seine Herrschaft auf eine neue und endgültige Art auszuüben.

Zum Beispiel brachte Jesus eine bis dahin nicht dagewesene Autorität über Dämonen mit sich (vgl. Mk 1,27). Jesus selbst hat gesagt: »Wenn ich aber die Dämonen durch den Geist Gottes austreibe, dann ist das Reich Gottes schon zu euch gekommen« (Mt 12,28). Es wäre schließlich eine ziemlich leere Behauptung zu verkünden, das Reich Gottes sei herbeigekommen und nicht in der Lage zu sein, die dämonischen Feinde der Herrschaft Gottes auszutreiben. Die Vollmacht, Dämonen auszutreiben, ist nicht nur einfach ein Zeichen dafür, daß das Reich Gottes herbeigekommen ist, sondern ein wesentlicher Bestandteil der Herrschaft Gottes. Denn Jesus kam, um die Werke des Teufels zu zerstören (1 Joh 3,8).

Unter anderem benutzt der Teufel übernatürliche Kräfte, um den Verstand der Ungläubigen zu binden (2 Kor 4,4-6), um die Menschen in der Furcht vor dem Tod gefangenzuhalten (Hebr 2,14-15), um körperliche Krankheiten hervorzurufen (Lk 13,11; Mt 9,32; 12,22), um geistige Krankheiten auszulösen (Lk 8,26-39) und schließlich um dahin zu gelangen, daß Dämonen in einem Menschen Wohnung nehmen (Mt 12,45; vgl. Judas in Joh 13,27). Dies sind einige der Werke des Teufels, die zu zerstören Jesus gekommen ist. Die Werke des Teufels lassen sich nicht durch bloße menschliche Kraft zerstören.

Wenn dämonische Mächte die Ursache einer Krankheit sind, kann keine noch so gute medizinische Behandlung dem Betroffenen helfen. Die Frau, die Jesus in der Synagoge begegnete und deren Rücken seit achtzehn Jahren verkrümmt war, so daß sie sich nicht aufrichten konnte, hätte zu den besten Chirurgen gehen können und wäre nicht geheilt worden, weil ihre Krankheit eine dämonische Ursache hatte (Lk 13,10-17). Nur ein Wunder Gottes konnte diese Frau heilen. Die Vollmacht, sie zu heilen, war nicht nur ein Zeichen, daß das Reich Gottes herbeigekommen war, sie war ein wesentlicher Bestandteil der Herrschaft dieses Reiches; ohne sie hätte die Herrschaft des Reiches Gottes nicht ausgeübt werden können, und dieses spezielle Werk des Teufels wäre nicht zerstört worden.[6] Ohne die übernatürliche Kraft, diejenigen frei zu machen, die vom Teufel gebunden sind, ist jede Diskussion über das Reich Gottes nur leeres Gerede.

Eine weitere Beweiskette, die zeigt, daß Wunder vom Neuen Testament als ein wesentlicher Teil des Reiches Gottes angesehen werden, ist die durchgängig sehr enge Verbindung der Predigt über das Reich Gottes mit dem Auftreten von Wundern. Dies gilt besonders für den Dienst Jesu.

> »Er zog in ganz Galiläa umher, lehrte in den Synagogen, verkündete das Evangelium vom Reich und heilte im Volk alle Krankheiten und Leiden. Und sein Ruf verbreitete sich in ganz Syrien. Man brachte Kranke mit den verschiedensten Gebrechen und Leiden zu ihm, Besessene, Mondsüchtige und Gelähmte, und er heilte sie alle« (Mt 4,23-24; vgl. Mt 9,35).

Jesus gibt sich nicht damit zufrieden, über das Reich Gottes zu predigen; er macht das Reich Gottes auch durch sein vollmächtiges Wirken sichtbar.

Gleiches läßt sich von den Aposteln sagen. Als Jesus sie aussandte, das Reich Gottes zu verkündigen, gab er ihnen auch Macht über Dämonen und Krankheiten (Mt 10,1.7-8; Lk 9,1-2). In diesem Zusammenhang betrachtet Jesus sowohl die Dämonen als auch Krankheiten als Feinde seines Reiches. Die Apostel überwanden Dämonen und Krankheiten, indem sie das Reich Gottes proklamierten und die ihnen gegebene Vollmacht, Wunder zu tun, gebrauchten.

Wunder geschehen auch im Dienst derer, die keine Apostel sind, wenn sie das Reich Gottes verkündigen. Die Siebzig, die Jesus aussandte, proklamierten das Reich Gottes und heilten die Kranken (Lk 10,9.17). Philippus verkündigte den Samaritern das Reich Gottes und wirkte auch Wunder (Apg 8,6-7.12).

Dieses Muster erscheint völlig logisch, wenn wir uns bewußt machen, daß das Reich Gottes die Herrschaft Gottes bedeutet. Gott herrscht über unseren Geist und unseren Körper und über die Mächte des Bösen, die sowohl unserem Körper als auch unserem Geist Schaden zufügen können. Was immer Satan verwunden kann – Jesus kann es heilen. Wunder und das Reich Gottes gehören unzertrennlich zueinander.[7]

Gott heilt aus völlig souveränen Zielen heraus. Ich habe dies bereits mehrfach in Kapitel 11 erwähnt, doch man kann diesen Punkt nicht oft genug erwähnen. Es gibt eine Reihe von Heilungen im Neuen Testament, bei denen uns keine Erklärung der Gründe geliefert wird. Wir finden keine Anzeichen für den Glauben der Geheilten beziehungsweise derer, die den Kranken brachten, keine Aussage über die Verherrlichung des Herrn oder sein Erbarmen. Kurzum, er heilte einfach nur deshalb, weil er es wollte. Dies gilt besonders für eine Gruppe von Wundern, die am Sabbat stattfinden (Mt 12,9-13; Mk 3,1-5; Lk 6,6-10; 14;1-4; Joh 5,1-9). Und dann ist da noch die Heilung des Ohrs eines Dieners des Hohenpriesters (Lk 22,50-51); hier weigert sich Jesus, die Konsequenzen für das voreilige Handeln des Petrus hinzunehmen.

Heutzutage kommt es vor, daß der Herr jemanden heilt, bei dem wir es niemals erwartet hätten, oder er tut es auf eine Weise, die wir nicht erwartet hätten, und er gibt keine Erklärung dafür. Umgekehrt kommt es vor, daß wir von ihm erwarten, daß er heilt, und er tut es nicht; und wieder sagt er nicht, warum. All dies weist darauf hin, daß Gott wahrhaft souverän ist und uns nicht alle seine Ziele offenbart

Unsere Übersicht der verschiedenen Beweggründe für Heilungen und Wunder sollte uns deutlich machen, daß der gesamte Bereich der Heilungen im Neuen Testament etwas komplexer ist, als uns manche Autoren weismachen wollen. Sieht man von der allem zugrundeliegenden Liebe Gottes ab, die sich uns in jeder Heilung zeigt und die deutlich macht, daß unser Wohlergehen Gott »am Herzen« liegt, dann heilte Gott nach dem Befund des Neuen Testamentes, um den Dienst Jesu und die Botschaft des Evangeliums zu bestätigen.

Doch nicht nur das. Er verfolgte noch andere erlösende Ziele mit seinen Wundern, nämlich, Menschen zur Umkehr zu führen und Türen für das Evangelium zu öffnen. Oft heilte er einfach nur, weil man ihn darum bat – Ausdruck seiner erbarmenden Liebe. Er heilte, um Hindernisse bei Diensten und Aufträgen zu beseitigen. Er heilte, um uns etwas über sich selbst und das Wesen seines Reiches zu lehren. Er heilte und wirkte Wunder, um sein Reich zu manifestieren. Und schließlich heilte er aus souveränen Beweggründen heraus, ohne irgendwelche Erklärungen dafür zu geben, außer, daß er Gott ist.

Anmerkungen

Kapitel 1

1 Eine, in evangelikalen Kreisen (vor allem der USA) verbreitete Sonderlehre über die Wiederkunft Christi und das Tausendjährige Reich.

Kapitel 2

1 Ich besaß immer noch die Vorurteile eines Menschen, der mit dem Charismatischen oder Pfingstlerischen nicht vertraut ist. Ich mußte erst noch Leute aus dieser Tradition kennenlernen und mit ihnen Gemeinschaft haben. Daher waren alle meine alten stereotypen Ansichten noch vorhanden.

Kapitel 3

1 Wenn ich sage, daß ich glaube, dieser Dienst ist für die heutige Kirche zugänglich, meine ich damit nicht, daß alle Christen die prophetischen und heilenden Gaben in dem Maße erleben können, wie Paul Cain sie in seinem Dienst erlebt. Diese »Verzichtserklärung« bedeutet nicht, daß die Begabung von Paul Cain in der Kirche einzigartig ist, obwohl ich sie doch für außergewöhnlich halte. Wir sehen heute außergewöhnliche Beispiele bei allen Geistesgaben. Zum Beispiel glaube ich, daß Billy Graham eine außergewöhnliche Gabe der Evangelisation hat. Ich würde nicht behaupten, daß alle Gläubigen das gleiche Niveau bei der Gabe der Evangelisation erreichen können wie Billy Graham. Ich glaube jedoch, daß viele die Gabe der Evangelisation und die Gabe der Heilung wie auch die anderen Geistesgaben besitzen können. Der Leib Christi kann eine Menge tun, um die Gabe der Evangelisation auf allen Ebenen zu fördern oder er kann eine Menge tun, um dies zu verhindern. Gleiches gilt für die Gabe der Heilung oder die Gabe, Wunder zu tun wie auch für die prophetischen Gaben.

Kapitel 4

1 Es gab noch eine Reihe von Wundern in diesen Kapiteln, die der Student nicht genannt hat. In Kapitel 19 des Buches Genesis, zum Beispiel, steht nicht nur die Zerstörung von Sodom und Gomorra, sondern auch die Geschichte, wie die Engel die Bewohner von Sodom blenden (19,9-11) oder die Geschichte, wie Lots Frau zur Salzsäule erstarrt (19,24-26). Obwohl es stimmt, daß sich die größte Konzentration von Wundern bei Mose und Josua, Elija und Elischa findet, gibt es doch im gesamten Alten Testament Belege für ein durchgängiges Auftreten des Übernatürlichen.

2 J. I. Packer. *The Comfort of Conservatism.* in: Michael Horton (Hrsg.). Power Religion. 1992. S. 286-87.

3 ebd., S. 289.

4 ebd., S. 290.

5 Edward Gross. *Miracles, Demons, and Spiritual Warfare.* 1990. S. 168.

6 ebd., S. 170.

7 ebd.

8 Immer mehr Theologen erkennen dies heute an. So schreibt zum Beispiel Oliver R. Barclay: »Wir werden alle in unserem Denken von unseren Traditionen, unserer Erziehung und dem allgemeinen Denken unserer Zeit beeinflußt. Diese Kräfte formen unsere Gedanken mehr, als wir erkennen, und bringen uns mit den Moden unserer Zeit oder den Traditionen, mit denen wir aufwachsen, in Einklang statt mit der offenbarten Wahrheit« (»*When Christians Disagree*«. in: John Goldingay (Hrsg.). Signs, Wonders and Healing. 1989. S. 8).

9 Selbst Benjamin Breckenridge Warfield, der größte Gelehrte, der gegen die Geistesgaben in der modernen Zeit eingestellt war, konnte seine Argumentation nicht allein auf die Schrift aufbauen. Er berief sich sowohl auf die Schrift als auch auf »das Zeugnis späterer Zeitalter« (*Counterfeit Miracles.* 1918, Nachdruck 1983. S. 6).

Kapitel 5

1 Genaugenommen wissen wir nicht, ob alle Heilungen des Neuen Testamentes irreversibel waren aus dem einfachen Grund, weil wir keine anschließenden Studien über die Geheilten besitzen. Wenn Sünde oder Dämonen die Ursache einer Krankheit waren, und derjenige nicht umkehrte, so konnte die Krankheit womöglich zurückkehren (vgl. Mt 12,43-45 und Joh 5,14). Ebenso konnten Krankheiten, die durch Ängste oder Streß verursacht wurden, zurückkehren, wenn man sich nicht auch um die Ursachen kümmerte.

2 Dies ist die Ansicht John MacArthurs. Er schreibt: »Nach den Aussagen der Schrift konnten diejenigen, die die übernatürlichen Gaben des Heiligen Geistes besaßen, diese nach Belieben einsetzen« (*Charismatic Chaos.* 1992. S. 215).

3 Die Schrift sagt, es ist Gott, der heilt, und er tut dies nach seinem souveränen Willen, nicht nach dem Willen von Menschen (Ps 72,18; 103;3; 136,4; Ex 15,26). An einigen Stellen spricht die Apostelgeschichte davon, daß Stephanus, Philippus, Petrus oder Paulus Wunder taten, doch die Sprachwahl drückt aus, daß sie Mittler sind, die Gott gebraucht. Die Apostel schreiben nie sich selbst eine Heilung zu. Sie gaben immer Gott dafür die Ehre. Häufig sagt Lukas, daß Gott »durch« die Apostel heilte (Apg 2,43; 5,12) oder berichtet über die Wunder der Apostel einfach, indem er sagt »Gott wirkte« sie (Apg 14,3; 15,12).

4 Bitte mißverstehen Sie meine Christologie an dieser Stelle nicht. Ich glaube, daß Jesus völlig allmächtig war und ist. Was ich hier sage, meint, daß er es freiwillig und auf Dauer zuließ, daß seine Allmacht durch seine Ergebenheit dem Willen des Vaters gegenüber begrenzt wurde (Phil 2,5-11).

5 Im Kapitel 13 der Apostelgeschichte wird dasselbe Prinzip auf andere Weise illustriert. Hier tritt Elymas, der Zauberer, gegen das Zeugnis des Paulus dem Prokonsul Sergius Paulus gegenüber auf. Der Heilige Geist kommt über Paulus und erfüllt ihn. Dann spricht Paulus einen Fluch über Elymas aus: »Jetzt kommt die Hand des Herrn über dich. Du wirst blind sein und eine Zeit lang die Sonne nicht mehr sehen. Im selben Augenblick fiel Finsternis und Dunkel auf ihn, er tappte umher und suchte jemand, der ihn an der Hand führte« (Apg 13,11). Möchte irgend jemand ernsthaft behaupten, dies sei etwas gewesen, das Paulus aus eigenem Ermessen tun konnte? Wenn er dazu in der Lage gewesen wäre, wäre dies ein großartiges Instrument in all seinen Auseinandersetzungen mit den Juden gewesen. Doch es war natürlich nicht etwas, das er aus eigenem Willen heraus nutzen konnte. Das Erblinden des Elymas war

die direkte Folge der Erfüllung des Paulus mit dem Heiligen Geist, durch die Gott dem Paulus zeigte, was er vorhatte, und Paulus proklamierte mutig, was der Herr gegen Elymas tun wollte.

6 Dies nimmt auch MacArthur an: *Charismatic Chaos.* S. 215.

7 Der vermeintliche Verlust der Gabe der Heilung bei Paulus

Das Versagen des Paulus, Epaphroditus (Phil 2,25-27), Timotheus (1 Tim 5,23) und Trophimus (2 Tim 4,20) zu heilen, ist für manche ein Hinweis darauf, daß bei Paulus gegen Ende seines Lebens die Gabe der Heilung erloschen ist. (Manche haben versucht, 2 Kor 12,7-10 als weiteres Beispiel für den Verlust der Gabe der Heilung bei Paulus heranzuziehen. Das einzige, was wir jedoch mit Sicherheit über dieses Problem, das hier genannt wird, wissen, ist, daß ein dämonischer Quälgeist dahinterstand (Vers 7). Wir wissen nicht, ob dieser »Bote Satans« eine Krankheit hervorrief oder auf andere Weise den Dienst des Paulus behinderte, zum Beispiel durch Verfolgung. Daher ist diese Stelle irrelevant für die Frage, ob Paulus die Gabe der Heilung bis zu seinem Lebensende erhalten blieb.)

Der Neutestamentler Geisler denkt, daß sich diese Schlußfolgerung aus anderen Hinweisen der Schrift zwingend ergibt. Er meint, die Teile der Schrift, die sich mit der »frühen Periode« (33-60 n. Chr.) befassen, zeigen eine Fülle an übernatürlichen Werken, während die Teile, die sich mit der »späteren Periode« (60-67 n. Chr.) befassen, keinerlei Sprachengebet, Heilungen, Dämonenaustreibungen oder Auferwekkungen von den Toten berichten. (Geisler. *Signs and Wonders.* S. 136-137). Um seine These zu illustrieren, bietet uns Geisler ein spezifisches Beispiel an: »Derselbe Apostel, der einen Dämon auf Kommando austrieb (Apg 15) [sic], konnte nur darauf hoffen, daß Hymenäus und Philetus umkehren würden, um ›aus dem Netz des Teufels befreit‹ zu werden (2 Tim 2,26).« (Geisler ebd. S.137.)

Zunächst bedeutet das von Geisler zitierte Beispiel über Hymenäus wohl kaum, daß Paulus die Fähigkeit verloren hat, Dämonen auszutreiben. Wer glaubt schon ernsthaft, daß der herausragendste aller Apostel seine Vollmacht, Dämonen auszutreiben, bereits zu seinen Lebzeiten verloren hat? Was Hymenäus angeht, so hatte ihn Paulus wegen seiner blasphemischen Lehren dem Satan überantwortet (1 Tim 1,20). Die Schrift spricht weder davon, daß Paulus versucht hätte, bei Hymenäus einen Dämon auszutreiben, noch davon, daß er dies überhaupt gewollt hätte. Und es entsprach nie dem Handeln der neutestamentlichen Apostel, bei Häretikern oder falschen Lehrern Dämonen auszutreiben. Ihre Praxis und ihr Rat an die Gemeinden war, solche Leute zu meiden (Tit 2,9-11; 2 Joh 10-11). Sollte Geislers Beispiel überhaupt in irgendeiner Weise überzeugen, so müßte er schon zeigen, daß Paulus versucht hat, bei Hymenäus einen Dämon auszutreiben, und ihm dies nicht gelungen ist. Dies führt uns zum Hauptproblem nicht nur bei diesem Beispiel, sondern generell bei dieser These bezüglich des Fehlens von übernatürlichem Wirken in den späten Paulusbriefen.

Geislers These besitzt keine Aussagekraft, weil sie aus dem Schweigen der Schrift eine Schlußfolgerung zieht. Geisler sagt, »vom Epheserbrief bis hin zum zweiten Timotheusbrief wird uns nichts von Sprachengebet, Heilungen, Dämonenaustreibungen oder Auferweckungen von den Toten berichtet.« (Geisler ebd. S.136.) Er zieht daher den Schluß: Da diese Dinge nicht erwähnt werden, haben sie zu der Zeit, als diese Briefe abgefaßt wurden (etwa 60-68 n. Chr.), auch nicht stattgefunden. Wenn dieses Argument Geislers glaubwürdig sein soll, dann müßte er zeigen, daß Paulus diese übernatürlichen Geistesgaben in den Briefen hätte erwähnen müssen, falls sie noch existiert haben.

Ich könnte Geislers Methodik ebenso gut anwenden, um zu beweisen, daß Paulus die Gabe des Zölibats um das Jahr 60-67 n. Chr. verloren hat. Paulus nannte sein Zölibat eine Geistesgabe (1 Kor 7,7) und ohne Frage schätzte er diese Gabe sehr. Doch in seinen späteren Briefen (Epheser bis 2 Timotheus) erwähnt er sie nicht mehr. Würde dies meine Behauptung rechtfertigen, er habe die Gabe des Zölibats nicht mehr besessen? Natürlich nicht. Ich müßte zunächst nachweisen, daß er sie hätte erwähnen müssen, wenn er sie noch besaß. Ebenso macht Paulus in diesen späten Briefen keine Erwähnung über seine Erfolge bei der persönlichen Evangelisation. Sollten wir daraus schließen, er habe die Gabe der Evangelisation verloren? Ich hoffe, Sie sehen inzwischen, wie unmöglich es ist, aus dem Schweigen der Schrift heraus irgendwelche Argumente zu begründen.

Doch Geislers These hat noch mehr Fehler außer dem, daß sie vom Schweigen der Schrift abgeleitet ist. Im Grunde vergleicht Geisler Äpfel mit Birnen. Er stellt narrative (erzählende) Texte didaktischen (lehrenden) Texten gegenüber. Doch diese Textarten behandeln schon von ihrem Ansatz her unterschiedliche Themen. Die Apostelgeschichte setzt sich aus Geschichten zusammen, während die Briefe spezifische Probleme einzelner Gemeinden behandeln. Ein Ziel der Apostelgeschichte besteht darin, das weitere Wirken Jesu durch seine mit übernatürlichen Vollmachten ausgestatteten Aufträge aufzuzeigen. Natürlich ist die Apostelgeschichte voll von Erzählungen über Wundertaten, während die Briefe diese Dinge in der Regel nur dann erwähnen, wenn sie Ursache eines Problems sind wie in Korinth.

Paulus war im Gefängnis, als er die Briefe an die Epheser, Philipper, Kolosser und an Philemon schrieb. Deshalb werden sie die Gefangenschaftsbriefe genannt. Es ist offensichtlich, daß sie nicht voll von Geschichten über sein wundertätiges Wirken oder seine Evangelisation sind – er befand sich im Gefängnis! Die letzten drei Briefe, die er an seinem Lebensende an Timotheus und Titus schrieb, konzentrieren sich auf Ratschläge an diese jungen Männer für ihren Dienst als Hirten an den Gemeinden, denen sie vorstehen. Er schreibt ihnen hier keine Geschichten über seine Heldentaten. Warum sollten wir annehmen müssen, daß er Timotheus und Titus von Wundern in seinem Leben erzählt, die sie schon unzählige Male mit eigenen Augen gesehen hatten?

Es gibt noch ein weiteres Problem bei Geislers Beobachtung über die späteren Schriften. Er erwähnt gar nicht, daß sich die lebhaftesten Bilder und die anschaulichsten prophetischen Offenbarungen nicht in der Apostelgeschichte befinden. Sie treten erst dreißig Jahre nach dem Tod des Paulus auf. Ich rede hier von den Visionen und Offenbarungen, die der Apostel Johannes etwa 95 n. Chr. erhielt und die in der Offenbarung niedergeschrieben wurden. Die prophetischen Charismen waren also noch dreißig Jahre nach dem Zeitpunkt vorhanden, an dem sie nach Geislers Ansicht bereits erloschen waren.

Dennoch gibt es drei enge Vertraute eines Apostels, der für seine Gabe der Heilung berühmt war, die nicht geheilt wurden. Wie sollen wir das erklären? Zunächst ist es unmöglich, das Ausbleiben einer Heilung bei diesen drei Männern mit dem Erlöschen der Heilungsgabe bei Paulus zu erklären. Warum? Weil niemand eine biblische Begründung anführen kann, warum Paulus sechs oder sieben Jahre vor seinem Tod die Gabe der Heilung verloren haben soll.

Warum sollte Gott Paulus die Gabe der Heilung nehmen? Kein Gegner der Geistesgaben kann einen schlüssigen Grund dafür nennen. Die Gegner der Geistesgaben (die an deren Erlöschen mit dem Tod der Apostel glauben) sind der Ansicht, die Heilungsgaben bezeugten die Apostel und ihren Dienst, besonders ihren Auftrag, die Bibel niederzuschreiben. Wenn wir uns auf dem Boden dieser Theorie bewegen, warum sollte Paulus die göttliche Bestätigung nicht mehr benötigen? Dies würde bedeuten, seine späten Briefe hätten nicht mehr die gleiche übernatürliche Bestätigung erhalten wie die übrigen Briefe. Und wie ist das mit seinem evangelistischen Auftrag? Benötigte er keine göttliche Bestätigung mehr für den evangelistischen Dienst, den er nach seiner Entlassung aus der ersten Gefangenschaft in Rom wieder aufnahm (63-65 n. Chr.)? Soll der Entzug der Gabe der Heilung bei Paulus etwa bedeuten, daß Gott ihm seine Anerkennung entzog, da nach der Theorie der Gegner der Geistesgaben die übernatürlichen Gaben des Heiligen Geistes dazu gedacht waren, Gottes Anerkennung für die Apostel zu demonstrieren?

Doch es gibt noch eine weitere Ungereimtheit bei Geislers Theorie. Warum ließ Gott Paulus die Gabe der Prophetie und der Offenbarung (damit er die Bibel niederschreiben konnte) und nahm ihm die Gabe der Heilung? Auch in seinem letzten Brief redet Paulus prophetisch (vgl. 2 Tim 4,6-8, wo Paulus seinen Tod und seinen späteren Lohn vorhersagt; vgl. auch seine prophetischen Äußerungen über Alexander im Kapitel 4, Vers 14). Warum sollte Gott ihm die Heilungen und Wunder entziehen und ihm die prophetischen Gaben lassen?

Es ist viel einfacher anzunehmen, daß der Apostel Paulus für diese drei Männer gebetet hat, und Gott sagte nun einmal »Nein«. Da bereits gezeigt wurde, daß weder Jesus noch die Apostel nach Belieben heilen konnten, könnten wir doch einfach annehmen, daß Gott aus seinen ganz souveränen Beweggründen heraus beschloß, diese drei Männer nicht durch die Heilungsgabe des Paulus zu heilen. Dies ist viel glaubwürdiger als die These, daß Gott seinem herausragendsten Apostel ab 60 n. Chr., also etwa sieben bis acht Jahre vor dessen Tod, die Gabe der Heilung entzogen hätte.

8 Es gibt keine universell vereinbarte Definition des Wortes *charisma*. Von den siebzehn Stellen, in denen es im Neuen Testament auftaucht, finden sich sechzehn bei Paulus und eine bei Petrus (1 Petr 4,10). Der Gebrauch des Wortes bei Paulus ist so unterschiedlich, daß eine einzelne Definition nicht ausreicht. Eine der besten Erörterungen des Wortes *charisma* findet sich bei Max Turner. *»Spiritual Gifts Then and Now«*. Vox Evangelica 15 (1985): 7-64. Turner zieht den Schluß, daß die verschiedenen paulinischen Gabenlisten »eindeutig ad hoc zusammengestellt wurden und unvollständig sind; sie legen die Annahme nahe, daß Paulus fast alles, das als eine Befähigung des Menschen durch Gott zur Erbauung der Gemeinde angesehen werden konnte, als *charisma* bezeichnet hat, wenn Paulus damit betonen wollte, daß es etwas Gottgegebenes war« (S. 31). Einen ähnlichen Schluß zieht D. A. Carson. *Showing the Spirit.* 1987. S. 19ff.; und Wayne Grudem. *Systematic Theology.* 1994. Kapitel 52.

Grudem bietet die folgende Definition an: »Eine Geistesgabe ist jegliche Fähigkeit, die auf das Wirken des Heiligen Geistes zurückzuführen ist und für einen beliebigen Dienst der Gemeinde genutzt wird« (ebd., Kapitel 52). Er engt diese Definition ein, indem er sagt: »Dies ist eine breite Definition, die sowohl Gaben einschließt, die mit natürlichen Fähigkeiten zu tun haben (wie Lehre, Barmherzigkeit, Organisation) als auch Gaben, die als ›wundersamer‹ angesehen und weniger mit natürlichen Fähigkeiten in Verbindung gebracht werden (wie Prophetie, Heilung oder Unterscheidung der Geister). Dies liegt daran, daß Paulus bei seinen Aufzählungen (in Röm 12,6-8; 1 Kor 7,7; 12,8-10.28; Eph 4,11) beide Arten von Geistesgaben mit hineinnimmt. Doch es wird nicht jede natürliche Begabung mit einbezogen, die Menschen besitzen, denn

Paulus macht deutlich, daß alle Geistesgaben von ›dem einen Geist‹ gegeben werden (1 Kor 12,9), daß sie ›zum Nutzen aller‹ gegeben werden (1 Kor 12,7), und daß sie zur ›Auferbauung‹ geschieht, oder um die Gemeinde zu erbauen (1 Kor 14,26)« (ebd.).

9 vgl. in diesem Buch S. 130ff.

10 Philippus wird nicht zugeschrieben, Zeichen und Wunder zu tun, sondern nur Zeichen (Apg 8,6). Darüber hinaus gibt nur das 8. Kapitel der Apostelgeschichte, Vers 6 spezifische Beispiele, was in der Apostelgeschichte als Zeichen betrachtet wird. Es werden Dämonenaustreibungen, Heilungen von Gelähmten, Lahmen und Verkrüppelten genannt.

11 Grudem definiert ein Wunder wie folgt: »Ein Wunder ist eine seltenere Form des Wirkens Gottes, durch welches er die Leute in Ehrfurcht uns Staunen versetzt und sich selbst bezeugt.« Er rechtfertigt diese Definition, indem er auf die Schwächen anderer häufig vorgeschlagener Definitionen verweist:

»Zum Beispiel sagt eine Definition, ein Wunder ist ›eine direkte Intervention Gottes in der Welt.‹ Doch diese Definition nimmt eine deistische Position über das Verhältnis Gottes zur Welt ein, bei der die Welt sich selbständig weiterentwickelt und Gott nur gelegentlich eingreift. Dies ist sicherlich keine biblische Position, wonach Gott den Regen fallen läßt (Mt 5,45), das Gras wachsen läßt (Ps 104,14) und alle Dinge durch sein Wort und seine Kraft trägt (Hebr 1,3). Eine andere Definition von Wundern nennt diese ›ein direkteres Wirken Gottes in der Welt.‹ Doch von einem ›direkteren‹ Wirken zu sprechen unterstellt, daß das normale Heilshandeln irgendwie nicht ›direkt‹ sei, und deutet ebenfalls wieder eine deistische Entrückung Gottes von der Welt an.

Eine weitere Definition heißt: ›Gottes Wirken in der Welt, ohne dabei Mittel zu benutzen, die die von ihm gewünschten Resultate sicherstellen würden.‹ Von Gott jedoch zu behaupten, er würde ›ohne Mittel‹ handeln, läßt uns nicht mehr viele Wunder in der Bibel übrig; denn es ist schwer vorstellbar, daß Wunder ohne irgendwelche Mittel zustande kamen: Bei der Heilung von Menschen, zum Beispiel, waren ohne Zweifel einige der körperlichen Attribute des Kranken in die Heilung einbezogen. Als Jesus Brot und Fische vermehrte, benutzte er zumindest die ursprünglich vorhandenen fünf Laibe Brot und zwei Fische. Als er Wasser in Wein verwandelte, benutzte er Wasser, um es zu Wein werden zu lassen. Diese Definition scheint also unzulänglich.

Wieder eine andere Definition besagt, ein Wunder sei ›eine Ausnahme der Naturgesetze‹ oder ›Gottes Handeln gegen die Gesetze der Natur.‹ Doch der Ausdruck ›Gesetze der Natur‹ impliziert im populären Denken, daß den Dingen, die existieren, bestimmte Qualitäten innewohnen, ›Naturgesetze‹, die unabhängig von Gott funktionieren, und daß Gott diese Gesetze stören oder ›brechen‹ muß, damit ein Wunder geschehen kann. Auch diese Definition wird der biblischen Lehre der Vorsehung nicht gerecht.

Eine weitere Definition von Wundern besagt: ›Eine Begebenheit, die sich durch natürliche Ursachen nicht erklären läßt.‹ Diese Definition ist unangemessen, denn (1) schließt sie Gott als den Urheber des Wunders nicht ein; (2) nimmt sie an, daß Gott keine natürlichen Ursachen benutzt, wenn er auf ungewöhnliche oder erstaunliche Weise handelt und nimmt daher auch wieder an, daß Gott nur gelegentlich in das Weltgeschehen eingreift; und (3) führt sie zu einer bedeutsamen Minimalisierung

tatsächlicher Wunder sowie zu einer Steigerung des Skeptizismus, da oft, wenn Gott auf Gebete hin handelt, das Ergebnis für den Betenden erstaunlich ist, aber es nicht völlig unmöglich ist, dieses Ergebnis durch natürliche Ursachen zu erklären, besonders nicht für einen Skeptiker, der sich einfach weigert, Gottes Hand im Spiel zu sehen.
Daher scheint die ursprüngliche Definition, bei der das Wunder einfach eine seltenere Form des Wirkens Gottes in der Welt darstellt, sinnvoller und eher im Einklang mit der biblischen Lehre der göttlichen Vorsehung zu stehen. Diese Definition behauptet nicht, Wunder seien ein andersartiges Wirken Gottes, sondern nur, daß diese Art des Wirkens Gottes weniger häufig zu finden ist, und daß sie bei den Menschen Überraschung, Ehrfurcht oder Erstaunen auslösen soll, so daß Gott über sich selbst Zeugnis ablegt.« (Systematic Theology, Kapitel 52).

12 Jahre nachdem ich den Unterschied zwischen dem Wirken der Apostel durch Zeichen und Wunder und der Gabe der Heilung, wie sie dem gewöhnlichen Christen gegeben wird, verstanden hatte, fand ich heraus, daß Professor Max Turner diese Unterscheidung auf ähnliche Weise macht. Er schreibt:

»Wie auch immer, die ›Heiler‹ haben Wege geöffnet, die nun von ihren Kritikern begangen werden, die mahnen, daß wir es hier ohne Zweifel nicht mit der Gabe der Heilung zu tun haben, wie sie der apostolischen Kirche gegeben war. Dort waren Heilungen unmittelbar, ohne Versagen, irreversibel, deckten alle Krankheiten ab, waren vom Charisma des Heilers abhängig und nicht vom Glauben des Geheilten und daher ein Zeichen den Ungläubigen gegenüber. Doch vielleicht ist dieser Gegensatz überzogen. Wir müssen nicht bezweifeln, daß die Apostel sich gelegentlich durch dramatische Heilungen auszeichneten (Apostelgeschichte und 2 Kor 12,12); doch wir müssen, entsprechend der bereits ausgesprochenen Warnung, in Erinnerung behalten, daß die Beschreibungen der Apostelgeschichte manchmal ein stärkeres Bewußtsein für die außergewöhnlichen Heilungen besaßen (vgl. 19,11) als für die ›gewöhnlichen‹. Doch selbst hier gibt es nur wenige Belege für die Häufigkeit von Heilungen, die von einem suchenden Glauben unabhängig gewesen wären, ganz im Gegenteil. Auch wissen wir nicht, daß die Apostel kein Versagen und keine Rückfälle erlebt hätten (2 Tim 4,20; Mt 12,45; Joh 5,14). Was die ›gewöhnlichen‹ Gaben der Heilungen (1 Kor 12,10 usw.; vgl. Jak 5,15) angeht, so waren diese vielleicht weniger unmittelbar und spektakulär. ... Wir beharren nur, auf der einen Seite, darauf, daß das idealisierte Bild der apostolischen Heilungen, wie es aus manchen Teilen der Apostelgeschichte abgeleitet wird, nicht unweigerlich als repräsentativ angesehen werden sollte (sicher nicht für die charismata hiamatōn, *die außerhalb des Kreises der Apostel wirksam waren; 1 Kor 12,28f) und wir beharren auf der anderen Seite darauf, daß ernstzunehmende moderne Zeugnisse auf Phänomene hinweisen, die sich selbst mit einigen der Erfahrungen der Apostel in solchem Maße decken, daß nur eine dogmatische a priori Entscheidung ausschließen kann, daß es bedeutsame Parallelen zu den* charismata hiamatōn *geben könnte.«* Zitiert aus: *»Spiritual Gifts Then and Now«*. Vox Evangelica 15 (1985): 48-50.

13 Ich beziehe mich hier nicht auf den Dienst des Paulus, die Schrift niederzuschreiben, sondern auf seinen Dienst zu lehren. Die Briefe offenbaren natürlich die Tiefe der Gabe der Lehre bei ihm, aber sie geben nur einen kleinen Teil seines gesamten Dienstes zu lehren wieder.

14 Ich sollte die Aussage, ›was ich sah und hörte‹, näher definieren. Ich muß zugeben, daß ich in der Zeit, als ich glaubte, die Bibel lehre das Erlöschen der übernatürlichen Geistesgaben, nie ernsthaft nach wirklichen Fällen einer Heilung suchte. Dies trifft auf die meisten Gegner der Geistesgaben zu, die ich kenne. Viele behaupten häufig, nie eine medizinisch belegte Heilung durch das Wirken des Heiligen Geistes ›gesehen‹ zu haben. In Wahrheit haben die meisten von ihnen nie mit Nachdruck nach einer solchen Heilung gesucht. Sie wollen ihre Zeit nicht vergeuden, denn sie wissen bereits, daß es keine medizinisch belegten Heilungen gibt, die das Fortbestehen der übernatürlichen Gaben des Heiligen Geistes in der heutigen Zeit belegen würden.

Ich versuchte einmal, einen Freund, ebenfalls ein Theologieprofessor, dazu zu bringen, ein Wunder zu untersuchen, das bei einem anderen Professor der Fakultät geschehen war. Der Professor, durch den Gott dieses Wunder gewirkt hatte, war ein konservativer Evangelikaler, der in der kirchlichen Öffentlichkeit hohes Ansehen genoß und der angefangen hatte, an die übernatürlichen Gaben des Heiligen Geistes zu glauben.

An den Augen und Ohren eines kleinen Jungen war eine Heilung geschehen. Ich rief den Vater des Jungen an (sie wohnten in einem anderen Bundesstaat), um mir das Wunder bestätigen zu lassen. Der Vater sagte, es stimme alles und er habe einen medizinischen Bericht darüber.

Als ich die Geschichte meinem Freund, dem Gegner von Geistesgaben, erzählte, drängte ich ihn, anzurufen und die Sache zu untersuchen. Er fragte nicht einmal nach der Telefonnummer. Als ich ihn fragte, warum er so wenig Interesse zeigt, sagte er mir, er bezweifle gar nicht, daß das Wunder geschehen sei, aber er zweifle daran, daß Gott es getan habe! Also sah er keine Veranlassung, die Sache zu untersuchen.

Die Fakten in diesem Fall waren:

1. Ein Theologieprofessor, der die Geschichte der rechtgläubigen Theologie lehrte,
2. bat Gott in Jesu Namen,
3. an einem kleinen Kind ein Wunder zu tun,
4. welches zu einer christlichen Familie gehörte,
5. und das Wunder geschah umgehend.

Selbst bei dieser Beweislage, wollte mein Freund sich nicht auf eine Diskussion einlassen. Es war für ihn leichter zu glauben, der Satan habe dieses Wunder getan als zu glauben, daß Jesus es getan hatte! Die Denkart der Gegner der Geistesgaben verhindert oft von vornherein, daß ernsthafte Untersuchungen durchgeführt werden.

15 Ich habe viele Berichte über Heilungen von »apostolischem Ausmaß« an verschiedenen Orten in aller Welt gehört, aber ich habe sie nicht verifiziert. Um nur eine zu nennen: Carl Lawrence, der über zwanzig Jahre als Missionar in Südostasien verbrachte, berichtet, daß Wunder in den Hausgemeinden Chinas so häufig waren, daß man allein über die Wunder der letzten Jahre ein ganzes Buch schreiben könnte (*The Church in China*. 1985. S. 73, Anm. 7; dt.: *Chinas Christen*. 1986. Siehe dazu auch: Danyun. *Aufbruch im Reich der Mitte*. Wiesbaden 1994). Er beschreibt sogar einige belegbare Fälle, wo Tote wieder auferstanden sind. Ich denke, daß heute eine Vielzahl von Heilungen stattfinden; es macht sich nur niemand die Mühe, sie zu dokumentieren. Die Tatsache, daß jemand keine Wunder gesehen hat, sagt nichts über das Vorhandensein oder gar die Häufigkeit von Wundern aus. Es ist nur eine Aussage über die Erfahrung dieser bestimmten Person.

16 Zum Beispiel haben in zwei weitverbreiteten Studien über neutestamentliche Prophetie sowohl David Hill (*New Testament Prophecy*. 1979. S. 191) als auch David

Aune (*Prophecy in Early Christianity and the Ancient Mediterranean World.* 1983. S. 338) den Schluß gezogen, daß die Leitung der Kirche die Gabe der Prophetie aufgegeben hat und nicht Gott diese Gabe entzog.

17 Das Problem besteht nicht nur darin, daß es für die ersten 1 400 bis 1 600 Jahre der Kirchengeschichte nur sehr vereinzelt historische Quellen gibt, sondern auch darin, daß diese wenigen Quellen von den Gelehrten nicht genügend beachtet worden sind. Turner kommentiert: ›Unsere erste Klage ist, daß es meines Wissens keine kritische Studie über auch nur eine der drei Gaben [Heilung, Prophetie, Sprachengebet] gibt, bei der wir uns dazu hätten entschließen können, sie zu diskutieren; das bedeutet allerdings nicht, daß wir keine populärwissenschaftlichen oder halb voreingenommenen Übersichten darüber besäßen‹ (Vox Evangelica 15 [1985]: 41). Tatsächlich besitzen nur sehr wenige die nötige linguistische Ausbildung bzw. die Kritikfähigkeit, um die Originalquellen zu beurteilen. Ich habe einige anti-charismatische Beschreibungen der Kirchengeschichte gelesen, in denen die Autoren voller Überzeugung behaupten, daß es keine zuverlässigen geschichtlichen Belege für die Existenz der Geistesgaben nach dem Tod der Apostel gibt. Doch die Mehrzahl dieser Autoren besitzt weder die Fähigkeit, diese ursprünglichen historischen Quellen, von denen viele noch nicht übersetzt wurden, auf Griechisch oder Lateinisch zu lesen, noch die nötigen kritischen Fähigkeiten, um diese Quellen zu beurteilen.

18 Showing the Spirit. S. 166.

19 Warfield. *Counterfeit Miracles.* S 38ff.

20 ebd. S. 37-38.

21 ebd. S. 38

22 Turner (*»Spiritual Gifts Then and Now«*. S. 41-42) beobachtet zum Beispiel, daß Warfields Buch *»gewaltige Schwankungen durchmacht, von einer konfessionalistischen und etwas naiven evidentialistischen Behandlung der Wunder im apostolischen Zeitalter bis hin zu einem extremen Skeptizismus gegenüber allen Ansprüchen, daß in der post-apostolischen Kirchengeschichte Wunder geschehen seien – ganz eindeutig in Abhängigkeit von Conyers Middleton. Hätte er den post-apostolischen Ansprüchen die gleiche Offenheit – manche würden sagen: Leichtgläubigkeit – entgegengebracht, wie er sie bei der Behandlung der neutestamentlichen Wunder an den Tag gelegt hat, welches der Wunder der Kirchenheiligen hätte dann nicht seiner Verteidigung, wenn nicht gar seiner Zustimmung sicher sein können?! Und hätte er den neutestamentlichen Berichten denselben Grad an Skeptizismus entgegengebracht, wie den Schreibern der post-apostolischen Zeit, wie viele vereinzelte Wunder der Apostel (oder des Herrn selbst) wären dann wohl seinem bissigen Witz und seiner Kritik entgangen?!«*

23 Vgl. z. B.: Ronald Kydd. *Charismatic Gifts in the Early Church.* 1984; Cecil M. Robeck, Jr. *»Origin's Treatment of the Charismata in 1 Corinthians 12:8-10«* in: Cecil M. Robeck, Jr. (Hrsg.). Charismatic Experiences in History. 1985. S. 111-125; Donald Bridge. *Signs and Wonders Today.* 1985. S. 174ff.; Paul Thigpen. *»Did the Power of the Spirit Ever Leave the Church«*. Charisma 18: 2 (1992). S. 20-29; Morton T. Kelsey. *Healings and Christianity.* 1973. S. 129-199; James Edwin Davison. *»Spiritual Gifts in the Roman Church: I. Clement, Hermas and Justin Martyr«* (Ph. D. Diss., University of Iowa, 1981); und Cecil Robeck, Jr. *»The Role and Function of Prophetic Gifts for the Church at Carthage, AD 202-258«* (Ph. D. Diss., Fuller Theological Seminary, 1985).

Kapitel 6

1 In dem kürzlich erschienenen Buch von John MacArthur, *Charismatic Chaos*, läßt er seine Leser annehmen, diese Art von Mißbrauch und Schlimmerem sei für die Mehrzahl der Gruppierungen charakteristisch, die die Gaben des Heiligen Geistes praktizieren. MacArthur scheint mit der Charismatischen Erneuerung und mit anderen Gruppen, die die Geistesgaben praktizieren, vor allem durch die Betrachtung der Sorte charismatisch-pfingstlerischer Religiosität in Berührung gekommen zu sein, wie sie von religiösen Fernsehsendern propagiert wird; außerdem durch die kuriosen Beispiele, die seine Mitarbeiter ausgegraben haben, indem sie die charismatisch-pfingstlerische Literatur nach eben solchen Kuriositäten durchforstet haben. Soweit ich weiß, hat er keine regelmäßige geistliche Gemeinschaft mit den verschiedenen Gruppierungen, die die Geistesgaben praktizieren und dient auch nicht in einer solchen Gruppierung.

Ich lebe und diene innerhalb dieser Gruppierungen. Ich habe die letzten sieben Jahre damit zugebracht, durch die ganze Welt zu reisen, um vor kleinen wie auch sehr großen Versammlungen dieser Gruppe von Christen zu sprechen. Ich bin in viel größerem Maße mit diesen Gruppen auf unterster Ebene in Berührung gekommen als MacArthur oder seine Mitarbeiter. Ich habe auch mehr von deren Literatur gelesen als MacArthur oder seine Mitarbeiter. Meine Erfahrung hat mich zum gegenteiligen Schluß geführt wie MacArthur und seine Mitarbeiter. Obwohl es Mißbrauch gibt, geschieht er in der Mehrzahl der Gemeinden, die die Geistesgaben praktizieren, nur hin und wieder. Und dieser Mißbrauch wird dort, wo er auftaucht, von verantwortungsbewußten Leitern korrigiert. Man kann natürlich immer seltsame Fälle heranziehen, in denen einzelne oder eine Gruppe Lehrmeinungen besitzt, die zu recht als kurios bezeichnet werden. Dies trifft jedoch nur auf eine kleine Minderheit in der Charismatischen Erneuerung zu, und verantwortungsbewußte Leiter in der Charismatischen Erneuerung haben sich immer gegen einen solchen Mißbrauch ausgesprochen.

2 Dies soll nicht bedeuten, die Lehre sei bei der Beurteilung übernatürlicher Ereignisse unwichtig. Es legt jedoch nahe, daß Gott erheblich mehr »Variationen« im Bereich der Lehre zuläßt, als manche den gegenwärtigen Gruppen zugestehen möchten.

3 Dies ist die Haltung MacArthurs in *Charismatic Chaos*. Im gesamten Buch zitiert MacArthur ein Beispiel für Mißbrauch in unserer Zeit nach dem anderen. Statt daß er sich ernsthaft mit der Schrift und den theologischen Argumenten seiner charismatischen Brüder auseinandersetzt, gibt er sich damit zufrieden, Kapitel um Kapitel die kuriosesten Beispiele aufzulisten.

Um ein Beispiel für diese Haltung zu zitieren: Kapitel 7 von *Charismatic Chaos* trägt den Titel »Wie funktionieren die Geistesgaben?« (vgl. S. 152-170). MacArthur beantwortet seine eigene Frage nie! Statt dessen zitiert er Mißbrauch um Mißbrauch, nennt »Täter« wie Benny Hinn, Keneth Hagin, Fred Price, Maria Woodworth-Etter, John und Carol Wimber, Norvil Hayes und die Christen des ersten Jahrhunderts. Dieses Kapitel sollte besser die Überschrift tragen »Wie die Geistesgaben nicht funktionieren«. MacArthur läßt sich in diesem Kapitel so gehen, daß er doch tatsächlich schreibt: »An keiner Stelle lehrt das Neue Testament, daß es der Heilige Geist bewirkt, wenn Christen in Trance fallen, bewußtlos werden, oder in irgendein verrücktes Verhalten verfallen« (S. 158). Lesen wir dieselbe Bibel? Der Herr ließ Petrus auf dem Dach des Hauses von Simon in Trance fallen (Apg 10,10), und Paulus erlebte einen Trancezustand, als er im Tempel betete (Apg 22,17). Und was die »Bewußtlosigkeit« angeht, Johannes fiel in der Offenbarung wie tot zu Jesu Füßen (1,17). Und was das »verrückte Verhalten« angeht, die einhundertzwanzig Männer sprachen nicht nur in ausländischen Sprachen, denn viele meinten, sie seien betrunken (Apg 2,13-15)! *Charismatic Chaos* ist voll von solchen unbiblischen Behauptungen und von falschen Ansichten über die Schrift. Sie machen die Objektivität MacArthurs als zuverlässigen Kritiker der Charismatischen Bewegung nicht glaubwürdig.

4 Es ist auch interessant, daß er nicht die Freiheit besaß, seine Sünden in seiner eigenen anti-charismatischen Gemeinde oder einem seiner Freunde unter den Gegnern der Geistesgaben zu beichten.

5 MacArthur schreibt so, als wäre Sittenlosigkeit im sexuellen Bereich unter Charismatikern häufiger (*Charismatic Chaos*. S. 21, 167, 253).

6 J. I. Packer. *»The Comfort of Conservatism«*. in: Michael Horton (Hrsg.). Power Religion. 1992. S. 286. Im selben Artikel macht Packer auch auf die Kritik an E. J. Carnell aufmerksam, der »den amerikanischen Fundamentalismus als einen evangelikalen Glauben beschrieb, der zum Kult wurde« (S. 293).

7 Der autoritäre Fundamentalismus kann sowohl charismatische als auch nicht-charismatische Gemeinden heimsuchen. Es geht hier in keinster Weise um das Thema Geistesgaben. Es geht um eine erzwungene Konformität gegenüber den speziellen Interpretationen und Praktiken einer Gruppe oder Bewegung – denen dann wiederum praktisch die gleiche Autorität beigemessen wird wie der Schrift selbst.

Kapitel 7

1 Wie zitiert bei Vinson Syan. *The Holiness-Pentecostal Movement in the United States*. 1971. S. 95-96.

2 ebd. S. 106

3 *»Journals from October 14, 1735 to November 29, 1745.«* Band 1 von »The Works of John Wesley«. 31991. S. 204.

4 ebd. S. 210.

5 Jonathan Edwards. *»An Account of the Revival of Religion on North Hampton in 1740-42, as Communicated in a Letter to a Minister of Boston«* in: Jonathan Edwards on Revival. 1984. S. 150.

6 ebd. S. 151

7 ebd. S. 153-154.

8 Gross. Miracles, *Demons, and Spiritual Warfare*. S. 91.

9 Theophanie bezeichnet das Erscheinen Gottes gegenüber einem einzelnen oder einer Gruppe. Theologen betrachten die Theophanien des Alten Testamentes im allgemeinen als eine Erscheinung des prä-inkarnatorischen Christus und nicht als eine Erscheinung Gottes, des Vaters, da niemand Gott, den Vater, je gesehen hat (Joh 1,18).

10 Das visionäre Erlebnis bei Daniel, Kapitel 10, Vers 1ff ist interessant. Nur Daniel konnte die Vision sehen, doch die Männer die bei Daniel waren, bekamen einen solchen Schrecken durch die Gegenwart Gottes, daß sie davonliefen (Dan 10,7).

11 Es ist nicht anzunehmen, daß das Wort »zittern« hier nur als Wortgemälde gemeint ist. Wer will behaupten, daß eine wirkliche Erfahrung der Gegenwart Gottes normalerweise nicht ein heftiges Zittern auslöst?

12 Gross. *Miracles, Demons, and Spiritual Warfare*. S. 91.

13 Jonathan Edwards. *»The Distinguishing Marks of a Work of the Spirit of God«* in: Jonathan Edwards on Revival. 1984. S. 127.

14 ebd. S. 91.
15 ebd. S. 118.

Kapitel 8

1 Calvin klagte, daß seine katholischen Gegner »nicht aufhören, unsere Lehre anzugreifen und sie abzuwerten und zu diffamieren durch Namen, die sie zu etwas Verhaßtem oder Verdächtigem machen. Sie nennen sie ›neu‹ und ›jüngst erst geboren‹. Sie werten sie ab als ›zweifelhaft und ungewiß‹. Sie fragen, welche Wunder diese Lehre bestätigt haben« (*Institutes of the Christian Religion.* Einleitung, 3).
Eine hilfreiche Diskussion dieser Zeit finden Sie bei John Ruthven. *On the Cessation of the Charismata: The Protestant Polemic of Benjamin B. Warfield.* (Ph. D. Diss., Marquette University, 1989); vgl. besonders Kapitel 2: »Historical Antecedents to B. B. Warfield's Cessationist Polemic», S. 21-62; 1993.

2 Die beiden Texte, die zu diesem Zweck am häufigsten herangezogen werden, sind der Epheserbrief, Kapitel 2, Vers 20 und der Hebräerbrief, Kapitel 2, Verse 3-4. Die Auslegung des Hebräertextes durch die Gegner der Geistesgaben finden Sie in Anmerkung 6 dieses Kapitels beurteilt.

3 Calvin hatte ebenso enge Ansichten, was den Zweck von Wundern anging wie seine Nachfahren. In den *Institutes* betrachtete er Wunder unter folgenden Aspekten: Sie bezeugen die Göttlichkeit Jesu, denn anders als die Apostel tat er aus eigener Kraft Wunder (1.13.13); sie bestätigen das Evangelium, das die Apostel predigten (Einleitung, 3); die Wunder Moses zeigen, daß Wunder die Schrift bestätigen und die Autorität der Diener Gottes bezeugen (1.8.5).
Die Betonung des Reformators auf die bestätigende Funktion von Wundern kristallisiert sich bei Benjamin Warfields *Counterfeit Miracles* in seiner endgültigen Form heraus. Warfield sah den besonderen oder primären Zweck der Wunder darin, die Apostel als vertrauenswürdige Lehrer der Dogmen zu bestätigen (S. 6, 21, 23). Der tiefste Zweck der Wunder besteht also in der Bestätigung der schriftlich niedergelegten Offenbarung Gottes (S.25-26). Meiner Meinung nach war und ist dies der bestmögliche Versuch, von der Schrift her zu beweisen, daß Wunder und die übernatürlichen Gaben des Heiligen Geistes auf die Zeit des Neuen Testamentes begrenzt waren.

4 Die Mehrzahl der Neutestamentler glaubt nicht, daß dieser Vers oder die letzten zwölf Verse des Markusevangeliums von Markus selbst geschrieben wurden. Sie glauben, daß der ursprüngliche Schluß des Markusevangeliums verlorenging und daß diese Verse später von einem anderen als Markus hinzugefügt wurden. Dennoch wurden diese Verse zu einem sehr frühen Zeitpunkt in der Kirchengeschichte geschrieben, denn sie finden sich in mehreren Manuskripten von Tatians *Diatessaron* (170 n. Chr.). Sie wurden auch von Irenäus (der 202 n. Chr. starb) und Tertullian (der 220 n. Chr. starb) zitiert. Diese Verse geben also mindestens wieder, was die ganz frühe Kirche über den Zweck von Wundern dachte, selbst wenn diese Verse nicht als Teil der ursprünglichen Schrift angesehen werden.

5 Es gibt einen Gebrauch des Verbs »bezeugen«, *martyreo*, wo von den Heiden im Haus des Kornelius gesagt wird, »Gott bestätigte [bezeugte] dies, indem er ihnen ebenso wie uns den Heiligen Geist gab« (Apg 15,8). Wichtig ist hierbei jedoch nicht, daß er Kornelius und den Heiden erlaubte, Wunder zu tun, um sie als besondere Diener zu bezeugen, sondern vielmehr, daß er ihnen den Heiligen Geist gab, um zu zeigen, daß sie Gläubige waren, die den Judenchristen ebenbürtig waren.

6 Das Wort, das mit »bekräftigen, sicher machen« übersetzt wird, *bebaioo*, wird auch für die Bestätigung der Verheißungen Gottes an die Väter durch Christus verwandt (Röm 15,8) sowie für Gottes Stärkung seiner Diener (1 Kor 1,8; 2 Kor 1,21; Kol 2,7; Hebr 13,9). Aber es wird nie benutzt bei Wundern, die einen Diener bestätigen.
Der Hebräerbrief, Kapitel 2, Verse 3-4, wird von Gegnern der Geistesgaben oft benutzt, um zu zeigen, daß die Wunder mit den Aposteln vergingen. Der Autor des Hebräerbriefes fragt uns:

»... wie sollen dann wir entrinnen, wenn wir uns um ein so erhabenes Heil nicht kümmern, das zuerst durch den Herrn verkündet und uns von den Ohrenzeugen bestätigt wurde? Auch Gott selbst hat dies bezeugt durch Zeichen und Wunder, durch machtvolle Taten aller Art und Gaben des Heiligen Geistes, nach seinem Willen.«

Der Autor des Hebräerbriefes beschränkt diesen Text nicht auf die Apostel. Er sagt nicht, daß die Botschaft durch die Apostel bestätigt wurde, sondern durch die »Ohrenzeugen«, die den Herrn hörten.
Die Apostel waren nicht die einzigen, die den Herrn hörten. Auch andere hörten ihn, und auch andere taten Wunder und erhielten die übernatürlichen Gaben des Heiligen Geistes. Mit anderen Worten, der Autor des Hebräerbriefes scheint zu sagen, daß weder er noch seine Zuhörer den Herrn direkt hörten oder seine Wunder direkt sahen.
Sie hörten die Botschaft über den Herrn Jesus erst durch die »Ohrenzeugen« direkt. Als sie diese Botschaft hörten, bestätigte sie Gott, indem er Zeichen und Wunder durch diejenigen tat, die zu ihnen predigten. Dies können die Apostel gewesen sein, es können aber auch andere gewesen sein, die den Herrn selbst gehört hatten.
Der Text läßt die Möglichkeit ohne Zweifel offen, daß Gott die Botschaft über den Herrn Jesus durch Wunder bestätigt, wenn sie von solchen gepredigt wird, die Jesus nicht mehr direkt gehört haben.

7 »Zeichen, Wunder und Taten« stehen im Dativ und sollen vermutlich als ein Dativ der Ausschmückung verstanden werden.

8 Er hätte anstatt des Dativs den Nominativ benutzt. Vgl. Ralph P. Martin. *2 Corinthians.* 1986. S. 436.

9 Das Wort, das im 2. Korintherbrief, Kapitel 12, Vers 12 mit »Ausdauer« übersetzt wurde, *hypomone*, schließt auch Leiden ein. Paulus beruft sich außerdem auf die Offenbarungen Gottes, um sein Apostelamt zu verteidigen (2 Kor 12,1-10).

10 Philip Edgcumbe Hughes. *Paul's Second Epistle to the Corinthians. The New International Commentary on the New Testament.* 1962. S. 457. Er zitiert folgende Bibelstellen aus dem 2. Korintherbrief: 1,12; 2,17; 3,4ff; 4,2; 5,11; 6,3ff; 7,2; 10,13ff; 11,6.23ff

11 Alfred Plummer. *Second Epistle of St. Paul to the Corinthians.* 1915. S.359. Er zitiert: 2 Kor 3,2; 1 Kor 2,4; 9,2.

12 Martin. 2 Corinthians. S. 434.

13 ebd. S. 434-436.

14 ebd. S. 438.

15 Dies lehrt auch *The Westminster Confession of Faith*:
»Die Autorität der Heiligen Schrift, um deretwillen sie geglaubt und beachtet werden sollte, ist nicht vom Zeugnis eines Menschen oder einer Kirche abhängig, sondern allein von Gott (der selbst die Wahrheit ist), dem Autor derselben; und daher soll sie angenommen werden, weil sie das Wort Gottes ist« (1.4).

Zur Unterstützung dieser Aussage beriefen sich die Geistlichen von Westminster auf 2 Petr 1,19; 2 Tim 3,16; 1 Joh 5,9 und 1 Thess 2,13. Calvin sagte in seinen *Institutes* (1.7.5) das gleiche.

16 Beachten Sie wieder die Lehre von *The Westminster Confession of Faith*: *»Wir mögen vom Zeugnis der Kirche zu einer hohen und ehrfürchtigen Wertschätzung der Heiligen Schrift bewegt und geführt werden; und ihr himmlischer Charakter, die Wirksamkeit der Lehre, die Erhabenheit des Stils, das Übereinstimmen aller Teile, der Umfang des Ganzen (was alles Gott Ehre geben soll), die Gesamtschau, die sie vom einzigen Weg zur Rettung des Menschen darbietet, die vielen anderen unvergleichlichen Leistungen und die ganze Perfektion derselben, sind Argumente, durch die sie sich überschwenglich als das Wort Gottes erweist; doch ungeachtet dessen entspringt unsere völlige Überzeugung und Versicherung von der unumstößlichen Wahrheit und göttlichen Autorität derselben dem inwendigen Wirken des Heiligen Geistes, der durch und mit dem Wort Gottes in unseren Herzen Zeugnis ablegt«* (1.5).

An dieser Stelle berufen sich die Geistlichen von Westminster auf 1 Joh 2,20.27; Joh 16,13-14; 1 Kor 2,10-12 und Jes 59,21. Calvin sagt gleiches in den *Institutes* (1.7.5).

17 Thomas Edgar. *Miraculous Gifts*. 1983. S. 263-264.

18 *Counterfeit Miracles*. S. 21.

19 Warfield verwirft diese Erklärung als unbiblisch (ebd. S. 21) und nennt sie »hilflos«, denn

»der Grund, den sie für das Fortbestehen von Wundern in den ersten drei Jahrhunderten gibt, ist, wenn er überhaupt Gültigkeit besitzt, ebenso gültig für ihr Fortbestehen bis in das zwanzigste Jahrhundert hinein. Was wir als Periode der Gründungszeit der Kirche ansehen, wird von unserer Anschauung bestimmt. Wenn die Nützlichkeit von Wundern bei der Gründung der Kirche als Grund für ihr Auftreten im Römischen Reich im dritten Jahrhundert ausreichte, ist es kaum zu leugnen, daß dieser Grund auch für ihre Wiederholung, sagen wir, im Reich der Mitte im zwanzigsten Jahrhundert ausreicht. Und warum sollte man bis nach China gehen? Ist die Kirche nicht im wesentlichen überall in dieser Welt des Unglaubens in einer missionarischen Rolle? Wenn wir die Dinge wirklich mit einer ›Langzeitperspektive‹ betrachten, ist die Frage dann nicht wenigstens der Diskussion wert, ob nicht die armseligen 2 000 Jahre, die seit der Geburt des Christentums vergangen sind, zahlenmäßig vernachläßigbar sind und ob nicht das Zeitalter, in dem wir leben, immer noch zur Periode der frühzeitlichen Kirche gehört?« (Benjamin B. Warfield, *Counterfeit Miracles* [1918; Nachdruck von 1982] S. 35).

Die Anglikaner, denen Warfield antwortete, vertraten dieselbe Theorie wie Edgar. Nur waren ihrer Ansicht nach die Wunder mit dem Ende des dritten Jahrhunderts erloschen und nicht, wie Edgar meint, Ende des ersten Jahrhunderts. Warfields Einwände besitzen auch heute noch Gültigkeit, unabhängig davon, in welcher Zeit man das Erlöschen der Wunder ansetzt.

20 ebd.

21 Dieses Thema wird heute in der Fachwelt als »narrative Theologie« bezeichnet. Die Fortschritte in den jüngsten akademischen Diskussionen der narrativen Theologie sollten das Argument, daß wir die Evangelien und die Apostelgeschichte nicht als Quelle für Dogmen heranziehen können, für immer aus der Welt schaffen.

1 Die hebräischen Schreiber benutzten dieses Wort einfach in der abstrakten Pluralform *rahamim*, wenn sie die Barmherzigkeit Gottes ausdrücken wollten.

2 Das Verb, das im griechischen Neuen Testament am häufigsten für Gottes Barmherzigkeit (Mitleid) benutzt wurde, ist *splanchnizomai*. Dieses Verb wird zwölfmal benutzt. Einmal wird es für die Barmherzigkeit des Samariters für den Verletzten benutzt (Lk 10,33). Die übrigen elf Stellen beziehen sich auf die Barmherzigkeit Gottes. In zwei verschiedenen Gleichnissen benutzt Jesus dieses Verb um Gottes barmherzige Vergebung und Erlösung für Sünder zu bezeichnen (Mt 18,27; Lk 15,20). In den übrigen Fällen bezieht sich dieses Verb auf die Barmherzigkeit als der Hauptmotivation für Jesu Heilungen und Wunder. In neun von elf Fällen, wo dieses Verb für die Barmherzigkeit Gottes benutzt wird, bezieht es sich also auf die Barmherzigkeit des Herrn Jesu, die ihn dazu bewegt zu heilen!

Welche Bedeutung besitzt *splanchnizomai*, wenn es auf die Barmherzigkeit Gottes bezogen ist? Die Grundbedeutung dieses Wortes bezog sich ursprünglich auf die inneren Organe des Menschen, das Herz, die Leber und so weiter. Es konnte auch für die Innereien eines geopferten Tieres benutzt werden, aber gebräuchlich wurde es zur Bezeichnung des unteren Abdomen, des Darmes und besonders des Mutterleibs (Siehe hierzu: Theologisches Wörterbuch zum Neuen Testament, Gerhard Kittel und Gerhard Friedrich (Hrsg.). 1971. S.7;548).

Manche Theologen meinen, dieser Ausdruck sei zu grob oder zu anschaulich, als daß er auf die Barmherzigkeit Gottes bezogen sein könnte. Das Wort für »Gedärm« in Bezug auf Gottes Barmherzigkeit zu verwenden ist etwa so, als würde man im modernen Englisch das Wort »guts« (dt. sowohl »Darm» als auch übertragen »Mut, Mumm») benutzen im Sinne von: »Er hat wirklich Mumm in den Knochen«. Ich denke jedoch, genau das bezweckten die Schreiber des Neuen Testamentes. Sie wollten dem Leser einen Eindruck von der Macht und Kraft der Barmherzigkeit Gottes vermitteln. Sie hatten vielleicht auch die körperlichen Empfindungen im Sinn, die mit der Barmherzigkeit verbunden sind. Manchmal werden starke Gefühle der Barmherzigkeit oder des Mitleids für Menschen, die wir lieben, von einem stechenden Schmerz im Unterleib begleitet. Die Wahl eines so anschaulichen Wortes sollte den Christen des Neuen Testamentes verdeutlichen, daß Gottes Barmherzigkeit für sie zutiefst verwurzelt ist in seiner Liebe zu ihnen und seinem Mitgefühl für ihren Schmerz.

3 Im Alten Testament gibt es eine ähnliche Verbindung zwischen einer übernatürlichen Manifestation und der Offenbarung der Ehre Gottes (vgl. Num 14,22).

4 Mary Garnett. *Take Your Glory Lord: William Duma His Life Story*. 1979. S. 40ff.

5 Im Prinzip veranlaßte ihr Glaube Jesus zunächst dazu, dem Mann seine Sünden zu vergeben; dann heilte er ihn, als Zeichen dafür, daß ihm seine Sünden vergeben waren.

6 Wenn wir um Heilung oder andere Dinge bitten, müssen wir zunächst aus dem Geist heraus bitten, der betet: »Wenn du willst …« Ich weiß, daß Leute diesen Ausdruck manchmal benutzen, um ihren Unglauben dahinter zu verbergen, doch es ist eigentlich die einzig angemessene Haltung, wenn wir uns dem »ewigen König, unvergänglich, unsichtbar, allein weise« mit einer Bitte nahen.

Kapitel 10

1 MacArthur schreibt: »Die Charismatiker glauben, daß die spektakulären übernatürlichen Gaben des Heiligen Geistes zur Auferbauung der Gläubigen gegeben wurden. Stützt Gottes Wort eine solche Annahme? Nein. Das Gegenteil ist wahr« (*Charismatic Chaos.* S. 175). Ich verstehe nicht, wie MacArthur zu dem Schluß kommen kann, daß es für die auferbauende Funktion der Geistesgaben keine biblische Grundlage geben kann. Er diskutiert nie die relevanten Textstellen (z. B. 1 Kor 12,7; 14,3-5.26), die seine Theorie widerlegen.

2 Diese Liste ist nicht vollständig. Wir sollen wahrscheinlich verstehen, daß die Geistesgaben in allen neutestamentlichen Gemeinden am Wirken waren.

3 Das Wort *zeloo* kann auf unterschiedliche Weise übersetzt werden. Es kann bedeuten: »sich mit Eifer um etwas bemühen, nach etwas verlangen, von etwas zutiefst angezogen sein, Eifer zeigen« (W. Bauer. *A Greek English Lexicon of the New Testament and Other Christian Literature.* W. F. Arndt, F. W. Gingrich [Hrsg.]; rev. Gingrich, F. W. Danker. 1979. S.338). In den Bibelübersetzungen wird *zeloo* folgendermaßen wiedergegeben: New International Version: *eagerly desire* (»nach etwas mit Eifer verlangen«), NASB: *earnestly desire* (»ernsthaft nach etwas verlangen«), King James Version: *covet earnestly* (»ernsthaft begehren«).
MacArthur behauptet: »Nichts in der Schrift weist darauf hin, daß die Wunder der apostolischen Zeit auch in darauffolgenden Zeiten fortbestehen sollten, *auch ermahnt die Bibel die Gläubigen nicht, irgendwelche übernatürlichen Manifestationen des Heiligen Geistes zu suchen*« (*Charismatic Chaos.* S. 177; Hervorhebung des Autors). Dies ist eine unglaubliche Behauptung. Paulus ermahnt im 1. Korintherbrief (12,31; 14,1.39) durchaus die Gläubigen, übernatürliche Manifestationen des Heiligen Geistes zu suchen. MacArthur versucht nicht einmal, sich ernsthaft mit diesen Texten auseinanderzusetzen. Die einzige Möglichkeit, wie MacArthur zu einer solchen Behauptung kommen konnte, wäre zu behaupten, daß Paulus in Kapitel 12, Vers 31 nicht die Gnadengaben gemeint hat, die er in den Versen 8-10 aufgelistet hat. Doch dies wäre eine sehr willkürliche Behauptung. Zweitens müßte er leugnen, daß Paulus bei seiner Ermahnung an die Gläubigen, die Gabe der Prophetie zu suchen, nicht die übernatürliche Prophetie gemeint haben kann. MacArthur muß den Gebrauch von Prophetie bei Paulus vorwiegend als Predigt definieren (was er tatsächlich tut; ebd. S. 69). Dies steht jedoch in einem direkten Konflikt mit dem übernatürlichen, offenbarenden Charakter der Prophetie, wie sie Paulus beschreibt (1 Kor 14,24-25 und besonders in Vers 26). Keine moderne exegetische oder wissenschaftliche Studie würde eine solch willkürliche Behauptung von MacArthur unterstützen.
(MacArthur gibt zu, daß vor der Fertigstellung des Neuen Testamentes manchmal übernatürliche Prophetien gegeben wurden, um die Gemeinden in Bereichen zu lehren, die von der Schrift noch nicht abgedeckt wurden. Aber er begrenzt diese Art Prophetie auf die apostolische Ära [ebd. S. 69]).

4 Einige haben vorgeschlagen den 1. Korintherbrief, Kapitel 14, Vers 18 zu übersetzen mit: »Ich danke Gott, daß ich mehr in Sprachen bete als ihr alle zusammengenommen.« Vgl. Archibald Robertson, Alfred Plummer. *First Epistle of St. Paul to the Corinthians.* 1911. S.314.

5 Fee macht die Bemerkung, daß diese auferbauende Funktion des Sprachengebets »manchmal als ›Selbst-Erbauung‹ bezeichnet und daher als abwertend angesehen wurde. Paulus hat dies jedoch nicht beabsichtigt. Sich selbst zu erbauen, bedeutet

keine Egozentrik, sondern die persönliche Erbauung des Gläubigen, die aus dem Gebet und dem Lobpreis kommt« (*1 Corinthians*, S. 657).

6 Die Analogie zum Leib deutet sich bereits bei Jesaja an, der die Propheten Israels als »deine Augen« bezeichnet (Jes 29,10).

7 Für eine detaillierte Diskussion dieser Passage verweise ich auf: Wayne Grudem. *The Gift of Prophecy in the New Testament and Today.* 1988. S. 227-240. Grudem kommt zu dem Schluß, daß die einzig plausible Erklärung für »das Vollendete« im 1. Korintherbrief, Kapitel 13, Vers 10 darin besteht, daß es sich auf die Zeit der Wiederkunft Christi beziehen muß.
Richard Gaffin, der sowohl ein geschulter Exeget als auch ein Gegner der Geistesgaben ist, zieht den Schluß, daß

»sich das Kommen des ›Vollendeten‹ (Vers 10) und das ›dann‹ mit Bezug auf das Erkennen der Gläubigen (Vers 12) ohne Zweifel auf die Zeit der Wiederkunft Christi beziehen. Die Ansicht, daß damit die Fertigstellung des neutestamentlichen Kanons beschrieben werde, kann exegetisch nicht glaubwürdig gemacht werden« (Perspectives on Pentecost. 1979. S.109).

8 Wenn das Alte Testament davon spricht, Gott »von Angesicht zu Angesicht« zu »sehen«, dann bezieht sich das darauf, den Engel des Herrn zu sehen, welcher der prä-inkarnatorische Christus ist. Gott, der Vater, gestattete im Alten Testament niemandem, sein Gesicht zu sehen (Ex 33,20; vgl. Joh 1,18).

9 Die Übersetzung der *New International Version*, *fully known* für »durch und durch erkennen« gibt die Bedeutung des Verbs *epignosko* akkurat wieder.

Kapitel 11

1 Die Geschichte erschien im *Baptist Standard*, am 7. Februar 1993, S. 24. Die Ironie bei dieser Heilung ist, daß Duane Miller früher Pfarrer bei den *Assemblies of God* gewesen war, diese Denomination jedoch verlassen hatte, weil er mit ihrer Theologie in puncto Sprachengebet und göttlicher Heilung nicht übereinstimmte.

2 Weiter unten in dieser Passage sagt Lukas, daß Jesus dem Gelähmten seine Sünden vergab, als er ihren Glauben sah (5,20). Bevor jedoch irgend etwas über den Glauben gesagt wird, teilt uns Lukas mit, daß die Kraft zu heilen bereits gegenwärtig war.

3 Wenn ich davon spreche, die Gegenwart Gottes zu »vertreiben«, meine ich damit nicht seine ontologische Gegenwart. Gott ist natürlich allgegenwärtig. Ich benutze den Begriff »Gegenwart« hier, um sein heilbringendes Gegenwärtig-sein, seine bewußte oder gespürte Gegenwart zu bezeichnen, die seinen Kindern Segen bringt.

4 Ich gebrauche den Begriff »Apostasie« nicht im fachspezifischen Sinn eines theologischen Systems. Ich benutze ihn im allgemeinen Sinn eines »Abfallens« oder eines »Abtrünnig-werdens». Ich möchte hier nicht in die Diskussion darum einsteigen, wie oft und welche Sünden ein wahrer Christ begehen kann. Die meisten Texte, die ich in diesem Abschnitt benutze, beziehen sich auf echte Gläubige, obwohl manche der biblischen Beispiele sich auch auf Ungläubige beziehen könnten, die sich in der Gemeinde als Gläubige ausgeben.

5 Psalm 74 wird Asaf, einem Chorleiter Davids, zugeschrieben. Dies bedeutet jedoch vermutlich, daß er von einem Nachfahren Asafs geschrieben wurde (vgl. The NIV Study Bible, S. 860).

6 Es geht aus diesem Psalm nicht eindeutig hervor, ob das Gericht die ganze Nation betrifft oder den Psalmdichter allein. Es gibt Elemente, die nahelegen, daß die Verzweiflung hier etwas rein Persönliches ist und andere Elemente, die darauf hinweisen, daß die Verzweiflung nationale Ausmaße besitzt.

7 Deshalb sollten wir Wunder nicht voreilig pauschal und im Verbund mit falschen Lehren verdammen, als ob die Wunder von satanischen Mächten vollbracht worden wären. Die Gemeinden Galatiens erlebten göttliche Wunder (Gal 3,5), obwohl sie dabei waren, vom Evangelium abzufallen (1,6; 3,1). Gott gab ihnen noch Zeit zur Umkehr. Ich glaube jedoch, daß Gott schließlich seine göttliche Gegenwart und Kraft zurückgezogen hätte, falls sie nicht umgekehrt wären, und daß dann in den Gemeinden Galatiens keine göttlichen Wunder mehr vorgekommen wären.

8 Vgl. Anhang dieses Buches.

9 James Boice unterstellt tatsächlich, daß dies die Aussage Jesu im Matthäusevangelium, Kapitel 12, Vers 39-42 gewesen sei (*»A Better Way: The Power of the Word and Spirit«* in: Power Religion. Michael Horton [Hrsg.]. 1992. S.125-126). Vgl. Anhang dieses Buches bezüglich einer Widerlegung dieser Interpretation.

Kapitel 12

1 vgl. Gross. *Miracles, Demons and Spiritual Warfare*. S. 69.

2 Henry Scougal. *The Life of God and the Soul of Man.* Nachdruck 1986. S. XVII.

Kapitel 13

1 C. S. Lewis. *Reflections on the Psalms.* 1958. S.51 (dt.: Das Gespräch mit Gott. Gedanken zu den Psalmen. 3. erweiterte Ausgabe 1992).

2 Ex 15,20; 2 Sam 6,16; Ri 11,34; vgl. 1 Sam 18,6-7; Ps 30,11; 150;4; Jer 31,4.13.

3 *Reflections on the Psalms.* S.52.

4 Jonathan Edwards. *The Religious Affections.* 1984. S.29

5 ebd. S.49.

6 ebd. S.49-50.

7 ebd. S.31ff.

8 *Reflections on the Psalms.* S.57.

9 The Oxford English Dictionary. *passion*, III.6.

Kapitel 14

1 Für das Fachwissen und den Hintergrund von Joh 12,1-8 vgl. Rudolf Schnackenberg. *The Gospel According to St. John.* übers. Cecily Hastings u. a. 1980. II: S. 365-370.

2 In Röm 5,5 sagt Paulus, daß der Heilige Geist jedem von uns in unserem Herzen eine persönliche Offenbarung der überfließenden Liebe Gottes zu uns schenkt. Wenn es schon den Heiligen Geist braucht, damit wir die Liebe Gottes spüren können, wieviel mehr braucht es dann den Dienst des Heiligen Geistes, um in unseren Herzen die Liebe Gottes hervorzubringen?

3 Diese Geschichte wird von Mahesh Chavda ausführlich erzählt in *Only Love Can Make a Miracle.* 1990.

1 Vgl. Norman Geisler. *Signs and Wonders.* 1988. S. 144; sowie John Woodhouse. *»Signs and Wonders and Evangelical Ministry«* in: Signs and Wonders and Evangelicals. 1987. S. 26.

2 Ein Zeichen vom Himmel wäre nicht notwendigerweise unumstritten, denn selbst der Teufel konnte offensichtlich Feuer vom Himmel fallen lassen (vgl. Ijob 1,16).

3 Andere Stellen aus dem Neuen Testament, die für dieses Thema Relevanz besitzen, sind: 1 Kor 1,22 (wo Paulus feststellt, daß die Juden Zeichen fordern); und drei Passagen aus dem Johannesevangelium (Joh 2,18; 4,48; 6,30). Für eine umfassendere Diskussion dieser Texte verweise ich auf Gerd Theissen. *The Miracle Stories of the Early Christian Tradition.* Übers. Francis McDonagh. 1983. S. 295-297 (dt.: Urchristliche Wundergeschichten. Ein Beitrag zur formgeschichtlichen Erforschung der synoptischen Evangelien.[6]1990).

Zwei Zeichenforderungen in den synoptischen Evangelien kommentiert Theißen folgendermaßen: »Die Ablehnung der Zeichenforderung ist keine Ablehnung des Zeichens (Mk 8,11f. parr.). Im Gegenteil: Die Verweigerung des Zeichens gilt als Strafe für den Unglauben, was sinnlos wäre, wenn die Wertlosigkeit des Zeichens feststünde« (ebd. S. 291). Zur Aussage Jesu im Johannesevangelium, Kapitel 4, Vers 48, »wenn ihr nicht Zeichen und Wunder seht, glaubt ihr nicht,« bemerkt Theißen: »Glauben ohne zu sehen – das ist die Problematik jeder späteren Generation. Hier liegt keine Kritik des Wunderglaubens vor, sondern Kritik einer Skepsis, die nicht glauben will, was sie nicht sieht« (ebd. S. 292). Der Bitte im Johannesevangelium, Kapitel 6, Vers 30, ein Zeichen zu tun, begegnet Jesus nicht so streng wie in den synoptischen Evangelien. Offensichtlich war sie nicht aus demselben Geist heraus geäußert worden wie bei den Pharisäern im Matthäusevangelium (12,38; 16,1).

Oft zitieren Autoren Textstellen, bei denen die Wunder keinen Glauben hervorgebracht haben (z. B. Mt 11,20-24), als Beweis für den äußerst geringen Wert der Wunder im Neuen Testament oder auch heute. Theißen erwidert auf dieses Argument: »Daß die Wunder in Chorazim und Bethsaida nicht zur Buße führen, spricht nicht dagegen [d. h. gegen den hohen Wert, den das Neue Testament Wundern beimißt]: Führt denn das Wort automatisch zur Buße?« (ebd. S. 292).

4 Zusätzlich zu den verhärteten Herzen der religiösen Führer nennt das Neue Testament andere, die nicht glauben wollten, egal welches Wunder sie miterleben durften (vgl. Lk 16,19-31). Aufgrund solcher Textstellen haben manche, die Gottes heutigem Heilungswirken feindlich gegenüberstehen, den Schluß gezogen, daß Wunder überhaupt keine bestätigende Funktion besitzen! Die Tatsache, daß die Pharisäer trotz der Wunder, die vor ihren Augen geschahen, nicht geglaubt haben, bedeutet nicht, daß Wunder keinen bestätigenden Wert haben. Es bedeutet nur, daß es einige Leute gibt, deren Herz so verhärtet ist, daß sie nicht glauben, egal, wie überwältigend die Beweise auch ausfallen mögen.

Nicht selten leugnen Theologen aus anderen Gründen heraus die bestätigende Funktion von Wundern. 1741 schrieb Jonathan Edwards die folgenden, auch sprachlich ansprechenden Worte:

»Daher erwarte ich nicht die Wiederherstellung dieser übernatürlichen Gaben in den kommenden glorreichen Tagen der Kirche, und ich sehne sie auch nicht herbei. Es scheint mir, sie würde die Herrlichkeit jener Tage nicht größer machen, sondern

vielmehr mindern. Was mich angeht, so genieße ich lieber den süßen Einfluß des Heiligen Geistes, der die göttliche Schönheit Christi im Geist zeigt, wie auch seine unendliche Gnade und unvergängliche Liebe, der die heiligen Übungen des Glaubens, der göttlichen Liebe, liebevoller Hingabe und demütiger Freude im Herrn vorantreibt. Lieber genieße ich also all dies, als das ganze Jahr über prophetische Visionen und Offenbarungen zu haben. Es scheint mir viel wahrscheinlicher, daß Gott seinen Heiligen in den dunklen Tagen der Prophetie unmittelbare Offenbarungen gegeben haben soll als heute, da sich die Kirche auf dieser Erde ihrem herrlichsten und vollkommensten Stande nähert. Es scheint mir keine Notwendigkeit für diese außerordentlichen Geistesgaben zu geben, um diesen glücklichen Zustand herbeizuführen und das Reich Gottes in aller Welt aufzurichten. Ich habe Gottes Macht auf viel herausragendere Weise am Wirken gesehen, so daß ich überzeugt davon bin, daß Gott leicht auch ohne diese Dinge auskommen kann« (»The Distinguishing Marks of the Spirit of God« in: »Jonathan Edwards On Revival«. 1984. S. 140-141).

Einer solchen Ansicht kann von Seiten Jesu oder des Neuen Testamentes nicht zugestimmt werden. Jesus hat gesagt: »Ich aber habe ein gewichtigeres Zeugnis als das des Johannes: Die Werke, die mein Vater mir übertragen hat, damit ich sie zu Ende führe, diese Werke, die ich vollbringe, legen Zeugnis dafür ab, daß mich der Vater gesandt hat« (Joh 5,36). Johannes der Täufer wirkte keine Wunder (Joh 10,41). Im Gegensatz dazu wurde das Zeugnis Jesu durch die Wunder bekräftigt, die er tat. Dies macht das Zeugnis Jesu bedeutender als das des Johannes. Mit anderen Worten, Jesus lehrt, daß die Botschaft, wenn sie von Wundertaten begleitet wird, eine größere bezeugende Wirkung besitzt als die Botschaft, die nicht durch Wunder bekräftigt wird.

5 Vgl. Jes 42,1-9; 49,1-13.

6 Gaffin argumentiert, daß Wunder »das Wesentliche des Reiches Gottes enthüllen, selbst jedoch nicht zum Wesentlichen gehören« (*Perspectives on Pentecost.* S. 45). Er benutzt die Auferweckung des Lazarus als Beispiel für die Beziehung der Wunder zum Reich Gottes. Er stellt fest:

»Diese Begebenheit deutet nicht nur einfach auf die Regeneration oder innerliche Erneuerung und Reinigung von Sünde hin, sondern macht vielmehr deutlich, daß der Anspruch Jesu im Evangelium (›Ich bin die Auferstehung und das Leben‹, Joh 11,25) mit dem ganzen Menschen zu tun hat, daß Erlösung in Christus die Wiederherstellung des Sünders in seiner psychosomatischen Gesamtheit von Leib und Seele meint. Die Auferweckung des Lazarus deutet auf die verherrlichte, geistliche Auferstehung hin, welche die Gläubigen bei der Wiederkunft Christi erfahren werden. Aber – und darum geht es hier – durch das Wunder erhält Lazarus nicht seinen Auferstehungsleib; im Endeffekt stirbt er, wird begraben und wartet zusammen mit den übrigen gestorbenen Gläubigen auf die Auferstehung.« […] *»In diesem Sinne stellen die verschiedentlich auftretenden Werke des Heiligen Geistes, zu denen auch die Heilungen Jesu und der Apostel gehören, etwas zeitlich Begrenztes dar und fungieren in manchen Fällen als ein Zeichen.«* (ebd.)

Um in der Diskussion weiterzukommen möchte ich gerne zugestehen, daß alle irdischen Heilungen und jeder irdische Segen etwas zeitlich Begrenztes sind. Ich will auch gerne zugestehen, daß jedes Wunder unter anderem auch eine zeichenhafte Funktion besitzt. Im Licht der Ewigkeit ist das Reich Gottes in seiner jetzigen Form ein Provisorium. Zum Beispiel wird im Ewigkeitszustand keine Evangelisation mehr nötig sein. Doch das bedeutet nicht, daß die Evangelisation kein wesentliches Element des Reiches Gottes in seiner gegenwärtigen Form ist. Wenn die Herrschaft Jesu ein wesentlicher Teil des Reiches Gottes ist – und das ist sie – , wie kann man dann leugnen, daß die Herrschaft über die Feinde Gottes, unter denen der Teufel der Anführer ist, ebenso wesentlich für das Reich Gottes ist. Diese Meinung gibt Grundmann in seinem Bibelkommentar (TDNT 2:302) wieder: »Die Wunder Jesu sind Teil der einbrechenden Herrschaft Gottes, die Jesus in seiner Person durch Verkündigung und Tat heranführt. Sie stellen die Herrschaft Gottes dar, die die Macht der Dämonen und des Teufels überwindet und vertreibt.«

7 Max Turner hat diese Ansicht ebenfalls vertreten:

»Es ist viel beunruhigender, daß Warfield und die, welche auf seiner These aufbauten, nicht erkannt haben, daß für die Verfasser des Neuen Testamentes die Heilungen nicht nur äußere Zeichen waren, sondern Teil der gesamten angekündigten Erlösung (vgl. Abschnitt 4.2. oben), welche über das rein Geistliche hinausreicht bis hinein in den Bereich des Psychischen und Physischen. Die beginnende Erlösung war, ganzheitlich betrachtet, der Anfang der Umkehrung der Unterdrückung durch den Satan (Lk 4,18-21; 7,20f; Apg 10,38 usw.). Die Heilungen als solche wurden immer noch so angesehen, daß sie eine legitimierende Funktion für Jesus und die Apostel (in deren Umfeld sie besonders häufig auftreten) besaßen, doch im Grunde gehörten die Heilungen zu den Erstlingsfrüchten des Reiches Gottes und waren damit Teil der Heilsbotschaft, die die Kirche verkündete. Wenn es also in einer Gemeinde Kranke gab, konnte Jakobus (in der Regel) davon ausgehen, daß das vertauensvolle Gebet der Ältesten Heilungen herbeiführen würde (Jak 5,15). Die Beziehung zwischen Heilungen und dem Kerygma des anbrechenden Reiches Gottes legt die Vermutung nahe, daß die Verfasser des Neuen Testamentes nicht der Ansicht waren, die beiden Dinge seien voneinander getrennt.« (*»Spiritual Gifts Then and Now«* in: Vox Evangelica. 15[1985]38).